LA SVITTE

DE

ROLAND

LE

FVRIEVX.

Nouuellement compofée en François,
par Fr. de Rosset.

A PARIS,

Chez Robert Foüet, ruë S. Iacques, à l'en-
feigne du Temps & de l'Occafion.

M. DC. XV.

AVEC PRIVILEGE DV ROY.

Yd   411

AV LECTEVR.

E t'euſſe donné la Suitte de Roland Furieux, de meſme que feu Chappuis te l'a donnée. Mais voyant que le Poëte qui l'a compoſée ſ'eſt égaré en tout & par tout du ſens de l'Arioſte, & de celuy du Comte Scandian, & commis de ſi grandes impertinēces, qu'elles ne meritent point le trauail que j'euſſe pris à la traduire, je te donne maintenant vne nouuelle Suitte. Pour te monſtrε que Ludouico Dolce n'a pas ſuiui le deſſein de l'Arioſte, ſi tu prens la peine de lire ſes eſcrits, tu y verras qu'il faiſt durer deux ans les nopces de Roger, leſquelles (ſuiuant l'Arioſte) ne durerent que neuf jours. Il faiſt reuenir encores Angelique en France, incontinēt aprés que le Comte Roland (qui pour lors eſtoit Furieux) luy fit l'affront contenu au 29 Chant : & cependant le meſme Arioſte dit qu'elle ſ'embarqua auprés de Terragonne, & alla en Cathay, où elle fit coronner ſon Medor. Aprés il faiſt amoureuſe Marfiſe de Guidon le Sauuage, ſans prendre garde que ce Cheualier eſtoit marié auec Alerie. Il faiſt eſpouſer Doralice à Leon, tuer Sacripant à Roger, & marier la Reyne d'Iſland auec le Roy de Noruegue, contre la pure intētion du Cygne de Ferrare. Quant aux impertinences : n'eſt il pas bien ridicule de faire naiſtre comme des potirons dans vn jour, Roſmont fils de Gradaſſe, & Vlien fils de Rodomont. Pour Roſmont, je veux qu'il fuſt fils de Gradaſſe: Mais pour Vlien cela ne ſe peut defendre: par ce que ſi l'on a leu l'Amoureux, & le Furieux, Rodomont n'atteignoit pas encores l'aage de vingt & deux ans, quand il paſſa en France auec Agramant, & vn an aprés Roger le priua de vie: de ſorte qu'il eut fallu qu'a l'aage de deux ans il euſt engendré ce pretendu Vlien.

ã ij

Mais n'est-il pas encores bien plus ridicule, quand ce mesme Poëte faict venir Rosmont de Sericane en France, pour venger la Mort de son Pere Gradasse, & dit qu'en trauersant l'Afrique (car il met Sericane au bout du Midy, laquelle neantmoins est au bout de l'Orient) il treuua Elisene sœur de Madricard, qui chassoit en vne forest de Tartarie, qui est situee au Septentrion: si bien qu'a son dire Rosmont venant des confins de la Chine, & s'acheminant en France, trauersa tous les Royaumes de Prestejan, & la Tartarie : ô Ciel quelle impertinence ! Et qui s'empeschera de rire, si l'on lit la fin de son sixiéme Chant, où il dit que Ferragus paruint auec Angelique aux bords du fleuue Tanais, & le jour mesme au sepulchre d'Isabelle, qui estoit pres de Motpellier. Il faudroit par ce moyen qu'ils eussent fait plus de mille lieües en moins d'vn jour. Encores que le Romant soit bien souuent fabuleux, il est necessaire neantmoins que le vray semblable y paroisse ; que la Chronologie y soit obseruée, & principalement la Cosmographie. I'ay tasché de faire l'vn & l'autre en cet ouurage. Quand je fis dessein de faire parler François le Diuin Arioste, mon intention n'estoit pas de composer ceste Suitte. Depuis j'ay esté contraint, par vn commendement absolu, de la mettre en lumiere. I'ay esté si pressé à la faire voir, que dans vn mois elle a esté acheuée, & imprimée. Si quelcun doute de ce que ie dis, je luy donneray pour tesmoins deux grands hommes de ce siecle. Ie tais le nom de l'vn pour quelques considerations. L'autre est ce parfaict jugement, & cet excellent peintre M. Du Monstier, qui par son crayon oste à Appelle, & à Michel l'Ange la gloire que la Grece & l'Italie leur attribuent. En fin, c'est en partie dans son rare Cabinet que j'ay composé ceste Suitte dans si peu de jours. Si je te disois qu'à mesme temps je trauaillois à deux autres ouurages, tu te mocquerois peut estre de moy. Tu le croiràs si tu le veux croire : & si tu és juste & raisonnable, tu ne jugeras point du trauail de mõ ame, sans auoir pris la peine de voir ce qu'il contient. Adieu.

TABLE DES ARGVMENTS DES AVENTVRES DE LA SVITTE DE ROLAND FVRIEVX.

AVENTVRE I.

AVENTVRE II.

AVENTVRE III.

AVENTVRE IIII.

ã iij

AVENTVRE V.

AVENTVRE VI.

AVENTVRE VII.

AVENTVRE VIII.

AVENTVRE IX.

Defcription de l'horrible & efpouuantable combat de Roland, & de Ferragus. Ils combattent deux jours entiers fans auantage. Au troifiefme jour Roland tue Ferragus, & le baptife auant qu'il rende l'efprit. Roger & Marfife treuuét dans vn bois Leon, qui fe plaint. Ils retournent à la Court de Charlemagne, où le mariage de Leon & de Marfife faccomplit. 64

AVENTVRE X.

Accompliffement du mariage de Leon & de Marfife. Les Fées tiennent vn confeil, & fe plaignent à leur Roy Demogorgon, des affronts qu'elles ont reçeus des Paladins de France. Alcine eft deputée pour en faire la vengeance. Elle faict entrer l'Enuie dans le corps de Ganelon, qui eft jetté par vne tourmente de mer au pays de Gloricie, qui l'enuoye à Alcine, laquelle donne à Ganelon vn anneau, où vn Efprit nommé Vertunne (qui fe change en plufieurs formes) eft enchaffé. 17

AVENTVRE XI.

Renaud par les artifices, & les fortileges de Ganelon fe rebelle contre Charlemagne, qui quitte l'entreprife de la Boheme, & fen retourne en France. Roland abandonne pareillement la Lombardie, & va contre Renaud. Ganelon fait mourir Roger par trahifon, & fe faifit de Marfeille, & de Bradamante, laquelle eft fecouruë de Roland. Maugis defcouure les menées de Ganelon. La Paix fe fait & le Traiftre fenfuit à Mayence. Roland impetre fa grace, & Renaud auec fes freres fen vont en deuotion en la Terre faincte. 80

AVENTVRE XII.

Charlemagne auec fon armée paffe les Pyrenées, & arriue à Ronceuaux. Il enuoye Ganelon à Marfille, pour le fommer

de se faire Chrestien, & de luy rendre hommage. Ganelon
trame la detestable trahison, qui faict mourir Oliuier & ses
deux fils, Richard de Normandie, & quelques autres Pairs.
Roland apres auoir tué de sa main plus de cinquante mille
Sarrasins, accablé de douleur pour la perte de ses amis, & apres
sestre rompu vne veine en sonnant de son Cor, rend l'Esprit.
Bernard de Carpi derobe ses armes, & rencontre l'Archeuef-
que Turpin, qui le traitte cruellement.   93

F I N.

Extraict du Priuilege du Roy.

LE ROY par ses lettres patentes a permis à ROBERT FOÜET
Marchand Libraire juré, d'imprimer ou faire imprimer, vendre & debiter luy seul vn liure intitulé, *La Suitte de Roland le
Furieux*, *nouuellement composé en François*, *par François de Rosset*, tant auec
figures que sans figures, durant le temps & espace de dix années entie-
res & consecutiues, à compter du jour & datte de l'acheuement de la
premiere impression: faisant ledit Seigneur tres-expresses inhibitions
& defences à tous Marchands Libraires & autres personnes, tant de ses
Royaumes & Pays, qu'autres Estrangers trafiquans en iceux, d'imprimer
ledit liure, ou partie d'iceluy, ny d'en exposer en vente d'autre impression que de celle dudit FOÜET, tant auec figures que sans figures, & mesme de prendre aucuns desseins sur icelles figures durant ledit temps &
terme de dix années, sur peine aux contreuenans de six cens liures tournois d'amende, & de confiscation des exemplaires trouués au contraires, & de tous ses despens, dommages & interests, comme plus à plein
est contenu esdictes lettres. Donné à Paris le 24 de Septembre, mil six
cens quatorse, & signé.

Par le Roy en son Conseil.   RENOVARD.

Acheué d'imprimer le 20 Decembre 1614.

LA SVITTE

de Roland le furieux.

ARGVMENT.

Charlemagne, & tous les Paladins s'esjoüissent de la victoire que Roger a obtenuë sur Rodomont. Angelique apres plusieurs accidents arriue auec son Medor en Cathay, pendant que Sacripant Roy de Circassie la suit à la trace. En ceste premiere Auenture nous apprenons par la joye que la mort de Rodomont apporte, que la vie des meschants hommes est tousjours odieuse. Angelique nous faict paroistre que le malheur n'est pas d'eternelle durée, & qu'en fin le Ciel fauorise les intentions loüables des Mortels. Sacripant nous monstre la force d'vne vraye Amour, qui ne peut s'esteindre, quelque accident qui puisse arriuer aux humains.

AVENTVRE I.

IE poursuis l'histoire des Dames, & des Cheualiers, que le Diuin Arioste n'a point acheuée. Ie veux raconter à la France la verité des proüesses & des courtoisies des Paladins, suiuant que les Annales du bon Turpin me l'ont apprise. Ie veux escrire par mesme moyen la mort du bon Roger, & celle du grand Comte d'Angers, qui moururent tous deux, l'vn prés de Poictiers,

& l'autre à Ronceuaux, par les embufches du traiftre Ganelon. Ouurage plaifant d'vn cofté, & trifte de l'autre, & non
moings difficile pour tant de menfonges que des Efcriuains
enuieux & ignorans y ont meflés, & que i'ay à refuter. O Aftre
le plus luifant de la maifon de Medicis : ô grande, & Diuine
MARIE, gloire de noftre fiecle, ame de l'Empire des François, & Mere de mon Roy, puis que pour vous obeïr j'ay mis
en lumiere le commencement de ceft ouurage, permettés
que j'en expofe encores la fuitte aux yeux de tout le Monde. Ma plume eft vn petit Aigle qui s'accouftume à voler, &
à fupporter les rayons du Soleil. Quand l'exercice qu'il faict
tous les jours à contempler la fplendeur de vos perfections fera
accompli, alors je femeray par tout l'Vniuers le bruict de vos
louanges. Ie diray que la France vous eft tellement redeua-
ble, que fi elle jette les yeux à ce qu'elle vous doit pour fa con-
feruation, il faut que deformais elle vous erige des Temples
comme à fa Iunon tutelaire. Mais ce difcours eft referué pour
l'hiftoire de vos dignes actions, que l'Enuie mefme eft côtrain-
cte de loüer publiquement, & de confeffer que toutes les vertus, auffi bien que toutes les beautés, eftans infeparables d'vne
fi grande Reine, la gloire que l'on vous donne ne peut eftre fi
grande, que ce qui refte à publier, ne furpaffe de beaucoup
toutes ces loüanges.

Aprés que le braue Roger eut priué de vie le fuperbe Ro-
domont, il plia les genoux en terre & éleuant les yeux au
Ciel, il rendit graces à Dieu d'vne fi memorable victoire.
Cependant vn bruict confus & auffi grand que celuy qu'on

ouyt à l'entour de la Baftille, le jour que mon Roy venoit
d'eftre oingt de cefte huile, que l'Ange gardien de la France apporta du Ciel pour facrer nos Monarques, vint remplir
les oreilles. Charlemagne s'approche de Roger, le baife, l'em-
braffe eftroictement, & verfe de fes yeux des larmes de lieffe.
La Valeureufe Marfife ne peut fe deftacher du corps de fon
cher frere, & donner loifir à Roland, à Renaud, à Sobrin, à Dudon, à Guidon le fauuage, aux deux fils d'Oliuier, & à tous les
autres Paladins, de tefmoigner, par leur joye, l'eftime qu'ils
font de ce gentil Cheualier. Mais qui dira le contentement de

Bradamante ? Elle baife mille & mille fois la main victorieufe
de fon Roger. La Belle reprent les rozes vermeilles que ce
cruel combat auoit oftées à fon beau vifage. Elle rallume fes
yeux : mais pluftoft fes flambeaux dont Amour fe fert pour
bruler toutes les ames genereufes. O combien cefte Amante
defolée fentit de dures atteinctes, plus cruelles que la Mort
mefme durant ce fanglant duel ! Helas combien de fois elle
defira de fe voir à la place de fon Amoureux,& d'expofer fa vie
pour luy conferuer la fienne ! Ce n'eft pas qu'elle creuft que le
Roy d'Arger fut plus vaillant que fon Roger : mais quoy ? La
Peur accōpagne le plus fouuent ceux qui ayment,& fon grand
courage qui auoit tant de fois braué la Mort mefme en de fi
fanglantes journées que le feul recit en faict dreffer les cheueux,fe treuuoit maintenant fi fenfible que Rodomont ne defchargeoit jamais coup, qu'elle n'en reffentit vne mortelle at-
teincte. Mais ores elle eft demy folle de joye. Elle nomme
Roger fon Efprit, fon Idole, fa vie, & fon defir. Et peut eftre
qu'elle fouhaitte dans fon cœur que les cheuaux du Soleil ha-
ftēt leur courfe, afin qu'elle recueille le fruict d'vne fi parfaicte
amour. Le Peuple cependant s'affemble à grands tas à l'entour de ce corps,qui proprement reffemble au demefuré Poli-
pheme, lors qu'il fe veautroit fur les riuages de la Sicile, apres
qu'Vliffe l'eut priué de veuë. Les vns tous eftonnés admirent
fon vifage qui tout mort donne mefme de la terreur. Les autres fes bras qui paroiffent fi nerueux, & fi forts : les autres ce
grand corps, qui fit autrefois tout feul trembler les murailles
de Paris , & plus de rauage à cefte grande ville qu'Agramant
ny toute l'armée des Mores. En le voyant on ne peut croire
qu'il foit mort,& qu'vn hōme feul en ait eu la victoire. Charlemagne qui veut que la pofterité fçache ce haut faict que Roger à fi heureufement acheué par fa valeur, fit defarmer ce
Coloffe , & pendre en trophée fes armes, à vne grande Colonne qui fut dreffée au deuant du Palais, & juftement, au lieu où
l'on a veu depuis vne Pyramide, qui maintenant eft changée
en fontaine. La Charogne fut traifnée à Montfaucon, ou les
courbeaux eurent long temps en croaffant dequoy paiftre.
Quand l'Empereur entra auec Roger, & auec tous fes Pala-

A ij

dins dans la Cité, la multitude qui couroit au deuant estoit si
grande, qu'il sembloit que non seulement tous les hommes de
la ville : mais encores toute la France y assistoit. Toutes les fe-
nestres, & les couuertures des maisons estoient remplies, toutes les ruës occuppées, & les Dames versoient d'enhaut sur la
teste de ces valeureux guerriers, vne moisson de fleurs. On
oyoit par tout retentir : *viue Charlemagne : viue le Roy : viue l'Empereur : viue Roger : & viue Bradamante.* Ils entrerent par la porte Sainct Germain, & ayans trauersé plusieurs grandes ruës ils
arriuerent en fin sur ce mont, qui porte le nom de la Saincte
qui a soin de la conseruation de la Ville. La dessus est vn Temple venerable que le premier Roy des Chrestiens fit bastir.
Lors qu'ils y eurent rendu graces au Monarque du Ciel, ils
prindrent le chemin de S. Antoine. L'Empereur auoit desja
faict present à Bradamante de l'Hostel de Sainct Paul, où les
deux Amants furent conduicts. La nuict vint cependant, &
estendit ses larges voiles. Les deux mariez qui l'ont si long
temps attenduë, recueillent le fruict de leurs trauaux. Qui
pourroit conter les mignardes caresses de ce couple amoureux, conteroit encores tous les seillons de la Beausse, toutes
les estoilles du firmament, & tous les merites de la grande MA-
RIE de Medicis. Il n'appartient qu'a l'Amour qui presidoit
en ceste chaste couche, & qui recueilloit ces doux souspirs,
ces Morts desirables, & ces petis reffus suiuis d'embrassemens
de les reciter. Les petis Amours volent tousjours dans leurs
yeux, & baisent incessamment leur visage. Nous les laisserons
en ceste felicité, & reprendrons l'Aduenture de l'ingratte, &
& belle Reine de Cathay qui me prie d'escrire ce qu'elle deuint, lors que l'anneau fatal la sauua de la furie du Comte Roland aux riuages de Terragonne.

ANGELI-
QVE.
Il me semble que vous aués leu cy dessus que la Belle Angelique, accompagnée de son cher Medor, ayant pris congé du
Berger, qui les auoit traictés si courtoisement, estoit descendue
des Pyrenées, pour treuuer en quelque port de Mer, vn nauire qui fit voile en Leuant & qui la portast en son riche Royaume ou elle auoit enuie de faire couröner son Amoureux. Vous
aués appris comme le Comte d'Angers, qui pour lors auoit la

ceruelle mal faine, l'attaqua le long de ce riuage. Comme d'vn coup de poing il froiſſa auſſi legerement que du verre la teſte du Cheual que Medor montoit, & comme eſtant preſt de ſe faiſir d'Angelique, elle, que la grande frayeur fit tomber a meſme temps à la renuerſe de ſa haquenée, luy diſparut, par le moyen de la bague du Paſteur de Lydie qu'elle mit dans ſa bouche. Maintenant vous deués entendre que s'eſtant legerement leuée ſans eſtre veuë, elle gaigna en courant vne foreſt prochaine, ſans ſçauoir ce qu'elle faiſoit. Mais apres qu'elle ſe fut recognuë, & qu'elle ſe vit ſans ſon Medor, elle commença d'arracher ſes blons cheueux, & d'outrager ſon ſein d'yuoire. Elle ſe mit à rechercher la voye qu'elle auoit quittée, auec tant de douleur qu'elle reſſentoit dans ſon ame, que quiconque l'eut veuë en ceſte actiõ l'eut priſe pour vne Menade forcenée. *O Dieux (ce diſoit elle) ou eſtes vous mon cher Medor, ſeule eſperance de mes deſirs, & ſeul entretien de ma vie ? O fortune cruelle ne ſeras tu jamais laſſe d'affliger la miſerable fille de Galaffron ? Meſleras tu touſjours tes eſpines parmy tes roſes ? Luy feras tu touſjours aualer vn torrent d'amertume, pour vne goutte de douceur ? O que j'ay bien eſté aueuglée, quand, ayant deſcouuert ce furieux qui ſans doubte vous a priué de vie, je ne ſuis promptement couruë à vous, pour vous donner l'anneau, qui vous eut garanti de ce funeſte accident. Si je fuſſe morte pour vous ſauuer, quel treſpas heureux & content, ſeroit cõparable au mien, puis qu'eſtant priuée de mon beau Soleil, je reſſemble à la fleur du ſoucy, qui ſe ferme pour ne voir d'autre lumiere ?* Si la Belle s'afflige, il faut croire que Medor n'eſt pas trop à ſon aiſe. Ce jeune homme ſe treuua tellement opprimé de la peſante charge de ſon cheual mort, qu'il demeura plus d'vne heure ſans auoir le pouuoir de s'en deffaire. En fin s'eſtant deſueloppé de ce lourd fardeau, il ſe leua ſur pieds, & regardant d'vn coſté & d'aultre, & ne voyant point la douce lumiere de ſon ame, vne telle deſtreſſe le ſaiſit, qu'il cheut encores à terre tout paſmé, ayãt la face peincte des cou-

leurs du trefpas. Le coup de la douleur par trop de fentiment
le rendit infenfible. Mais en fin quãd les Efprits qui s'eftoient
ramaffés tout en vn par la violence de ce reffentiment com-
mencerét à s'efcarter, & à f'euaporer par l'humeur de fes yeux,
& par les fanglotz cõtinuels qui fortoient de fon cœur, fa bouche commencea à proferer de fi pitoyables parolles, qu'elles
eftoient capables d'arrefter la courfe du Soleil, & contraindre
à la pitié les Parques infernales, fi ces fureurs auoient des o-
reilles pour ouyr les plaintes des Mortels : Courant de toutes
parts, il demandoit aux riuages, aux ruiffeaux, aux forefts, &
aux coftaux d'alentour, nouuelles de fa chere Maiftreffe. En
fin ne pouuant plus fupporter fon abfence, & croyant qu'elle
eftoit morte, il refolut de finir par fõ trefpas fon cruel martyre.
Toutesfois auãt que d'executer fon deffein, il fit cefte plainte :
O Ciel impitoyable, ô Aftres complices de mon malheur: ô du-
res & fanglantes deftinées, que vous ay je faict, pour receuoir
de vous tant de trauerfes, & tant de peines? Depuis le poinct
de ma naiffance jufques à l'heure prefente je n'ay receu de vous
que de la perte & du dommage. Mais à quel tourment me
fcauriés vous deformais referuer, puis que vous m'aués ofté
tout mon bien? Ie penfois qu'apres m'auoir raui mon cher
Maiftre, le valeureux fils d'Almont, vous efties laffés de me
tourmenter, puis que vous m'auiés donné à vne Maiftreffe
qui me faifoit oublier toutes mes autres afflictions. O cruels!
eftoit ce donques l'heur où vous me referuiés? Faut il que mon
bien paffe comme vn fonge, & que mon malheur foit d'eter-
nelle durée? Faut il qu'vn matin voye naiftre & mourir les
belles fleurs de mon ame, & que les poignantes efpines y de-
meurent toufjours? Ma felicité eft elle donques comparable
à vn efclair, à qui naiftre, & mourir, luire & s'efteindre eft
vne mefme chofe? Helas que je marchois glorieux d'auoir con-
quis cefte rare Beauté, pour qui tant de grands Princes, &
tant de valeureux guerriers auoient quitté leurs Empires, &

faict perte de leurs libertés. Puis que la Mort impitoyable l'a rauie, mourôs, mourôs, & monstrôs que nos destinées estans inseparables, l'vn ne pouuoit demeurer au port, tandis que l'autre faisoit naufrage. Acheuant ces parolles, Medor tiroit furieusement son Espée hors du foureau, pour s'en trauerser l'estomac, lors qu'vne voix le destourna d'vne si sanglâte resolution : C'estoit sa belle Maistresse, qui apres auoir longuement cherché (ainsi que nous auons desja dit) ses cheres amours, vaincuë de la douleur qu'elle ressentoit, & du trauail du chemin qu'elle auoit faict, s'estoit couchée au pied d'vn liege, en resolution de haster la course de ses destins, aussi biê que Medor. Il estoit si proche d'elle, que ceste dolente pouuoit ouyr clairement ses plainctes, & ses pitoyables discours. A l'heure l'excés de la joye qu'elle en reçeut la saisit de telle sorte, qu'elle ne peut courir à luy afin de luy sauter au col. Elle prenoit encores plaisir de voir les tesmoignages qu'il rêdoit de son extreme amour. Mais quand Medor, voulut mettre la main à l'espée, pour imiter le fidele Pyrame, Angelique toute troublée osta promptement de sa bouche l'anneau sacré qui la rendoit inuisible, & se mit à crier : *Arreste mon cœur : arreste mon esperance.* Iamais vn homme qui a les yeux bandés & qui n'attend que le coup mortel, qui doit faire la diuision de son ame & de son corps ne reçoit plus de joye, lors qu'il entend crier sa grace ; que le beau Medor ressentit de contentement si tost qu'il apperceut celle qui sert d'aliment à sa vie. Ne pouuant souffrir l'excés de la lumiere de ce beau Soleil, ses yeux deuindrent tous offusqués, & il fut contrainct de s'assoir, de peur de ne tomber à la renuerse. Le lierre n'embrasse pas auec plus de nœuds vn ormeau, ou quelque autre arbre, que ces deux Amants, s'estreignirent de leurs bras delicats. Leurs baisers redoublés imitoient ceux des Tourterelles, & leurs ames se mêloient si bien par leur bouche, qu'en ceste douce confusiô on eut dit qu'elles n'estoient qu'vne. Ils passerent long temps en ce rauissement sans pouuoir dire vne parolle : mais enfin apres qu'ils peurent parler, & qu'ils eurent appris l'vn de l'autre le succés de leur Aduenture, Angelique pria son Medor de la mener promptement à quelque port, où ils peuſſent s'embarquer, & abandonner les Contrées de l'Occident, où il ſembloit que la Fortune prenoit plaiſir de luy donner tous les iours quelque ſecouſſe. Medor, qui n'auoit d'autre deſir que le ſien, creut ſon conſeil, & ſans retarder d'auantage ils ſe rendirét tous deux dans peu de temps en vn port qui n'eſtoit éloigné que de quelques deux lieuës. Vn Nauire qui alloit en Iaffe eſtoit preſt à deſloger. Ils ſe mirent dedans, & la Fortune qui deſormais leur vouloit monſtrer ſon viſage riant, leur fut ſi fauorable qu'en moings de quinze iours, ils y abborderent. Là ils prindrent port, & ayant mis pied à terre, ils entrerét en l'Aſſyrie, où ils virent les ſuperbes murailles que Semiramis fit baſtir. Aprés s'eſtans rendus au golfe Perſique, ils s'expoſerent à la mercy des ondes de l'Ocean, & firent tant qu'ils abborderent à Montbaze. Ils virent Melinde, & puis prindrent port au prés de Calicuth, où la belle Angelique fit ſçauoir de ſes nouuelles au Roy de la Prouince, qui auoit eſpouſé vne ſeur de ſa Mere. Le Roy qui ſe nommoit Timée, enuoya ſoudain vne infinité de Naires, qui ſont de grands Segneurs de ſa ſuitte pour la receuoir, & luy meſme vint puis aprés en perſonne au deuant d'elle. Apres mille embraſſements reciproques, Angelique ſe repoſa quelques iours en Calicuth & puis elle en partit, auec vne bône trouppe de Cheualiers que ſon Oncle luy donna, & ayant coſtoyé d'vn coſté la Tartarie, & de l'autre les hautes montaignes qui ſeruent de barriere au grãd Royaume de la Chine, & laiſſé Sericane à coſté, elle fit tant par ſes iournées qu'elle ſe rendit à la fortereſſe d'Albraque. Ie vous diray vne autrefois la ioye que reçeurent les Prouinces ſubiectes à ſon Empire, lors que l'on ſçeut ſa venuë, & comme elle fit coronner ſon Medor Roy de Cathay. Le fameux Prince de Circaſſie m'appelle, & veut que j'acheue le ſuccés de ſes grãds trauaux : & que je publie ſa fidelité ſi mal recognuë, & la fin de ſa triſte & funeſte Aduenture.

SACRI-
PANT.

    Sacripant qui s'eſtoit vanté de recouurer par force le cheual que le ſuperbe Roy d'Arger oſta à vne Damoiſelle de Bradamante, ſuiuit à la trace ſon Aduerſaire, ſi toſt que la Princeſſe de Grenade l'eut chaſſé du Camp des Mores, par la ſentence qu'elle prononçea en faueur de Mandricard. Mais ce Roy de Cir-

de Circaſſie ne peut faire la diligéce qu'il eut bien deſirée pour
tirer raiſon du Roy de Sarſe. Sa courtoiſie naturelle le conuia
le lendemain à la poincte du jour de ſecourir vne Damoiſelle
qui eſtoit tombée dans la riuiere de Seine, ou pluſtot d'Yon-
ne, tout auprés de Sens, où elle ſe fuſt noyée, ſil ne l'euſt incôti-
nent ſecouruë, en ſe jettant tout armé dans l'eau, pour la retirer de ce danger. Et quand puis aprés il voulut remonter en
ſelle il treuua que ſon cheual auoit gaigné la clef des champs,
de ſorte qu'il ſe fit ſuiure juſques à la nuict, & ſ'eſgara bié loing
du chemin. Sacripant fut donques contraint, ainſi que vous
aués leu en vne autre part de cheminer depuis Paris juſques au
prés de Montpellier auant, que treuuer Rodomont, & forcé de
laiſſer encores ſon autre cheual, & ſes armes au ſepulchre de la
chaſte Iſabelle. Car il eſtoit impoſſible à ceux qui jouſtoient
contre le Roy d'Arger ſur le pont eſtroit, de n'aller point voir
ſoubs les ondes de la riuiere de Bidourle, les Najades qui y faiſoient leur ſejour, ſi bien que Rodomont qui auoit accouſtumé de faire ce ſaut, & qui n'ignoroit pas les endroits où l'on
pouuoit prendre pied, & où l'eau eſtoit profonde, auoit vn
grand auátage contre ceux qu'il combattoit. Et par ce moyen
aprés les auoir fait bié boire, il les retiroit demy morts, les deſ-
armoit, & puis les empriſonnoit, ſils eſtoient Chreſtiés, & leur
dónnoit la liberté ſils ſuiuoient la ſecte de Mahommet, apres
auoir pendu premierement en trophée leur eſpée, leur caſque,
leur cuirace, & leur eſcu au monumét de la Maiſtreſſe de Zer-
bin. Le valeureux Roy de Circaſſie ſi treuuant ainſi à pied, &
ayant laiſſé ſes armes à la fortereſſe du Pont auſſi bié que Brandimart, que Sanſonnet, & que le Marquis Oliuier y laiſſerent
les leurs, n'eut pas le courage de retourner à l'armée des Sarraſins, de peur qu'on ne ſy moquaſt de luy. Vn Courrier qui venoit de Barcellonne, & qui auoit rencótré la belle Angelique,
lors qu'elle ſe vouloit embarquer pour paſſer en Leuant, luy apprit de ſes nouuelles. Ce Courrier la cognoiſſoit, comme celuy qui l'auoit veuë auprés de Paris, auec ſon frere l'Argail, du
temps qu'il cherchoit Ferragus de la part du Roy Marſille, à
qui Gradaſſe menoit vne cruelle guerre, mettát à feu & à ſang
tout le Royaume de Caſtille. Ceſte nouuelle rompit ſoudain

B

tous les deſſeins que le Roy de Circaſſie pouuoit auoir : car
la meſme ardeur qui l'auoit attiré du bout de l'Orient juſques
au bout du Ponant, pour treuuer ceſte cruelle qui pour lors a-
moureuſe de Renaud auoit ſuiui le Comte Roland, le força
encores à courir aprés elle, & de la ſuiure à la trace. Il eſtoit
pourtant en fort mauuaix equippage, n'ayant ny armes, ny
cheual : toutesfois ſon grãd courage luy fait eſperer que quelque heureuſe rencõtre luy en fournira. Aprés auoir beaucoup
cheminé en intention de trauerſer l'Allemagne, la Poloigne,
la noire & la blanche Ruſſie, & de viſiter en paſſant ſon Empire, & puis de ſe rendre de la Tartarie au Cathay, il ſe treuua vn
jour en vne grande foreſt plantée de ſapins, ſi hauts & ſi bien
fournis de branches & de fueilles, que les rayons du Soleil ny
peuuent penetrer. Le trauail qu'il auoit pris en vn voyage qu'il
n'auoit pas acouſtumé de faire, l'inuita de ſe coucher au pied
de l'vn de ces arbres, pour ſ'y repoſer. Mais à peine commençoit il à fermer la paupiere qu'vne plainte lamétable vint remplir ſes oreilles. Il ſe leua legerement, & ayant arraché vne groſſe branche de l'vn de ces ſapins, & fait vn gros baſton, pour
ſ'en ayder, ſ'il eſtoit beſoin, il courut legerement vers le lieu
d'où ce bruit procedoit. Quand il y fut paruenu il apperceut
vn Cheualier qui vouloit forcer vne belle Dame, laquelle ſe
défendoit des ongles, des dents, & des pieds, le mieux qu'elle
pouuoit, en criant touſiours au ſecours. Neátmoins elle eſtoit
deſia ſi laſſe, que ſi le Roy de Circaſſie euſt tardé encores quelque peu à venir, ce Cheualier en euſt fait à ſa volonté. Sacri-
pát qui auoit touſjours employé ſa valeur & ſon courage pour
le ſeruice de ce ſexe, cria ſoudain à ce Cheualier : Laſchés ceſte Damoiſelle, homme peu courtois. Vous offenſes par trop
l'ordre dont vous faites profeſſion. A ces mots ce Cheualier
quitta la Damoiſelle, & ayant tourné la teſte, il empoigna ſoudain ſon eſcu, & mit la main à l'eſpée, penſant bien toſt d'enuoyer cet importun, qui n'auoit pour toutes armes qu'vn baſton, en l'autre monde. Ie t'apprendray (dit il) temeraire à interrompre le plaiſir d'autruy, & de te meſler des affaires où tu
n'és point appelé. Ce diſant il ſe rua furieuſement ſur le Roy
de Circaſſie, & luy deſchargea vn ſi grand reuers, qu'il luy euſt

fendu la teste jusques à la ceinture, s'il l'eust atteint. Mais le
Roy qui estoit vn des plus adroits Cheualiers du monde gau-
chit au coup, & opposa le baston, qui fut mis en deux pieces.
Toutesfois il ne laissa pas de frapper si rudement sur la teste de
son Aduersaire auec l'autre moitié du baston, que l'escu ny le
casque ne furent pas capables de le defendre de n'aller point à
terre tout estourdy. Sacripant se jetta soudain dessus, & ayant
saisi son espée, luy délaçoit l'armet, prest à luy trencher la teste
encores qu'il n'en fust pas besoin pour le faire mourir : car desja il auoit perdu la vie, lors que deux autres Cheualiers suruin-
drent à grande course de cheual, en criants de loin : *Attens, at-*
tens malheureux. Le Roy de Circassie se leua soudain, & ayant
releué l'Escu de celuy qui gisoit à terre, attendit de pied coy
ceux qui le venoient assaillir. Vn de ces deux qui estoit mieux
monté que l'autre coucha son bois, & croyant percer le corps
de Sacripant, donna des esperons à son Cheual, & fondit sur
luy comme vne tempeste. Le Roy fit vn saut à quartier, &
puis en passant aussi viste qu'vn esclair donna par derriere à son
ennemy vn si horrible coup, qu'il luy auala toute vne espaule,
de sorte qu'on luy voyoit les costes & le foye. A peine s'estoit
il despesché de cestuy cy, que l'autre brisa sa lance dans l'Escu
que Sacripant opposa à son atteinte. Mais Sacripant poussa
auec tant de force son cheual, qu'il l'enuoya si rudement à terre qu'il rompit le col à son Maistre. Aprés auoir heureusement
acheué ceste Aduenture, il s'arma promptement des armes de
l'vn de ces Cheualiers, de peur d'estre assailli de nouueau, & de
se treuuer despourueu, & puis s'estant accommodé du meilleur
des trois Cheuaux il monta dessus, & regarda de toutes parts
pour voir où estoit la Damoiselle, que l'on auoit voulu violer :
Mais il auoit beau la chercher. Elle gaigna au pied soudain
que son Ennemy l'eut laschée, de sorte qu'elle estoit desja bien
loin de ce lieu. Voyant qu'il ne pouuoit la descouurir, il pour-
suiuit son voyage, ayant tousjours deuāt les yeux le pourtrait
de sa Maistresse, & son beau nom à la bouche. *Helas Amour*
(disoit ce dolent Prince) *ne seras tu jamais lassé de me faire*
la guerre? Verray-je tousiours mon esperance aussi vaine que

mon defir, & ne donneras tu point en fin de l'allegement à ma peine? O beauté la plus belle que la Nature ayt jamais pro-duicte, pourquoy cachés vous tant de rigueur foubs vn fi beau vifage? Ces belles parolles que vous m'aués tenuës fi fouuent & ces longues promeffes, jufques à quand tiendront elles mon ame en attente, & me fairont doubter que vous fauorifés vn autre plus que moy? Si cela eft, ô Dieux, ne permettes plus que je viue? O Parques couppés la trame de mes jours : car il m'eft impoffible de viure, & de voir vne autre poffeffeur du cœur de ma Maiftreffe. Ces plaintes eftoient accompagnées de fi cuifans foufpirs que l'air d'alentour en eftoit allumé. Les rochers f'en fendoient de pitié, & les riuages prochains par vn doux murmure plaignoient l'infortune de ce Cheualier. Ce-pendant la Reine de Cathay qui eft arriuée à fon Royaume, & qui defja à faict prefter le ferment de fidelité à fon beau Me-dor, fe foucie bien peu de Sacripant. L'Ingratte ne fe reffou-uient plus des feruices que le Roy de Circaffie luy a tant de fois rendus, & principalement lors qu'il la garantit de mort & d'infamie, la nuict qu'il f'oppofa tout feul & defarmé contre toute l'armée d'Agrican. Au contraire enyurée des plus dou-ces delices de fon amour, elle faict tirer douze pourtraicts de fon Medor, & les baille à douze Courriers, qui les portent par toutes les Courts de tous les Princes du Monde, & publient par tout que la belle Angelique, la fille de Galafron, & la feur de l'Argail, a changé fa rigueur en vne douce priuauté. Quel-le f'eft donnée à vn Affricain, qui paffe en beauté l'infidelle Efpoux d'Oenone, de mefme qu'Angelique furpaffe en perfe-ctions la feur de Caftor, & de Pollux. Tout le Monde eft fi eftonné de cefte Eftrange nouueauté qu'à peine la peut on croire. Et fes Amoureux, en reçoiuent de fi viues poinctes de jaloufie, que les vns en perdent le fens, les autres font retentir par tout de pitoyables regrets, blafement le Ciel, la Fortune, & les Aftres innocents. Celuy qui ne fçait point encores ces triftes nouuelles eft l'infortuné Sacripant. Il n'a point encores goufté le poifon amer qui tue les autres. Le Chetif a touf-

jours le cœur embrasé. Il meurt d'amour, sans qu'on l'ayme.
Et toutes fois il se flatte en sa douleur, & cecy pour le moings le
soulage qu'il croit que la Belle Angelique n'en ayme point
d'autre plus que luy. Or comme il chemine toussiours sans
qu'il s'arreste que le moings qu'il peut en quelque lieu, il fait
tant qu'il approche d'vn costau delicieux, sur le sommet duquel estoit posé vn chasteau d'admirable structure. Au front
de ceste forteresse paroissoient quatre grosses tours, & à chaque tour il y auoit vn perron de bronze, où pendoit vn Cor, &
au dessoubs estoit vn Escriteau en langue Arabique, que Sacripant qui entendoit fort bien ceste langue, leut. En voicy la
teneur : *Quiconque desire de voir de grandes merueilles, qu'il souffe*
de la Trompe. Le Valeureux Cheualier qui s'estoit nourri toute
sa vie dans les hazars, comme la Pyralide dans le feu, ayant attaché son cheual à l'vn de ces Perros mit le Cor en bouche, &
à l'instant vne grande porte s'ouurit. Il voulut entrer dedans :
mais incontinent il fut assailli d'vne trouppe de gens armés,
qui de pertuisannes, qui de halebardes, & qui d'espées auec la
targe, la cuirace, & le morion. Mais il se fit bien tost faire place : car estans armés à la legere, on vit incontinent voler, testes,
bras, & jambes. Ces hommes se voyants si mal menés commencerent à gaigner au pied, & à crier, au secours. Et à l'instant
mesme vingt Cheualiers armés de toutes pieces se presente-
rent. Qui eut veu alors jouër des mains le Roy de Circassie,
eut soudain jugé qu'il y auoit bien peu de valeur au monde
comparable à la sienne. Le premier qu'il atteignit il le fendit
jusques à la ceinture. Il en perça vn autre d'outre en outre,
& aualla vn espaule à vn qui s'approchoit de trop prés. Neantmoins il ne peut si bien faire qu'il ne fut blessé luy mesme : car
il n'auoit point ses fortes armes qu'il auoit laissées au sepulchre
de la Princesse de Gallice. Mais en fin apres en auoir abbatu
encores cinq ou six, les autres reculerent, & puis prindrent legerement la fuitte. Or comme il les poursuit il ne se donne
point garde qu'il marche sur vne fausse trappe, & qu'il tombe
dans vne obscure fosse. Il ne se fait neantmoins aucun mal,
par ce qu'il y auoit en bas de la paille molle qui l'empescha de
s'offencer. Iugés s'il fut bien estonné se voyant pris en vn tel

B iij

piege,& croyant d'y finir malhoureusemét ses jours, sans auoir
moyen de se pouuoir defendre. Il regarda de tous costés s'il
n'y auoit point d'issuë, & quand il cognut que sans aisles on ne
pouuoit de soy mesme gaigner la bouche de ce sepulchre où
l'on enterroit les hommes viuants, il attendit en patience ce
que son Destin auoit ordonné de sa vie. Il passa tout le jour en
l'apprehension qu'il auoit de mourir là de faim, & de malaise,
ayant le cœur si gros & si enflé de desdain, qu'à peine pouuoit il
respirer. Le Soleil auoit desja plongé ses rayons dans le sein
de son ancienne nourrice, lors que l'on ouurit des barreaux de
fer, qui estoient à costé dans ceste fosse. Et à l'instant la clairté
d'vne lampe donna dedãs, & puis vn jeune homme richement
vestu mit la teste à ceste grille, & parla au Cheualier en ces termes : Et bien (dit il mon gentilhomme) comment vous en
trreuués vous? N'aués vous pas enuie de soupper? Qui estes
vous (respond Sacripant) qui me tenés ce discours? Ie suis (repart l'autre) le Maistre de ce logis, qui ay accoustumé de traicter honnorablement les guerriers de vostre sorte. Quel trai-
ctement (dit le Roy de Circassie) je n'ay pas trop de subject de
m'en louër. Iamais je n'ouys parler d'vne telle cauerne de traistres, & de brigands. Tout beau Cheualier (poursuit l'autre)
si vous aués quelque fois senti les forces de l'Amour, je ne
doubte pas que vous n'excusiés le crime que je puis auoir cõ-
mis contre vous. Mais il est temps de finir ce discours. Il faut
que vous sçachies que je suis deliberé que vous demeuriés per-
petuellement en ceste prison, si vous ne me voulés promettre
de faire pour moy ce dont je vous requerray. I'estime tant vostre franchise, que vostre valeur m'a aujourdhuy tesmoignée,
aux despens des miens; que je ne doubte point que vous ne me
teniés ce que vous me promettrés. Si ce que vous voulés
exiger de moy (dit Sacripant) est raisonnable, je vous promets par la Beauté que j'adore d'employer mon espée pour vostre seruice. Elle est si raisonnable (repart l'autre) que mesmes si vous me la refusiez sans y estre astreinct par serment,
vous en seriés blasmé. Il n'estoit pas donques besoing de
tant de mystere. (dit le Roy de Circassie) Qu'on me tire
seulement d'icy, & puis je m'efforceray de tenir ma pro-

meſſe. A l'inſtant meſme on ouurit vn petit guichet de fer, ſi
bien enchaſſé à la muraille de la foſſe, qu'il eſtoit impoſſible de
l'y remarquer. Ie vous diray en l'autre Auenture ce qui luy
ſucceda.

Fin de la premiere Auenture.

ARGVMENT.

Vlanie meſſagere de la Reine d'Iſland arriue à Paris, &
preſente l'Eſcu d'or à Charlemagne. Vn Magicien ſe rend
pareillement à la Cour auec vn armet enchanté. Ferragus
quitte ſon Oncle le Roy Marſille, & ſe met en queſte d'An-
gelique. Il entre dans vne foreſt où il treuue d'eſtranges cho-
ſes. Ce Chant nous repreſente preſque par tout les deſirs des
Amoureux qui n'eſpargnent ny peine, ny trauail pour obte-
nir ce qu'ils deſirent: & qui preferent le plus ſouuent leur re-
putation, & leur honneur aux ardeurs ſenſuelles.

AVENTVRE II.

'EST vne choſe bien rare que de voir vne grande
valeur, ſans vne grande courtoiſie. Ces deux belles vertus ſont ſi bien vnies qu'il ſemble que celuy
qui en poſſede l'vne eſt auſſi poſſeſſeur de l'autre,
& que ce ſont en luy des accidéts qui ne peuuent
eſtre ſeparés. La belle Hiſtoire que je pourſuis teſmo ignera
touſiours la verité de mon dire. Le bon Turpin qui pub lie Sacripant pour le plus courtois & pour l'vn des plus valeu reux
Cheualiers qui viuoient en ſon ſiecle, l'eſcrit de meſme qu e je
vay vous le raconter.

Si toſt que le Prince de Circaſſie fut hors du cachot tene-
breux, où il auoit eſté arreſté, vn Cheualier honnorable ſuiui
d'vne trouppe d'autres Cheualiers, tous deſarmés, horſmis de
leur eſpée, vint à ſa rencontre. Aprés l'auoir courtoiſemen t
ſalué, il le prit par la main & le mena par de grands degrés de
marbre juſques à vne grande ſalle, fort ſuperbe, & m agnifique.
Elle eſtoit longue pour le moins de cent pieds, & large de ſoi-
xante & dix. Sacripant eſtonné regardoit toute ceſte pompe.
Mais il fut encores bien plus emerueillé lors qu'entrant dans la

C

salle, & jettant les yeux en haut, il vid vn lambris tout enrichi
de perles, de Rubis, Defmeraudes, & de Diamants. Du cofté
tourné vers l'Orient eftoient les croizées embellies d'or & d'a-
zur de mefme que les mouleures, les pentes, les quarrés & les
pofteaux des feneftres, & des vitres. Du Midy ce n'eftoit qu'v-
ne muraille de certaine excellente pierre polie fi claire & fi
tranfparente que la belle campagne paroiffoit auffi bien que
s'il n'y euft eu rien d'interpofé. Les autres deux coftés eftoient
parés d'vne riche tapifferie d'or & de foye, où certains perfon-
nages eftoient reprefentés. Le Roy de Circaffie arreftoit fes
regats fur ce bel ouurage, ne pouuant comprendre ce que ces
belles figures vouloiét dire, lors que le Maiftre du logis le conuia de s'affoir à table : car l'on auoit defia couuert au milieu de
cefte falle, & le maiftre d'Hoftel fe fafchoit dequoy la viande
fe gaftoit. Eftans à table, & deuifans ores d'vne chofe, & puis
d'vne autre, l'Hofte de Sacripant foufpiroit à tous coups, & tiroit du profond de fon eftomac des fanglots interrompus. Ie
vous en dirois le fujet : mais j'ay à parler de tant de dignes perfonnes qui m'appellent, qu'il faut neceffairemét que je retourne à la Cour de Charlemagne pour y voir ce que les Paladins
y font, & particulierement le bon Roger.

 L'Amoureux de Bradamante joüiffoit de la gloire que fes
ROGER. trauaux luy auoient aquife. Sa valeur, fa conftance, & fon merite luy faifoient poffeder vne des plus gentiles Dames que le
Soleil ait jamais veuës, depuis qu'il court l'vn & l'autre Hemif-
fere. Defia il s'appreftoit de prédre congé de l'Empereur, pour
aller receuoir à Belgrade la coronne de Bulgarie, quád la Fortune qui difpofe des chofes du monde comme il luy plaift re-
tarda fon deffein. Vous aués leu cy deffus comme Meliffe la
plus fçauante Magicienne du Monde, fecourut le bon Roger,
par le moyen du courtois fils de l'Empereur de Grece. Maintenant vous deués fçauoir qu'elle rendit à Conftantin le riche
Pauillon que fes Efprits tranfporterent à la belle plaine qui eft
entre Paris & Vaugirard, où tous les Paladins de France, & les
plus grands Seigneurs du Royaume, & Charlemagne mefme
auoient faict tendre les leurs : par ce que la Ville n'eftoit pas affés capable de contenir tant de gens qui fe rendoient tous les

jours à Paris de toutes les contrées du Môde, pour voir la feste:
Or ceste Meliſſe deſireuſe encores d'accomplir vn autre mariage que le Ciel auoit ordonné, eut recours à ſes arts magiques afin de l'auancer. Marfiſe ainſi que vous aués appris tant MARFISE
par l'hiſtoire de l'Amoureux, que par celle du Furieux, eſtoit la
plus vaillante Dame qui ait jamais porté eſpée au coſté. Qu'on
ne mette point en auant Penthaziléе, Harpatice, Camille, ny
toutes celles de qui l'Antiquité faiċt tant d'eſtime. La ſeur de
Roger ne les ſurpaſſoit pas moins en valeur, qu'en beauté, & en
bonne grace, lors qu'elle daignoit l'employer. Car autrement
l'hiſtoire dit qu'elle eſtoit la plus altiere, & la plus ſuperbe du
monde. Auſſi juſques à l'heure elle n'auoit point ſenti le traiċt
de l'Enfant qui ſurmonte les hommes & les Dieux. Ses façons de faire martiales, faiſoient mourir l'eſpoir de tous les
cœurs, ſi toſt que ſa beauté auoit produit dans eux le deſir. Il y
en a qui ont eſcrit qu'elle deuint amoureuſe de Guidon le Sauuage, depuis le jour qu'elle le combattit en l'Iſle cruelle : mais
ce ſont des menſonges euidents, par ce que premierement elle
auoit vne ſi bonne opinion de ce qu'elle meritoit, & eſtoit ſi
pure & ſi entiere en ſes intentions, que jamais elle n'euſt faiċt
reſolution de donner ſon cœur au frere de Renaud, ſçachant
qu'il eſtoit obligé d'aymer la gracieuſe Alderie. Et puis elle
n'eſtimoit pas tant Guidon le Sauuage, qu'elle creuſt que ce
Cheualier fuſt digne d'elle. Ce n'eſt pas que la Guerriere ne
priſaſt beaucoup la valeur de Guidon, & peut eſtre autant que
la proüeſſe de ſon frere Renaud qu'elle traitta fort rudement
deuant Albraque. Toutesfois ſi elle euſt deu aymer quelcun,
je croy qu'autre que le Comte Roland n'euſt eu la poſſeſſion
de ſon cœur, ſ'il n'euſt eſté marié. Elle ne priſoit dans ſon ame
que ce vaillant Prince, & luy donnoit le prix ſur tous les Cheualiers qui porterent jamais cuirace. Les batailles qu'il auoit
ſouſtenues & gaignées en Cathay contre le plus vaillant Monarque du monde, auoient rempli d'eſtonnemét l'ame de Marfiſe : mais plus encores l'eſtrange combat qu'il eut contre l'Or-
que, qui deuoroit les femmes & les filles en l'Iſle d'Ebude. Or
voyant que le Comte eſtoit lié auec la ſeur du Marquis de
Vienne, elle eſtoit reſoluë d'emporter ſa Virginité dans le ſe-

pulchre, & neantmoins exercer toufiours fi bien fa valeur, &
faire tant d'armes qu'elle peut obfcurcir la gloire des plus renommés Cheualiers. Cependant elle penfoit de faire vn voyage en fon Royaume d'Ormus, afin d'y faire baptifer par amour,
ou par force, tous fes fubjects, enfemble la prouince d'Onor,
& autres voifins, dont les Roys luy eftoient tributaires. Mais le
Ciel qui l'auoit deftinée pour eftre la plus grande Princeffe de
l'Oriét, rompit fon entreprife, ainfi que vous orrés maintenát,
Vn jour que la Cour ne parloit que de feftins, que de dances,
que de bals, que de jouftes, & que de tournois, & que Guidõ le
Sauuage, Leon de Grece, Griffon, Aquilan, Sanfonnet, Dudon, & Richardet y paroiffoient par deffus tous les jeunes Cheualiers, comme des Pins éleués par deffus des arbriffeaux, voi-
VLANIE. la que la Meffagere d'Ifland arriue au Palais Royal. Elle eftoit
accompagnée des trois vaillants Roys : de celuy de Suede, de
celuy des Goths, & de celuy de Noruegue. Si toft qu'Vlanie
apperceut Charlemaigne, elle fe profterna à terre, & aprés que
l'Empereur l'eut releuée, cefte belle & gracieufe Dame luy
tint ce langage : *Inuincible Monarque, le bruit de voftre nom*
qui remplit toutes les contrées du Monde, eftant paruenu juf-
ques aux Prouinces, où l'on conte vne année par vn jour, &
par vne nuict, a conuié vne Princeffe la plus belle & la plus a-
greable de toutes celles qui portent le titre de beauté, de m'en-
uoyer vers vous, comme au plus fage Monarque de l'Vniuers.
Ainfi qu'elle eft vne viue lumiere, & vn Soleil vnique à qui
toute autre lumiere n'eft point comparable, comme celle de qui
les beaux yeux maintiennent l'empire de l'Amour, & où ce pe-
tit Dieu a bruflé fon plumage pour n'en partir jamais. Auffi
elle defire de n'affubjectir fa liberté à d'autre qu'à celuy qui fe
pourra vanter d'eftre le Phenix de tous les plus vaillants guer-
riers du Monde. Et d'autant qu'il y a beaucoup de Cheua-
liers qui f'attribuent ce titre, & qu'elle ne croift pas volontiers
à des paroles, elle vous fupplie de luy adreffer vous mefmes vn

tel homme, par le don que vous luy faires de cet Escu d'or. El-
le vous estime si judicieux, qu'il ne faut point douter que celuy
qui le receura de vostre main, ne merite au mestier des armes
l'honneur que ma Princesse aquiert par son merite. Ainsi vous
ferés vne action digne du plus grand Empereur du Monde,
& aurés la gloire d'auoir marié Mars & Venus ensemble.
Charlemagne ayant ouy le discours de ceste Damoiselle, demeura tout estonné de premier abord, & songea vn peu auant
que de respondre. Ce sage Monarque se representoit, qu'il ne
pouuoit incontinent bailler l'Escu à quelcun des Cheualiers
de sa Cour, sans esmouuoir de grandes querelles, & sans allumer la Discorde. Le silence estoit cependant par tout. Chacun attendoit ce que le Prince vouloit dire, & après auoir son-
gé quelque peu de temps, il parla à Vlanie en ces termes: I'ay
de l'obligation à vostre belle Princesse, pour l'estime qu'elle
faict de mon jugement: Aussi m'efforceray-je de la contenter,
& vous depescheray dans peu de jours. Tandis vous vous re-
poserés icy à la Cour, & passerés le temps parmy ces belles Dames, ausquelles je commande de vous traicter comme si vous
estiés ma propre fille. Ayant acheué ces mots, l'Imperatrice
Galerane la vint baiser & embrasser. La belle Alde espouse du
Comte Roland, ensemble Clarice femme du Paladin Renaud
en firent autant. Elles estoient suiuies d'Armeline, de Violente d'Angers, de Blanchefleur, & de plusieurs Princesses & grandes Dames, qui toutes firent mille caresses à la gracieuse Vlanie. Bradamáte, ny Marfise n'y estoient pas à l'heure. Roger les
auoit menées à la chasse en ceste gráde forest, qui porte le nom
d'vne belle fontaine, qu'vn chien nommé Belaud treuua cinq
où six cens ans après. Mais comme toute la Cour ne parloit
que de l'Escu d'or, voicy vne autre Aduenture bien plus admirable qui esteignit la memoire de l'autre. A peine Vlanie venoit d'estre logée au Palais Royal, en vne chambre proche de
celle de la Reine, qu'vn venerable vieillard qui menoit sous les
bras vne Dame toute ridée de vieillesse entra au Palais. Deux
Escuyers les suiuoient auec vne autre femme de moyen aage,
laquelle portoit sous le bras vn coffret qui estoit fermé à clef.

Toute la foule venoit après ces Eſtrangers, pour apprendre ce
qu'ils vouloient dire. Eſtans entrez à la ſalle, ils ſe jetterent
aux pieds du Roy de France, & alors ce bon homme luy tint ce
diſcours : Sire, la renommée de voſtre Cour m'a faict venir
icy d'vne eſtrange contrée. I'ay creu qu'vne Aduenture qui
doit eſtre terminée par vn des plus courtois & plus vaillants
Cheualiers du Monde, ſe doit acheuer en ce lieu, où tant de
braues guerriers ſont maintenant aſſemblez. I'ay couru tant
de Royaumes, que ſi je manque icy de voir la fin de mon deſir,
il ne faut pas que j'eſpere deſormais de treuuer de l'allegement
à mon mal. Sire, vous deués ſçauoir que je me treuue reduit
en vne ſi grande extremité, par vne perte que j'ay faite, que
ſans l'eſpoir qui me flatte & qui me promet que je recouureray
ce que j'ay perdu, il y a long temps que je me fuſſe donné la
mort de ma propre main. Ce diſant il ſouſpiroit amerement,
& verſoit ſur ſa grande barbe blanche vn torrent de pleurs.
Charlemagne touché de compaſſion, luy commanda d'expoſer librement ce qu'il vouloit dire, & luy promit de le ſecourir,
& de le releuer, s'il pouuoit, de ſa miſere. Le Vieillard le remercia humblement, & puis s'eſtant leué il fit ſigne à la Damoiſelle qui portoit le coffret de s'approcher. L'ayant ouuert
il en tira ſoudain vn caſque luiſant & doré, le plus beau & le
mieux fait qu'on puiſſe voir jamais. Cet armet (dit alors ce
Vieillard) eſt compoſé d'vne matiere plus dure qu'vn diamant.
Il n'y a eſpée de ſi bonne, ny de ſi fine trempe qui le puiſſe entamer non plus que fairoit vn petit couteau, ſi l'on en vouloit
coupper quelque gros enclume. Mais il a vne vertu bien plus
admirable. Tous les Cheualiers qui le mettent à la teſte, ne le
gardent gueres, par ce qu'auſſi toſt vne lumiere pareille à la
clairté du Soleil procede de cet Eſcu, & il ſe delace, & ſort de
la teſte de celuy qui s'en eſt armé, & tombe rudement à terre.
Or il aura ceſte vertu, juſques à ce que le braue Cheualier qui
en doit eſtre le poſſeſſeur, en pare ſa teſte. Alors ceſte lumiere
ceſſera : mais non pas ſa dureté, qui ſera touſiours telle qu'elle
eſt maintemant, & qui ne cedera point en bonté à l'armet de
Mambrin, ny à celuy d'Almont. Toutesfois, ſi ce bon-heur
m'arriue, que je treuue en ceſte Cour le bon Cheualier que

j'ay cherché si longuement en tant de Royaumes, & de Prouinces, il faut qu'il se delibere de quitter incontinent la Cour,
& de me suiure, afin de venir receuoir le plus grand honneur,
qui puisse jamais arriuer à Cheualier errant, & mettre à fin
l'Aduenture qui n'est reseruée qu'à luy. Toute l'Assemblée escoutoit attentiuement les paroles de ce Vieillard, & desia le desir de gloire eschauffoit le courage de ceste genereuse ieunesse
qui honoroit la Cour de l'Empereur, & qui brusloit d'impatié-
ce d'essayer le Casque merueilleux, lors que Charlemagne
voyant qu'il estoit desia tard, remit au lendemain l'espreuue de
ceste Aduenture, & cependant commanda à Gui son Sene-
schal d'auoir le soin de faire loger & bien traicter dans son Palais ce vieil gentilhomme. Nous quitterons pour vn peu de
temps ceste matiere, & parlerons du vaillant fils de Lanfuze,
qui a esté contraint de suiure en Espagne son oncle le Roy
Marsille, lequel s'estoit sauué à Bayonne, de la grande defaite
qui ruyna Agramant, aux bords de la Mer qui bagne la Prouence.

Aprés que l'entreprise que les Sarrasins auoient faite de de- FERRAGVS
struire la France, fut rompuë, & que Marsille eut obtenu de
Charlemagne vne année de tresues, le vaillant Ferragus qui a-
uoit quitté pour quelque temps les myrthes pour les lauriers, se
treuuant de loisir, l'amour qu'il portoit à la belle Angelique,
commença à reueiller son ame. Ces beaux yeux flamboyants,
qui comme vn esclair auoient percé son estomac, & purgé son
cœur de toute autre affection, estoient tousiours presents à sa
veuë. Il se representoit à toute heure ces beaux cheueux do-
rez, qui flottoient au gré du vent, lors que ceste belle Princesse
fuyoit au deuant de luy, aprés qu'il eut mis à mort le fameux
geant Lamporde auec ses trois compagnós au perron de Mer-
lin, ainsi que vous auez leu au commencemét de l'Amoureux.
En fin les gestes & les perfections de sa Maistresse le faisoient
souspirer, & maudire mille fois le destin qui l'auoit priué de la
veuë d'vne si chere, & si belle chose. Et pour treuuer quelque
remede à son mal, il se resolut de se desrober de la Cour du
Roy d'Espagne, afin d'aller chercher celle qui l'auoit blessé, &
dont il esperoit sa guerison, de mesme que Telefe du fils de Pe-

lée. Ayant donques vestu sa cuirace,& mis au costé sa fameuse
espée, & en teste le casque que le Comte Roland osta du chef
d'Almont, il sortit vn matin à la pointe du iour de Pampelonne,où pour lors son Oncle faisoit seiour, afin de pouruoir aux
frontieres du Royaume : & aprés auoir passé les montagnes de
Foix il entra dans la Guienne,en intention d'aller à Paris,où il
esperoit apprendre quelques nouuelles de sa Maistresse. Mais
il n'eut gueres cheminé qu'il se treuua dans vne grande forest
noire, & espesse. Le chemin qui menoit dãs ce bois estoit battu à l'orée ; & puis il se perdoit petit à petit, de sorte qu'on ne
treuuoit aprés ny chemin , ny sentier. Le vaillant Sarrasin se-
stant égaré dans ce bois,fut contraint, quand la nuit fut venuë
de mettre pied à terre,& d'attacher à vn chesne son cheual. Il
se coucha au pied d'vn autre arbre, sans reposer de toute la
nuit. L'Amour luy representoit incessamment le beau corsa-
ge, l'agreable disposition , & le visage vrayment Angelique de
sa Maistresse. Et quelque cruauté que la Belle eust tousiours
exercée en son endroit, il ne laissoit pas de l'adorer en son ame,
esperant que le temps qui vse le fer & la bronze, amolliroit ce
cœur de rocher. Toutesfois cet espoir n'estoit pas si solide,que
souuent la rigueur de la fille de Galaffron repassant en sa memoire,il ne condamnast ses yeux qui laisserent surprendre sa liberté : *O miserable veuë* (disoit il aussi par fois) *ne pouuois tu
pas lire en regardant ces perfections l'ordonnance irreuocable
de ma Mort asseurée ? Ne jugeois tu pas que mon esperance
fondroit incontinent comme de la cire ,si je venois à m'approcher de ce beau Soleil ? Helas pour vn doux regard tu vendis
ma raison, lors que tu t'esgayois en l'object qui a bruslé mon a-
me. O mes yeux il est bien raisonnable que vous faciez peni-
tence de l'erreur que vous auès commise. Mais qui pourroit
dignement pleurer vne si belle offense ?* Ainsi parloit le dolent
Espagnol en ce lieu desert, maudissant le iour qu'il vid à la
Cour de Charlemagne la Princesse de Cathay. Toutesfois il
se reprenoit à l'heure mesme,& condamnant ces plaintes,il tenoit encores ce langage : *Malheureux que je suis ! veux-je*

donques me repentir d'auoir adoré vne si belle chose ? Suis-je
donques fasché de voir la lumiere du jour ? Non : non : mon
cœur. Il faut au contraire tesmoigner par tout, (quelques tra-
uerses que l'Amour nous donne) que ce malheur, & ceste con-
trainte, nous est vn heur volontaire, & que lors que je cesseray
de l'aymer, je cesseray de viure par mesme moyen. Tandis que
le Sarrasin conte encores son martyre aux deserts inhabitez, la
nuit plie ces voiles & fait place à la belle femme du vieil Tithon, qui annonce la venuë du Soleil. Sur le poinct que l'Astre
du iour commençoit de paroistre sur l'Orizon, & de iaunir la
cime des montagnes vne voix l'amentable comme d'vne femme paruient à ses oreilles. Il escoute plus attentiuement, & oit
que ceste plainte se renforce. Ferragus estoit tout plein de
courtoisie, si bien qu'il mit soudain la bride à son bon Cheual,
& puis sauta dessus sans mettre le pied à l'estrier, & piqua du
costé que procedoit ce cri. Ayant cheminé quelques cinq cés
pas, il se treuua dans vn pré tout émaillé de fleurettes, au milieu
duquel estoit vn Pin, qui sembloit de sa cime toucher les e-
stoilles. Sous ce Pin estoit vn grand homme de fier regard, armé de toutes pieces, horsmis la teste. Il regardoit six satellites,
qui auoient despouillé vne Damoiselle, & ils la fouëtoient sans
aucune pitié. Qu'on l'escorche toute viue (crioit le cruel Cheualier) si elle ne veut dire ce que je luy demande. A l'heure
Ferragus ne pouuant supporter vne telle indignité, leur cria
de loin : *Bourreaux laschez ceste Damoiselle, où je vous met-*
tray tous à mort. Ce disant il poussa son cheual, & la lance en
l'arrest, il fondit sur eux. Mais il fut bien estonné lors que
croyant frapper des hommes, il ne vit plus ny ce grand Cheualier, ny ceux qui traitoient si mal ceste Damoiselle. Il ne sçauoit que dire : mais seulement il regardoit d'vn costé & d'autre, ne pouuât imaginer comme ces hommes luy estoient ainsi
disparuz. Cependant la Damoiselle qui estoit attachée à l'arbre, le prioit de la délier. Ferragus descendit de son cheual, &
s'estant approché d'elle, il la recognut aussi tost : car c'estoit
Leucadie l'vne des Damoiselles de Fleur d'espine, fille de son

oncle le Roy Marſille. Et afin que vous cognoiſſiez encores
mieux ceſte Damoiſelle, ſçachez qu'elle eſtoit celle meſme,
qui mena Roger au Chaſteau de Saint Didier, lors qu'on y
vouloit bruſler tout vif le jeune Richardet, que l'on treuua
couché auec la Princeſſe d'Eſpagne. Il me ſemble n'eſtre pas
beſoin de vous reciter icy le ſuccez de ceſte Auenture. Elle eſt
ſi commune par tout, que quiconque l'ignore n'a point d'oreilles, ny de jugement. Lors que le Prince d'Eſpagne l'eut deliée, il hauſſa la viſiere, & puis luy demãda quelle infortune l'a-
uoit conduite en ce lieu. Leucadie recognoiſſant Ferragus,
plia ſoudain les genoux en terre, & éleuãt les yeux au Ciel rendit vne infinité de graces à Mahommet, d'vne ſi heureuſe rencontre. Ie ne me ſoucie plus Monſeigneur (diſoit elle) des
maux que j'ay ſoufferts, puis que la Fortune m'a fait treuuer celuy que je penſois ne rencontrer de long temps. Ie ne doute
point que la perte que j'ay faite de ma chere Maiſtreſſe ne ſe
recouure, puis que j'ay maintenãt auec moy celuy qui ne treuue rien d'inuincible. O mon Prince (pourſuiuoit elle en ſ'habil-
lant) vous deuez ſçauoir que lors que Roger eut mis à mort
le fameux Mandricard, la Princeſſe Doralice ſon Eſpouſe, en
receut vn ſi grand deſplaiſir, & ſe laiſſa tellement emporter aux
ennuis, qu'elle ne pouuoit ſouffrir d'autre entretien que celuy
que ſa douleur luy offroit à tout moment. Quand ſon Pere le
Roy Stordillan, veit que rien ne luy eſtoit agreable que le mal
meſme qui peu à peu la faiſoit mourir, il l'enuoya au Chaſteau
de S. Didier, où voſtre couſine ma Maiſtreſſe eſtoit pour lors,
afin que la compagnie de Fleurd'eſpine apportaſt quelque allegement à ſon affliction. Ma Maiſtreſſe qui (comme vous
ſçauez) ne manque pas de belles raiſons ſçeut ſi bien repreſenter à Doralice la condition des Mortels, qu'en fin elle donna
quelque treue à ſes ennuis. Elles alloient tous les jours à la
chaſſe, accompagnées d'vn bon nombre de Cheualiers, & ne
ſe perdoient iamais l'vne l'autre de veuë. Mais quand Renaud
de Montauban eut defait auec l'aide de Charlemagne, le camp
du Roy d'Afrique, voſtre Oncle dépeſcha ſoudain vn Courrier
à la fortereſſe où nous eſtions, auec commandement à celuy
qui nous auoit ſous ſa charge, d'abandonner bien toſt le Cha-

fteau, & de fe retirer promptement en Arles auec les Princeffes. Nous auions defia fait deux iournées, lors qu'à l'entrée de
cefte grande foreft, deux horribles Geants fuiuis d'vne vingtai-
ne d'hommes bien armez nous vindrent attaquer. Aprés auoir
mis en pieces tous ceux qui nous conduifoient, ils prindrent les
deux Princeffes, & les emmenerent auec toutes les Dames de
leur fuitte. Durant ce combat ie m'eftois cachée dans le creux
d'vn arbre, & quand ie vis que ie pouuois librement fortir, ie
repris en courant le chemin par où nous eftions venuz. Mon
intention eftoit de vous chercher, afin de vous rapporter la trifte Auenture de celle que vous aymez plus que voftre propre
feur. Mais ie fus encores fi malheureufe, que ie fus arreftée par
vn cruel Tyran, nommé Marganor, ennemi du fexe feminin.
Sa cruauté f'appreftoit defia de m'immoller fur le monument
d'vn fien fils, quand deux vaillantes Guerrieres accompagnées
d'vn jeune Cheualier, firent tant d'armes qu'elles mirét à mort
ce malheureux, & tous ceux qui l'affiftoient, & me donnerent
la liberté, enfemble à vne infinité d'autres Damoifelles, qui
couroient le mefme danger qui me menaçoit. Depuis je fus
en Arles penfant vous y treuuer : mais ayant apris l'entiere deroute d'Agramant, ie pris le chemin du riuage, & eftois defia
paruenuë à Aiguemortes, quand quelcun me dit, que vous
eftiez allé à Paris pour terminer vn different que vous auiez a-
uec vn renommé Cheualier. Ie tournay donques vifage, & a-
prés auoir cheminé quelques iours, demandant toufiours de
vos nouuelles, j'ay efté toute eftonnée, lors que je me fuis treuuée dans cefte foreft, & au lieu où nous fommes maintenant.
C'eft fans doute le mefme endroit où les deux Princeffes furent rauies. Ce grand Pin, & ce pré ne m'en donnent que trop
d'affeurance. Ainfi que je tournois les yeux d'vn cofté & d'autre, j'ay veu venir ce cruel qui eft difparu, auec fes deux fatelli-
tes. Il m'a demandé à qui j'eftois, & où eft ce que i'allois. I'ay
voulu deguifer mon nom, & dire tout le contraire de mon deffein. Mais il m'a dit que ie mentois, & foudain a commandé à
fes gens de me traitter comme vous auez veu. Lors que la Damoifelle eut acheué fon difcours, Ferragus entra en vn tel excez de courroux, que fes yeux eftoient auffi rouges qu'vn char-

bon de feu. Ayant monté en croupe Leucadie , il fortit de ce
pré, & aprez auoir long temps cheminé dans cefte obfcure foreft, ils paruindrent en fin au pied d'vn rocher, fur lequel paroiffoit vne fortereffe, qui reluifoit toute comme de fin or. Elle eftoit enuirōnée d'vn beau iardin, dont les murailles eftoient
d'vn marbre poli, & fi brillant, que lors que le Soleil y donnoit,
la clairté qui en procedoit éblouiffoit les yeux. Ce iardin
eftoit tout plâté de myrthes, de lauriers, d'orâgers, & de beaux
cyprez. Vne fource plus claire qu'vn criftal y traifnoit doucement fon cours,& f'y diuifoit en plufieurs ruiffeaux, & puis venoit en murmurant tomber au lieu où Ferragus eftoit paruenu
auec Leucadie. Là elle fe raffembloit toute, & faifoit vn petit
eftang, bordé de faules vers. Le Cheualier d'Efpagne voyant
vn lieu fi agreable , mit à terre cefte Damoifelle, & puis il defcendit luy mefme pour fe repofer aux riuages de ces ondes
frefches, ayant auparauant ofté la bride à fon cheual, qui fe mit
à chercher fa pafture à l'entour de ces riues molles. S'eftans affis fous vn arbre, Leucadie tira de fa pochette des confitures
dont Ferragus mangea, & puis beut à fon aife de cefte eau douce. Aprez ils fe mirent à contempler ce chafteau merueilleux,
& à difcourir enfemble de fon ftructure. Et comme ils eftoient
en ce deuis, vn oifelet fe vint percher fur vne des branches de
l'arbre, fous lequel ils repofoient, & puis commença à chan-
ter fi melodieufement, qu'il les rauit en admiration, & d'autant
plus qu'ils oyoient diftinctement ce qu'il chantoit. *Il ne faut*
pas (difoit en fon chant ce diuin oifelet) *que nul de tous ceux*
qui viuent fous le rond de la Lune , fe plaignēt lors que la For-
tune luy donne quelque trauerfe : puis que celuy qui entretiēt,
& qui crée toutes chofes , & contre lequel l'on oppofe en vain
des rempars, & des forces mortelles, change quand il luy plaift,
& fans qu'il fe foucie des paffions des hommes, le mal en bien,
& le bien en mal. A peine ce petit oifeau venoit d'acheuer
fa chanfon, qu'vn autre qui n'eftoit gueres éloigné, luy refpon-
doit, & difoit en chantant doucement : *O fouuerain Createur*
de l'Vniuers , que l'homme qui ne t'adore point eft bien dena-

turé, barbare, & saunage! C'est toy seul qui fais fleurir les mö-
tagnes, & les plaines, enfler les vagues de la mer, & leuer
l'aube du jour. Tu entretiens la generation des animaux en
terre, en l'air, & dans les ondes. Vn autre Oiselet, qui auoit vn
plumage de plusieurs couleurs chantoit aprez, & prononçoit
clairement ces paroles : *Iouïsse qui pourra jouïr, puis que le
Temps destruit & emporte les plaisirs du monde, de mesme
que fait le vent la pousiere. Il n'y à remede contre sa legereté : de sorte que celuy se peut nommer à bon droict content, qui
vse comme il doit, de sa vie, au monde, & qui ne l'employe
point à d'autre vsage.* Ferragus & la Damoiselle qui estoit
auec luy, estoient si estonnez de ceste Auenture, qu'ils ne pouuoient presque croire à leurs yeux, ny à leurs oreilles. Mais
comme ce Prince estoit curieux de sa nature, & d'vn courage
le plus genereux qui fut jamais, l'enuie le prit incontinent de
mõter au sommet de la roche, où cet admirable chasteau estoit
posé. C'est pourquoy ayãt attaché son cheual à l'vn de ces sau-
les, il remit son casque en teste, se couurit de son escu, & ceignit
son espée. Il vouloit que Leucadie l'attendist : mais elle n'en
voulut rien faire, par ce qu'elle disoit que son desir estoit de
participer au bien, & au mal de son Seigneur. Ie vous raconteray vne autre fois la fin de la plus estrange Auenture que vous
ouystes iamais. Il faut premierement que i'aille à la Cour de
Charlemagne, où celuy qui y apporta dernierement l'armet
enchanté, desire qu'on face la preuue de l'enchantement.

A peine l'Aurore semoit ses lis & ses rozes du costé de l'O-
rient. Et à peine la vagabonde arondelle commençoit à de-
goiser son ramage sur les toits des maisons, & la Tourterelle à
rechercher en la campagne quelque tronc seché, aux bords
de quelque eau trouble, afin d'y lamenter la mort de sa fidele
Compagne, que toute la salle Royale estoit desia remplie de
Paladins & de vaillants Cheualiers. Les vns s'estoient leuez
ainsi matin pour assister à l'espreuue qui se deuoit faire du casque enchanté : & les autres en intention de le gaigner. Le
Vieillard auec ceux qui l'accompagnoient s'y rendit des pre-

miers, afin de ne se faire point attendre. Quand Charlemagne, & les douze Pairs y furent arriuez : ce bon-homme mit vn genouil à terre, & puis tint à l'Empereur ce langage : Sacrée Majesté le desir que j'ay de voir la fin de mes maux, fait que je vous importune encores de la mesme priere que je vous fis hier. Il semble à celuy qui est malade, que le remede qu'on a promis de donner à son mal, ne viendra jamais. S'il vous plaist de commander à vos Barons de commencer à faire la preuue de l'armet, je suis tout prest de l'exposer deuant vous, & de le deliurer à celuy à qui son merite le doit aquerir. Toutesfois j'aduertiz la Compagnie d'vne secrete vertu de ce Casque. C'est que tout Cheualier qui est marié ne s'ingere point de l'essayer. Sa peine seroit inutile. Il n'a esté forgé que pour vn qui n'est point attaché des cheisnes du mariage. Quand Roland, Renaud, Naymes, Oger, Richard de Normandie, & les autres Pairs qui auoient tous des femmes entendirent ce discours, ils en furent extremement faschez, par ce que chacun se promettoit dans son ame, de gaigner le Casque. Mais s'ils s'en faschét, les jeunes Cheualiers qui sont exempts d'vne si pesante charge, en reçoiuent vn grand plaisir, puis que ce sont autant d'Aduersaires redoutables qui sont forclos de l'entreprise. Charlemagne ayant commandé à ce vieil homme de se leuer, & d'apporter l'armet pour commécer l'espreuue, soudain la Damoiselle qui portoit le coffret, s'approcha, & l'ayant ouuert, elle en tira le Casque, qu'il remit entre les mains de ce Vieillard. Alors l'Empereur fit signe, & Baudoüin s'auança, & aprés auoir fait vne grande reuerence, prit le Casque des mains du Vieillard, & puis le mit en teste. Mais si tost qu'il y fut, vne grande flamme, pareille à vn esclair, en sortit; de sorte qu'on eust dit que l'armet & la teste de ce Cheualier estoient tous allumez. Et à mesme instant l'armet sortit de sa teste & tomba rudemét à terre. Quand Baudoüin eut manqué à l'entreprise, Fouques de Morillon s'approcha, & il rencontra vn mesme succez que son cousin. Apres vint Auole, & puis Angelier : mais pas vn de ces deux n'y gaigna plus que les premiers. Berengaire, & Auin n'y firent aussi non plus que les autres. Astolfe s'y presenta pareillement tout pompeux, & tout luisant de pierreries. C'estoit

vn Prince le plus beau, & le plus accord du monde, ainſi que
vous pouuez auoir leu en quelque autre part de ceſte Hiſtoire,
de ſorte qu'eſtant touſiours richement habillé, cela augmentoit ſa beauté, & ſa gentileſſe. Tout le monde jetta ſoudain les
yeux ſur luy, & le vieil Cheualier eut quelque eſpoir que l'An-
glois pourroit acheuer l'Auenture. Mais ſa penſée le deçeut :
car Aſtolfe ny acquit pas plus d'honneur que les autres : de ſorte qu'il fut contraint de ſe retirer, en maudiſſant les charmes &
les enchanteurs. Or ce qu'il diſoit & faiſoit, eſtoit auec vne ſi
bonne grace, que tous les aſſiſtás eſtoient forcez de rire. Alard,
Guichard, & Richardet ſes couſins le ſuiuirent, & ſe retirerent
autant courroucés qu'il pouuoit eſtre, pour n'auoir peu venir à
bout de cet enchantement. En fin tous les plus braues de la
Court ſe preſenterent, & particulierement Sanſonnet, & les
deux freres Griffon le blác & Aquilant le noir. Ces trois Cheualiers eurent plus d'heur que tous les precedents : car ils tin-
drent quelque temps à la teſte le caſque, de maniere que chacun croyoit qu'ils en ſeroient les poſſeſſeurs. Neantmoins ils
ſe retirerent puis apres tous honteux, quád le caſque lumineux
leur tomba du chef. Apres parut le valeureux Guidon le Sauuage, qui portoit le dueil de ſa femme Alderie, que la Parque
qui rauit toutes les plus belles choſes venoit de mettre dans le
tombeau. Le commandemet de l'Empereur, pluſtot que l'enuie qu'il euſt de gaigner l'armet le conuia d'en faire l'eſpreuue.
Quoy qu'il allegaſt pour ſon excuſe, qu'il eſtoit encores comme au rang des mariez, juſques à tant que l'an & le jour de ſon
dueil fuſſent accompliz, il fallut obeïr au Prince, de ſorte qu'a-
prés auoir rendu le reſpect qu'il deuoit, il ſ'approcha du Vieillard, reçeut de luy le caſque, & le mit en teſte. Quicóque l'euſt
au meſme inſtát contemplé, n'euſt point fait difficulté de croire, que cet armet n'euſt eſté forgé pour luy. Auſſi il le garda
plus long temps que n'auoient fait tous ceux qui l'auoient pre-
cedé, ſans que la clairté qu'il auoit accouſtumé de rendre en
ſortiſt. Toutesfois comme le Vieillard penſoit que l'Auenture
eſtoit finie, vne ſi grande ſplendeur proceda de ceſte matiere
enchantée, que tous les ſpectateurs en furent éblouyz, & le caſque tomba tout doucement à terre, & quaſi comme ſ'il euſt eu

du regret de ne pouuoir feruir à ce vaillant Guerrier. Le frere de Renaud ayant veu que l'armet ne luy eftoit point referué, fe remit en fouſriant à fa place. Il ne manquoit à fe prefenter que le courtois Leon de Grece, qui depuis quelques jours s'eftoit rendu amoureux de la plus digne Princeſſe du Monde. Le defir qu'il auoit de meriter la poſſeſſion d'vne Dame, qui mefprifoit tout le monde, auoit tellement enflé fon courage, & l'Amour auoit ſi bien imprimé dans fon ame l'image de la Valeur, qu'il deuenoit de jour en jour bien different de ce qu'il fouloit eſtre. Auſſi n'y auoit il ieune Cheualier à la Cour du Roy de France, horſmis Guidon le Saūuage, qui peuſt s'egaler à luy, en toutes fortes d'exercites qui fe faifoient tous les iours, foit à pied, ou à cheual. Sa force, & fon adreſſe attiroient tous les yeux des Spectateurs, au grand eſtonnement de tout le monde, & à l'extreme contentement du bon Roger, qui l'aymoit à l'égal de luy mefme. Sa feur Marfife, quoy que fuperbe & orguilleufe comme de couſtume, le voyoit neantmoins depuis quelque temps de fort bon œil, & ce gentil Prince l'adoroit, & fe perdoit en l'excez de la lumiere de fes beaux yeux. Neantmoins fon amour eſtoit ſi fecrete, que Roger mefme ne s'en apperçeut iamais, ny encores Marfife : par ce que Leon auoit refolu de fuiure les Auentures eſtranges, & rendre fon nom memorable pluſtot par fa proüeſſe que par celle de fa femme. Leon donques fe prefenta tout le dernier, & aprés auoir humblement falué Charlemagne, qui fe leua de fon throſne, pour luy rendre fon falut, il marcha auec vn pas graue, & vne face riante jufques au lieu où eſtoit le vieil Cheualier qui tenoit le Cafque. Tandis que tous les Aſſiſtans confideroient la bonne mine de ce grand Prince il proferoit à part luy ces paroles : O belle Deeſſe! ô bel Aſtre de valeur, & de beauté, influez maintenant le bonheur à celuy qui vous adore, & qui croid de ne treuuer jamais auenture difficile à acheuer, lors qu'il inuoquera voſtre nom. Acheuant fa priere il prit le Cafque de la main du Vieillard & le mit à la teſte. Mais je referue pour l'autre Difcours le fuccez de ceſte belle Auenture.

Fin de la feconde Auenture.

ARGVMENT.

Leon gaigne le casque enchanté, & puis part de la Court de Charlemagne. Roger va à sa queste ; & puis Bradamante & Marfise vont aprés Roger. Sacripant void certaines figures qui representent plusieurs excellentes & vertueuses Dames de nostre siecle. En ce Chant nous apprenons par Leon la franchise d'vn gentil Cheualier, qui s'expose à toutes sortes de perils, lors que son honneur l'y conuie. Roger nous est icy mis pour exemple de vraye amitié, & pour vne ame recognoissante, qui veut participer au bien, & au mal de son Amy.

AVENTVRE III.

IE ramasse de toutes sortes de fleurs dans vn beau parterre ; De jaunes, d'azurées, de blanches, & de vermeilles. I'en fais vne belle guirlâde, pour contenter les yeux des Curieux. Ie parle tantost de l'Amour, & tantost de Bellonne. Quiconque à son inclination à la belle Deesse de Cypre, lise mes discours amoureux ; & qui est d'vne nature Martiale, laisse le myrthe, & prene le Laurier.

Leon auec vne grace qui rauissoit les Assistâs prit des mains de l'ancien Cheualier le casque merueilleux, & le mit à la teste. Chacun croyoit qu'il n'aquerroit point en ceste Auenture plus d'honneur que les autres : mais on ne sçauoit pas que la grandeur de son amour, qui luy representoit à toute heure l'extreme valeur, & le merite incomparable de sa Maistresse, l'auoit si bien purgé de toutes les foiblesses mortelles, que desia il se pouuoit égaler aux plus renommez Paladins. Ce casque ne rendit plus sur sa teste l'estrange clairté qui éblouissoit les yeux des Assistants, & au lieu de se delacer & de tomber rudement

E

à terre, il sembloit estre collé au chef de ce Cheualier. A l'heure tout le monde jetta vn grand cri de joye, voyant que l'Auenture estoit finie. O valeureux Cheualier (dit alors le Vieillard en se jettant à ses pieds) puis qu'en fin j'ay treuue celuy qui doit estre le seul remede de mon mal, je ne me fasche point de la peine que j'ay employée à vous chercher. Il ne reste maintenant sinon que vous m'accordiez vn don, que la conqueste du bel armet requiert de vous. C'est qu'il faut que presentement sans autre delay, vous veniez auec moy, afin d'acheuer vne Auenture qui vous rendra le plus glorieux des Mortels. Toute la Court, & principalemēt Charlemagne, qui aymoit Leon autant que son fils Charlot, fut fort faschée de la requeste que faisoit ce Vieillard au courtois Cheualier. Mais luy qui desia auoit resolu de meriter par sa proüesse la plus vaillante Guerriere du Monde, voyant que le chemin de l'honneur luy estoit si dignement ouuert, commanda incontinent à l'vn de ses Escuyers d'aller tenir prest le bon cheual Battolde, qui fut jadis au courageux Brandimart. Ce cheual (ainsi que vous auez leu en autre part) estoit tout noir comme vn charbō, horsmis qu'il auoit au milieu du front vne petite estoille blanche, & ses yeux estincelloient comme du feu. Bradamante qui le gaigna sur le Pont dangereux, lors qu'il abbattit de la lance dorée le superbe Rodomont, en auoit fait present au fils de l'Empereur de Grece. Ayant pris congé du Roy, & de tous ses amis, excepté du bon Roger, & des deux Guerrieres qui estoiét à la chasse, il s'arma de toutes armes, & puis monté sur Battolde, il suiuit, sans estre accompagné d'aucun des siens, l'ancien Cheualier, laissant la Court autant triste de son depart, que réplie d'estonnement pour l'Auenture estrange, qui y estoit arriuée. Mais qui pourra exprimer la douleur que Roger ressentit, lors qu'estant reuenu de la chasse, & ayant appris ce qui s'estoit passé en son absence à la Court, il sçeut le depart de son cher amy? *Est il possible* (disoit Roger estant tout seul retiré dans sa châbre) *que je puisse viure separé de mon doux soucy? O mon cher Leon, est ce donques ainsi que tu payes ma ferme amitié, qu'en l'essay des auentures perilleuses où tu te vas exposer, ton coura-*

*ge me mespriſe, & ne daigne point me mener auec toy? A
qui plus deſormais auray-je de foy, ſi celuy que j'ayme à l'égal
de moy-meſme, s'eſloigne de la ſorte ſans m'aduertir de ſon depart? Non: non: je te ſuiuray, quelque part que tu ailles. Les
obligations que je t'ay ſont trop grandes, pour ſouffrir que je ne
participe point à ton bien & à ton mal.* Ainſi parloit le bon
Roger, attendant que la nuit couuriſt de ſon noir manteau la
terre, afin de ſortir de Paris, & d'aller à la queſte de Leon.
Quand la nuit fut venuë, il fit ſemblât d'eſtre trauaillé de l'exercice de la chaſſe, & voulut coucher à part. Cependant ſon
Eſcuyer auoit mis la ſelle à Frontin, & deſia il l'attendoit, afin
de partir quãd il voudroit. Roger s'arma des armes du Troyen
Hector, mit à ſon coſté l'eſpée de ſa Bradamante, qui le jour
precedent auoit ceinct Baliſarde ; car ces deux Amants pre-
noient indifferémment les armes de l'vn & de l'autre, cõme ceux
qui n'ayants qu'vne ame, n'auoient rien de particulier en la
poſſeſſion de leurs biens. Aprés eſtant deſcendu tout doucement à l'eſtable, il ſortit de l'Hoſtel de Saint Paul, auec ſon Eſcuyer, qui eſtoit pareillement bien monté, & eſtant paruenu à
la porte Saint Antoine, il la fit ouurir, & puis prit à main gauche le chemin de Bruxelles, où il auoit appris que Leon marchoit. Il ſe mit à piquer tout le long de la nuit ſon bon cheual,
eſperant d'attrapper bien toſt ſon amy : mais il luy conuiendra
bien employer d'autres journées & ſouffrir pluſieurs trauaux a-
uant qu'il le treuue. Nous les laiſſerons maintenant tous deux,
& parlerons de la Dame de Dordonne, qui penſa mourir de regret, quãd le lendemain elle apprit au poinct du jour le depart
de ſon Eſpoux. Aprés auoir outragé ſon ſein d'albaſtre, & arraché ſes blonds cheueux, elle enuoya chercher ſa chere Marfiſe, pour ſe conſoler en ſon affliction. La valeureuſe Reyne
vint auſſi toſt, & quand elle ſçeut le depart ſecret de ſon frere,
elle ſe douta incontinent qu'il eſtoit allé à la queſte de Leon, ſi
bien qu'elles reſolurent ſur le champ, d'aller aprés afin de luy
tenir compagnie. Ainſi ces deux valeureuſes Princeſſes, qui
n'euſſent pas crainct d'attaquer toutes ſeules vne grande armée, s'arment promptemét, & puis montent l'vne ſur Rabican,

&l'autre fur vn des meilleurs cheuaux du Monde,que Marfille Roy d'Efpagne luy donna, lors qu'elle eftoit Payenne, & puis galoppent fur la trace de Leon & de Roger. Charlemagne fut extremement fafché, quád il vid fa Court priuée de la lumiere de ces beaux Aftres. Toutesfois la charge qu'il a prife de depefcher la Meffagere d'Ifland le diuertit aucunement, & fait qu'il fouffre auec moins de violence l'Eclipfe de ces beaux Soleils.

VLANIE.   Vlanie follicitoit tous les jours le Roy de vouloir donner l'Efcu à celuy qu'il croyoit eftre le plus vaillant des Cheualiers de fa Court, de forte que Charlemagne, aprés auoir affemblé fon Confeil, pour terminer cefte affaire, il fut arrefté : Que pour ofter toute enuie, & toute jaloufie, on publieroit vn Tournoy, à la pleine qui eft du cofté de Saint Germain. Qu'il feroit loifible à tout Cheualier de quelque Prouince qu'il fuft, d'y entrer, pourueu qu'il n'euft point de femme : Et que celuy qui fairoit le mieux durant trois jours, que dureroit l'exercice, gaigneroit le prix, qui feroit pendu au deuant de l'Efchaffaut des juges du Camp, qui furent Naymes Duc de Bauiere ; Roland Comte d'Angers & de Blaye : Renaud Seigneur de Montauban, & Oliuier Marquis de Vienne. Le Tournoy fut donques publié à fon de trôpe, par toutes les principales villes de l'Empire Romain. La Renommée qui a tant de langues, & tant de voix, anonçea bien toft par tout le monde, cefte fefte, de forte que toutes les ames genereufes abordoient de toutes parts à Paris, pour tefmoigner leur courage, & leur valeur en ce vertueux exercice, qui fe deuoit commencer deux mois aprés la publication. Chacun fe prepare de bien faire, & penfe gaigner le prix : mais particulierement les trois Roys qui auoient fuiui Vlanie. Ils font dreffer trois fuperbes Pauillons pres du camp, & attendent auec impatience le jour que le Tournoy fe commençera. Tandis que cefte journée eft attenduë auec vn defir extreme de mille valeureux Guerriers, nous irôs treuuer aux contrées du Septentrion le valeureux Roy de Circaffie, qui deuife à table auec fon Hofte de plufieurs chofes.

SACRIPANT.   Sacripant voyant que le Maiftre du Chafteau où il logeoit, eftoit tout trifte, & qu'à tous coups il tiroit du profond de fon

estomac des souspirs,& des sanglots interrompuz,le pria de luy
apprendre le subject de sa douleur,& luy promit de l'assister en
son affliction,de tout ce qui pouuoit dependre de luy. Valeureux Cheualier (dit alors ce Seigneur) si vostre proüesse, &
vostre courtoisie ne me faisoient esperer la guerison de mon
mal, je ne prendrois point la peine de vous le reciter, puis que
c'est vne triste consolation que celle qu'on attend d'vn inutile
remede. Mais ayant quelque espoir de reuoir encores par vostre moyen la lumiere de mes yeux que j'ay perduë, je vous raconteray la verité de mon infortune, capable d'esmouuoir à la
compassion les Ours & les Tygres. Vous sçaurez donques que
Barconde grãd Duc de Moscouie estoit mon Pere. Il eut quatre fils dont j'estois le plus jeune. Lors qu'il rendit à la Nature
ce que tous les hommes luy doiuent, j'eus pour mon partage la
prouince de Rheza. Le Roy de Collugue auoit en ce temps
vne fille la plus belle & la plus gracieuse du Monde. Ses beaux
yeux ne vont jamais en vain à la conqueste,& toute liberté fuit
au deuant de leurs regards. Ceste bélle Princesse fut recherchée de plusieurs grands Princes nos voisins : mais soit que son
humeur ne fust nullement portée au mariage,ou bien que son
destin la reseruast aux malheurs qui luy sont depuis succedez,
tous ceux qui taschoient alors de gaigner ses bonnes graces,
treuuoient toûsiours que leur espoir estoit aussi vain que leur
desir. Cependant la Court de son Pere ne manquoit pas de
vaillants Cheualiers, qui pour l'amour de sa fille luy venoient
tous les jours offrir leur seruice de toutes les contrées du Septentrion. On y faisoit des joustes, & des combats à la barriere.
Mais particulierement il y a quelque téps qu'il s'y fit vn Tournoy,ou je me treuuay afin d'y faire paroistre mon courage comme les autres , & pour auoir le bien de voir ceste rare Beauté,
que la Renommée publioit pour la plus accomplie de la Terre.
Ie la vis auparauant qu'espreuuer ma lance : car elle estoit sur
vn Eschaffaut parmy d'autres Dames, où elle paroissoit comme la Lune entre les autres Planetes. Ie ne sçay si la splendeur
d'vne si rare chose eschauffa mon courage plus que de cousta-
me,ou bien si la Fortune me vouloit monstrer alors son visage
fauorable,pour me faire puis aprés aualer auec plus d'amertu-

me son poison. Tant y a que je gaignay l'honneur du Tournoy, & receuz de la main de la belle Clarimonde (car c'est ainsi que se nomme celle pour qui je souspire) vne riche Enseigne
de pierreries, qui estoit destinée pour le prix du vaincœur. En
fin pour ne vous detenir longuement au recit que je vous fais
de mon Infortune, j'acquis sur ceste Belle ce que jamais autre
auant moy n'auoit peu acquerir. Par son consentement je la
fis demander en mariage à son Pere, & les nopces se firent bien
tost au contentement de l'vn & de l'autre. Mais ô peruerse &
peu constante fortune ! qui est ce qui peut euiter ta trahison!
On void tousiours que ta courte felicité est suiuie d'vne longue
peine, & n'est aucun qui puisse s'asseurer sur ta rouë, qui le plus
souuent precipite ceux qu'il a plus haut éleuez. Aprés auoir
pris congé de mon beau Pere, je faisois dessein de retourner en
Rheza auec mon Espouse, & desia nous auions passé les confins de Tulle, lors que je m'auançay auec peu de train, pour arriuer le premier à Vorotin, capitale de mon Royaume, afin d'y
faire preparer auec plus d'esclat les magnificences que l'on pre-
paroit pour honorer ma Maistresse. Tandis je la laissay auec
cent Cheualiers des plus vaillants, & des plus fideles de ma
Prouince, pour la conduire tout à l'aise. Or vous deuez sçauoir
qu'il y a vn cruel Geant qui domine vne grāde Prouince auprés
du fleuue Tanais. Il auoit vn fils que l'on nommoit Dorisebe
le fier, qui depuis long temps recherchoit en mariage Clarimonde. Mais elle le haïssoit mortellement. Et luy croyant
que j'estois le subject de ceste haine, resolut de me priuer de
vie. Comme je reuenois vn jour d'vne entreprise que j'auois
acheuée pour le secours d'vne Dame, ce traistre m'assaillit, accompagné de vingt hommes à cheual bien armez. Ie fis ce
qu'vn homme de bien doit faire, pour me defendre : toutesfois la partie estoit si inegale qu'en fin j'eusse esté contrainct de
me rendre à la mercy de cet impitoyable Aduersaire, si je n'eusse esté secouru par vn vaillant Cheualier, qui menoit la plus
belle Dame que l'on puisse voir. Voyant vne si grosse troupe
attaquer vn seul, il se mesla parmy eux, & de premier abord il
fendit Dorisebe jusques à la ceinture. Il en abattit incontinent cinq ou six autres, & mit le reste en fuitte. Aprés il me fit

conduire à vn chasteau proche, pour me faire guerir de mes
playes, & ce valeureux Guerrier prit congé le jour mesme de
moy, à mon grand regret, par ce que j'eusse bien desiré de le cognoistre, & de le seruir. Le bruit de ma blessure, & de la mort
de Dorisebe courut incontinent par tout. Le Roy enuoya aus-
sitost des Medecins & des Chirurgiens, pour auoir soin de
moy, & pour Dorisebe il le fit embaumer, & mettre dans vn
cercueil de fer, & puis conduire le corps jusques en sa Prouince. Le Geant son Pere sçachant la mort de son fils, pensa perdre de rage le sens. Neantmoins il dissimula si bien son courroux, & le desir qu'il auoit conçeu de se véger de moy, que lors
que je partis de Collugue, pour aller auec Clarimonde à mon
Royaume, nous ne nous doutasmes jamais de sa trahison. Ie
m'estois donques auancé (ainsi que je vous disois tantost) & à
peine estois-je arriué à Varatin, qu'vn de mes Cheualiers tout
sanglant & tout blessé me vint anoncer les nouuelles de la prise de ma chere Espouse. Il m'aprit qu'vn Geant cruel, accompagné de trois ou quatre cens Cheualiers auoit mis en pieces
tous les miens, & s'estoit saisi de Clarimonde. Iugez si je reçeus de la douleur à ceste triste nouuelle. l'armay neantmoins
incontinent plus de dix mille hõmes, pour tascher à recouurer
ce que j'auois perdu. Mais helas ! j'arriuay trop tard au lieu de
l'execution. Le Cruel a vne forteresse bastie dans les Paluds
Meotides que toutes les forces des Mortels ne sçauroient forcer. C'est là qu'il detient ma Dame ; ains plustot mon ame, & a
iuré de ne la desliurer iamais, que premierement il n'ait exercé
sur mon corps toute sa rage. Voila en peu de mots le subiect de
mon martyre, qui est cause que ie tiens icy la grosse garnison
que vous y voyez, afin d'y espreuuer la valeur de quelque digne Cheualier, & puis de l'arrester dans ceste fosse, pour exiger
de luy le don que vous estes obligé de m'octroyer suiuãt vostre
promesse. Suiuant que i'ay veu à mes despens, ie vous estime
la fleur des plus vaillãts guerriers. C'est pourquoy ie vous coniure de me vouloir assister de vostre valeur cõtre ce Meschant
qui m'a volé tout mon bien. Ie ne doute point que vous ne
veniez à bout de ce Barbare : par ce que vous voyant seul, il
vous laissera entrer librement dans son chasteau imprenable,

& alors vous le pourrés chastier de tant de méchancetez qu'il a commises, & obliger vn miserable Prince, qui tiendra desormais de vous sa vie, & tout ce qu'il possede.

Sacripant escouta attentiuement ce Seigneur, & fut touché à l'heure mesme de tant de compassion, qu'il luy promit que dans peu de iours il luy rendroit sa premiere ioye. Cependant il s'enquit de luy quelle deuise portoit ce Cheualier qui conduisoit la belle Dame, lors qu'il fut attaqué par Dorisebe. Il auoit (respond ce Cheualier) des armes escartelées de blanc & de rouge. A peine eut il acheué ces mots que le Roy de Circassie tira vn souspir du profond de son sein, par ce qu'il apprit que c'estoit le Comte Rolãd, qui pour lors menoit la belle Angelique de Cathay en France. Le resouuenir de sa cruelle Maistresse, le rendit vn peu troublé: de sorte qu'il perdit l'enuie de manger. Lors qu'on eut desserui, le Roy de Circassie se leua de table, & auant que s'aller coucher, pria son Hoste de luy faire voir particulierement la belle Tapisserie dont sa salle estoit parée. Ce Prince fit alors signe à vn de ses gens, qui alla promptement allumer vne quantité de torches & de flãbeaux, dont la salle fut toute esclairée. Et alors le Maistre du Logis ayant pris vn long rozeau à la main, commencea à se preparer pour donner au Roy l'explication de ces figures. Vous deuez sçauoir (dit il) que toutes ces images ont esté faites par vn des plus grands Magiciens du Monde. On l'appeloit le sage Astibel qui se tenoit sur vne des plus hautes montagnes de la Thrace, du temps que l'Iulian surnõmé l'Apostat gouuernoit l'Empire Romain. Cet Empereur qui estoit extremement curieux de sçauoir les secrets de l'aduenir, appeloit à sa Court tous les plus fameux Magiciens, & les honoroit au dessus des plus grands de son Empire. Mais entre autres il faisoit vne grande estime de cestuy-cy, par ce que par ses charmes, il forçoit la Lune à descendre du Ciel, arrestoit le Soleil en sa course, & faisoit cheminer la Terre. Au reste il lisoit dans le cœur des hommes, & sçauoit les choses futures aussi clairemẽt que si elles luy eussent esté presentes. Mais outre ceste noire science, il se mesloit de peindre & de representer si naïuement les choses, que iamais il n'eut son pareil en cet art. Or comme ce Magicien
eut

eut vn jour raconté dans la ville de Lutece, où l'Empereur Iulian faifoit bien fouuent fa demeure, l'heur qui deuoit arriuer à cefte Cité, par la valeur des Monarques qui regneroient bien toft aprés fa mort en Gaule, & qu'il luy euft apris que cefte petite Ville changeroit auec le temps de nom, & feroit appelée Paris : & que fa grandeur obfcurciroit le nom de Rome, & la ville de fon grand Pere Conftantin : L'Empereur Iulian voulut fçauoir ce que les Deftins auoient ordonné des Roys qui tiendroient le fceptre des Fleurs de liz. Aftibel pourfuiuant fon difcours, luy expofa en peu de mots leur hiftoire : mais particulierement il farrefta fur vn L O V Y S x i i i. & luy dit que ce valeureux Roy deuoit conquefter tant de Royaumes, & de Prouinces, qu'il n'y auroit peuple fi reculé en l'Vniuers qui ne juraft par fon Efpée. Iulian prenoit vn extreme plaifir d'entendre les exploicts guerriers de ce jeune Hercule, quand le Magicien luy difcourut encores d'vne Reyne la plus belle, la plus vertueufe, la plus difcrete, & la plus fage, qui regnera iamais en terre, tant que le Ciel aura mouuement, & tournoyera à l'entour du Pole. Son nom eft M A R I E D E M E D I C I S, Mere de ce grand Roy. Quand vn deteftable Parricide (difoit ce Magicien) rauira fon cher Efpoux d'entre les Mortels, tout le Monde croira que la perte de ce digne Monarque doit eftre celle dè la France : mais cefte grande Reyne prenant en main le gouuernail des affaires, effacera par fa prudence incomparable tout ce que les hiftoires fideles nous racontent des plus genereufes Dames. Si je voulois (pourfuiuoit l'hofte de Sacripant) vous reciter icy mot à mot tout ce qu'Aftibel publioit de cefte grande M A R I E, cefte nuit ne feroit pas fuffifante pour tant de chofes, & vous feriez priué du plaifir de voir cefte rare piece. En fin Iulian commanda au Magicien de reprefenter en vne tapifferie les plus notables geftes de cefte Reyne, & d'accompagner l'ouurage de quelques Princeffes & grandes Dames qui viuroient au temps de M A R I E. C'eft icy ce que fit Aftibel. Et cefte Tapifferie demeura long temps au temple de Sainte Sophie. Vn Empereur de Grece la donna puis apres à Theodoric Roy des Goths, qui en fit encores vn prefent à l'vn de mes Predeceffeurs, lequel l'auoit affifté en la conquefte

F

de l'Italie: & je l'ay euë depuis du grand Duc mon Frere. Mais
il eſt temps que nous voyons la perfection de cet admirable
ouurage. Regardés (diſoit ce Seigneur) la conſtance que ceſte grande Reyne teſmoigne, lors qu'apres la pompe d'vn co-
ronnement digne de ſon merite, on luy preſente le lendemain
vne coronne d'vn funeſte cyprez. Vous voyez comme aſſiſtée
du plus ſage, & plus fidele conſeil de l'Europe, & particulierement de ce Demon ou pluſtot de cet Ange gardien de l'Eſtat
François, qui depuis cinquante ans ne ceſſe de veiller pour la
conſeruation de ſa Patrie, elle préd en main les reſnes de l'Empire, & calme à meſme temps toutes les tempeſtes qui ſe leuét.
Iettez les yeux icy je vous prie, & regardes comme ceſte digne
Reyne, gouuerne ſi ſagement ſes ſubjects, qu'elle eſt l'amour
& la crainte de tous les Roys ſes voiſins. Elle ſert d'arbitre en
vn different interuenu entre vn grand Roy, & vn grand Prince, & ſa prudence eſt tellement eſtimée, que les plus grands
Monarques recherchent ſon alliance. Elle accorde ſon Fils à
l'incomparable Infante des Eſpagnes, & le Prince de Caſtille
eſt accordé à la Diuine Elizabeth de France. Mais conſiderez ie vous prie encores ce brouillas, qui vient pour troubler le
beau temps, & la joye de ſon peuple. Voyez comme il eſt bien
toſt diſſipé par les rayons de ce Soleil, qui fait cacher de honte
celuy qui remőte tous les jours ſur noſtre Horiző. Ceſte Princeſſe qui la ſuit, eſt cognuë par les lettres qui ſont eſcrites aux
bords de ſa robbe. Catherine de Cleves, diſoit cet
Eſcriteau. Ce ſera (pourſuiuoit ce Seigneur) vne Princeſſe,
où la Fortune prendra plaiſir d'exercer ſon inconſtance. Vous
la voyez tantoſt la plus glorieuſe Dame du Monde, lors qu'elle
poſſede, comme digne Eſpouſe, le plus vaillant, & le plus magnanime Prince, que le Soleil verra de long temps. Mais con-
templés qu'elle douleur elle reſſent lors qu'on luy anonce la
deplorable mort de ſon valeureux Eſpoux. Toutesfois elle ſe
conſole en ſa perte, par ces quatre images viuantes qu'il luy
laiſſe. Ie veux dire ces quatre ieunes Princes: mais pluſtoſt ces
quatre Mars, qui par leur extreme valeur effaceront la gloire
des quatre renommez freres de Clermont, de qui l'on parle
tant en noſtre ſiecle. Elle a encores vne autre chere conſola-

tion, & le plus precieux gage que son valeureux Espoux luy
pouuoit laisser. C'est ceste belle, & immortelle Princesse sa fille, le plus doux soucy de sa grande Reyne. Lisez à costé. Il y a
escrit : LOVISE DE LORRAINE DE GVISE PRIN-
CESSE DE CONTY. Et bien, valeureux Cheualier (disoit
ce Prince de Moscouie) auez vous veu iamais tant de perfection? Est il possible que le Ciel & la Nature produisent iamais vn ouurage si accompli? Ceste Princesse, outre son incomparable beauté, sera doüée de tant de rares dons qui em-
bellissent l'ame, que bien malaisement pourroit on iuger si les
merites de l'esprit sont en elle plus adorables, que ceux de son
corps. En fin qui voudroit dignement loüer toutes ses rares
qualitez, il faudroit employer plus de temps que nous n'en
auons. Il suffit que vous sçachies, qu'elle sera la gloire de son
siecle, la honte du passé, & l'enuie du futeur. Celle qui vient
aprés est HENRIETE DE IOYEVSE DVCHESSE DE
GVISE. Toutes les Graces, les Vertuz, & les Beautez s'assem-
bleront à la naissance de ceste Princesse, afin qu'elle surpasse
tout ce que l'antiquité attribue de merite aux renommées Dames de l'ancienne Rome. Aussi n'aura elle point subiect d'en-
uier aucune autre de son siecle, puis que le Ciel, pour recom-
pense de son merite, luy donnera pour Espoux vn Prince le
plus valeureux, le plus courtois, & le plus digne qui sortira iamais de la braue race de Godefroy de Buillon. L'autre qui est
à son costé, suiuant que l'Escriteau me l'apprend, est CATHE-
RINE DE GONZAGVE DVCHESSE DE LONGVE-
VILLE : Ie voudrois (disoit ce Moscouite) auoir plus de loisir.
Iugés si je serois capable de vous reciter dans peu de mots les
merites de ceste digne Princesse, puis qu'il faudroit des liures
tous entiers pour escrire dignement ses perfections. En fin elle
possedera de si rares qualitez que Mantoüe se glorifiera plus de
ce que ceste belle Dame prédra son origine de ceux qui la gouuernent, que de la naissance qu'elle a dónée autrefois à Virgile.
Celle qui la suit est ANNE DE BVEIL DE SANCERRE : Tout
ce qu'il y a de vertu, de pieté, de merite, de beauté, & de loüage
au monde, sera reduit comme en vn sommaire dans ceste excellente Dame. Pinde, Parnasse, Helicon, & l'Eurote feront

F ij

bruire eternellement fa gloire, & celle de fon Efpoux ROGER DE BELLEGARDE, de qui la valeur, & la fidelité qu'il gardera toufiours entiere à fon Roy, luy fairont meriter de la pofterité des temples, & des autels. L'Ecriteau qui eft à la tefte de l'autre qui eft là tout proche, dit que c'eft CATHERINE DE VIVONNE DE RAMBOVILLET VIDAME DV MANS. Ie ne penfe pas que cefte Dame foit vne Mortelle. Si elle euft vefcu du temps qu'on rendoit aux humains l'honneur que l'on rend aux Dieux, on euft eu bien de la peine d'ofter du Monde l'Idolatrie. Il eft vray (refpond Sacripant) auffi l'excez de la lumiere de cefte finguliere beauté m'a tellement ébloüy, que je ne fçaurois d'auantage contempler ce qui refte à voir d'excellent en cet Ouurage. Il vaudra mieux en remettre la veüe à vn autre jour, & f'aller repofer. Ils deftournerent donques leurs regars de ces peintures admirables, & le Prince de Rheze accompagna luy mefme, auec vne gráde fuitte de Gentilshommes le Roy de Circaffie, iufques à la porte de la chambre qu'on luy auoit preparée. Toute cefte nuit prefques Sacripant fe reprefenta les Diuins obiects qu'il auoit veuz, lefquels luy ramenteuoient les perfections de fon Angelique, qu'il efpere de reuoir bien toft en Cathay. Mais l'infortuné Cheualier, qui fe flatte en fon mal, & qui croit d'eftre aymé de cefte ingratte, f'abufe du tout en fon efpoir, ainfi que nous verrons en la fuitte de cefte hiftoire. Cependant il faut que ie reprene le difcours de Leon de Grece, qui me commande de publier à la pofterité les miracles de fon efpée.

LEON.

Le courtois Leon de Grece cheminoit auec le Vieillard qui auoit apporté le cafque enchanté à la Court de Charlemagne, & en cheminant il le prioit de luy apprendre où eft ce qu'il le menoit, & le fubject de fa douleur. Lors celuy qui le conduifoit, en foufpirant luy refpōdit en ces termes : Valeureux Cheualier, vous fçaurez que j'eus autrefois vne fille la plus belle que la Nature produira de long temps. Ses cheueux eftoient blonds, crefpez, & plus reluifans que fin or. Ses joües eftoient femées de rozes vermeilles, & de liz entremeflez : Ses yeux eftoient deux Soleils, doux à les voir, & auares de leurs regars : & fon front eftoit vne large table d'vn yuoire bien poly. En fin

elle eſtoit ſi belle, qu'vn Peintre qui voudroit tirer pour plaiſir
vne rare beauté, ne ſçauroit repreſenter plus de perfection.
On la nommoit Tiſbine. Lors que l'on ne parloit que d'elle en
toute l'Aſſyrie où j'ay pris naïſſance, Irolde, braue & gentil
Cheualier en deuint amoureux. Et il eut tant d'heur que Tiſbine l'ayma pareillemēt, & le prefera à vne infinité d'autres qui
la recherchoient en mariage. Ces deux Amants veſquirent
quelques années auec tant de contentement, qu'ils publioient
tout haut, que la gloire des Immortels n'eſtoit pas comparable
à la leur. Mais comme la felicité des mortels eſt pareille à l'aage des rozes qui ne viuēt qu'vn jour, il arriua qu'vn autre Cheualier accompli en toutes les plus rares perfections qu'on ſçauroit deſirer, ſe rendit tellemēt embrazé des beaux yeux de Tiſbine, qu'il eſt impoſſible de reciter ſa paſſion, par ce que c'eſt à
celuy ſeul qui la reſſent, de la pouuoir exprimer. Le nom de ce
gentilhomme eſtoit Praſilde. Aprés auoir tenté par tous les
moyens qu'il peut imaginer de fleſchir le cœur de celle qui
l'euſt aymé ſans doute, ſi elle n'euſt eſté liée d'vne chaiſie trop
forte, le malheureux deuint ſemblable aux freſches violettes,
qu'vne grande froidure ſeche, & rend tout à coup palliſſantes.
Rien ne luy pouuoit plaire. Toutes delices luy eſtoient odieu-
ſes, & il ſe haïſſoit luy meſme. Et ſon plus grand plaiſir eſtoit
tous les jours de ſortir de Babilonne, & d'entrer dans vne eſpeſſe foreſt pour conter aux plantes, aux arbres, & aux deſerts la
cruauté de ſa Maiſtreſſe. *O fleurs, & vous arbres* (diſoit il)
*puis que ma Cruelle ne veut point m'eſcouter, preſtez l'oreille à
ma plainte. O Soleil, ô eſtoilles oyez pour la derniere fois ma
douleur, & puis j'acheueray par ma mort ma cruelle & triſte
Auenture. Ainſi je rendray contente ce prodige de cruauté,
ſous le beau viſage duquel la Nature a voulu enfermer vn
Ours, & vn Tygre. Elle ne deſire rien tant que la mort de celuy qui l'adore, & je ne ſouhaitte encores choſe du monde auec
tant de paſſion que de luy complaire. Toutesfois je veux que
ma mort ſoit ſi bien cachée dans ceſte foreſt ſauuage, que ia-*

mais mortel n'en ait la cognoiſſance. Si elle eſtoit publiée, on blaſmeroit Tiſbine pour ſa cruauté, & je l'ayme auec tant d'exceʒ, que ma douleur ſ'augmēteroit d̄ās les Enfers, ſi quel-cun m'y venoit dire, que pour moy, qui n'ay jamais deſcouuert mō mal à d'autre qu'à ceſte impitoyable, elle reçeuſt du blaſme.

Ainſi ſe plaignoit ce dolent, lors que ſon heureuſe fortune permit que ſes plaintes paruindrent aux oreilles de Tiſbine. Et voila comme quelque fois vne choſe arriue à vn moment, qui n'arriuera pas peut eſtre de tout vn ſiecle. Ce meſme jour Irolde accompagné de ſon Eſpouſe, eſtoit allé à la chaſſe dans ceſte foreſt, & comme ils ſe repoſoient d̄ās l'eſpaiſſeur du bois, ils entendirent les paroles lamentables de ce Cheualier. Et voyants qu'il ſe vouloit tuer, Irolde en eut vne telle compaſ-ſion, qu'il pria & conjura auec tant d'ardeur ſa Tiſbine, qu'elle ſortit du lieu obſcur où elle eſtoit aſſiſe. S'eſtant preſentée à Praſilde, elle luy promit de luy donner la jouïſſance de ſon corps, pourueu qu'il luy apportaſt vne branche d'vn grand ar-bre d'or, où pendent pour fruits, des perles, des diamants, des rubis & des eſmeraudes, & lequel eſt planté dans vn verger de Barbarie. Iugez ſi Praſilde fut joyeux de la promeſſe que Tiſ-bine luy fit, & ſ'il n'accorda pas librement la ſienne, puis que meſmes il auroit promis le Ciel, les Aſtres, l'Air, la Mer, & la Terre, ſous eſpoir d'vne telle jouïſſance. Or pour ne vous de-tenir long temps au recit de ceſte hiſtoire, qui eſt commune par toute l'Aſie, ſçachez que Praſilde fut ſi heureux qu'il entra dans le Iardin, & apporta à Tiſbine vne branche de cet arbre. Conſiderez ſi elle, & ſon Mary reçeurent de la douleur, lors qu'ils ſceurent le retour de Praſilde. Irolde ſe vouloit tuer de ſa propre main, & neantmoins vouloit que Tiſbine accompliſt ſa promeſſe. Ce n'eſtoient que plaintes, & que pitoyables re-grets, qui en fin les diſpoſerēt à mourir tous deux par le moyen d'vn poiſon. Mais le Medecin qui leur donna le breuuage, ne le compoſa que d'vne drogue qui faiſoit dormir l'eſpace de ſix heures. Quand tous deux l'eurent aualée, Tiſbine alla treu-uer Praſilde dans ſon logis, & luy tint ce langage : Celle qu'auec tãt de peine tu as si long temps recherchée, est maintenant en ton pouuoir, & tu l'auras encores en ta possession quatre ou cinq heures, & non d'auantage. Pour ne fausser point la promesse que je t'ay faite, je pers & la vie & l'honneur : mais helas! je fais encores vne plus grande perte, qui est de celuy que j'aymois plus que moy mesme. Si j'eusse esté aussi bien à moy, comme j'estois à vn autre, je sçay bien que j'eusse commis vn grand crime de ne t'aymer point. Or ne pouuant le faire qu'au preiudice de mon hõneur, il faut que tu sçaches que je ne t'ay jamais aymé, quoy que j'aye eu tousiours pitié de ton mal. Ceste compassion me força de conseruer ta vie, croyant neantmoins de te distraire de ton amour, par vne chose qui me sembloit estre impossible. Maintenant ceste courtoisie est cause de ma mort, & de celle de mon cher Mary. Nous auons tous deux beu d'vn poison, qui nous donne seulement cinq ou six heures pour contempler encores la lumiere du Soleil, & puis d'espreuuer qu'est ce que la separation du corps & de l'ame. Sur cela Tisbine luy raconta pleinement comme elle & son mary s'estoient empoisonnez. Prasilde eut le cœur si serré d'angoisse, ayant appris ce que luy disoit ceste Dame, qu'il demeura sans mouuement. Au lieu d'vn Paradis qu'il s'imaginoit de posseder, il se voit precipité dans le plus profond des Enfers. Ha! Tisbine (dit il en fin) jamais le Ciel ne permette que deux si fideles Amants partent de ce monde, sans estre accompagnez d'vn troisiéme! Helas! que ne me disois tu dans le bois ce qui estoit de ton intention, ou bien à mon retour, ce que j'apprens maintenant de toy? Estimois tu mon amour si petite, que je ne t'eusse incontinent deschargée de ta promesse? O Tisbine, je n'ay jamais eu d'autre desir que de te complaire, & tu en pourras juger clairement, puis que tu peux t'en aller quitte du serment que tu m'as fait. Ie ne m'afflige que de ce que je ne puis mourir, & conseruer ta vie. Prasilde se contenta d'vn baiser, & puis Tisbine s'en retourna à son logis, & raconta à Irolde tout ce qui s'estoit passé. O Dieu! ce dit il alors, que n'ay-je le moyen de recognoistre vne si grande courtoisie. Cependant le Medecin qui auoit donné le breuuage, auertit Prasilde qui estoit son grand amy, de ce qu'il auoit fait,

& commè craignant la perfidie d'vne femme, il auoit fuppofé
vne boiſſon, qui endormoit. Il ne faut pas douter que ce Cheualier ne reçeuſt vn excez de joye, ayant apris vne telle nouuelle, puis qu'il voyoit par ce moyen la conſeruation de trois vies.
Il courut promptement au logis d'Irolde, qu'il treuua lamen-
tant, & pleurant amerement, par ce que la vertu du breuuage
auoit pluſtoſt operé en ſa femme, qui eſtoit de côplexion plus
delicate. Quand Irolde ſçeut la verité de ceſte Auenture, il
embraſſa mille fois Praſilde & le remercia de ſa courtoiſie, &
voulut que deſormais Tiſbine fuſt entierement à luy. Ce Cheualier fit beaucoup de reſiſtence : màis en fin il ne peut refuſer
ce que ſon amy vouloit. Ainſi Irolde partit promptement de
Babilonne, & laiſſa Tiſbine en la poſſeſſion de Praſilde. Mais
quelque temps aprés il alla à la queſte de ſon cher amy, & ſ'ex-
poſa à la mort pour garantir Irolde. Toutesfois le valeureux
Renaud les deliura tous deux. Le bruit de ce memorable accident ayant couru par toutes les contrées de l'Aſie, & Tiſbine
ayant ſceu que Praſilde, auec Irolde auoient pris le chemin du
Ponant, auec le Seigneur de Montauban, elle me pria tant,
qu'en fin je promis de l'accompagner en France, pour y treuuer ceux qu'elle aymoit à l'egal de ſon ame. Nous auions deſ-
ja fait plus de mille lieuës, & eſtions aux frontieres des Gaules,
lors que nous paruinſmes auprés d'vne montagne, au deſſus de
laquelle eſt vn chaſteau le plus fort qui ſoit au monde, comme
je penſe. Ceſte montagne eſt enuironnée d'vn grand lac, qui
contient vne demi lieuë preſques de largeur. Ainſi que nous
conſiderions ceſte place, & ſon admirable aſſiete, vn monſtre
le plus horrible du monde nous attaqua. Il eſt moitié homme,
& moitié Dragon. S'eſtant jetté furieuſement ſur nous, il prit
Tiſbine, & l'emporta legerement deuers le Lac, où il ſe mit à
la nage, & puis gaigna la cime de la montagne, où la forterſſe
eſt aſſiſe. Ie reçeus tant de douleur de ceſte perte, que depuis
je me ſuis ſouuét eſtonné de ce que je ne mouruz point à l'heure. Aprés auoir pleuré long temps, & rempli l'air de mes cris,
par tout où je paſſois, je rencontray en fin vne honorable Dame, laquelle ayant pitié de mon afflictiô, me mena en vne grotte ſauuage, où elle ſe tient, & me donna le caſque enchanté
que

que vous auez gaigné. Va (me dit elle) par toutes les Courts
des Monarques du Monde, jufques à tant que tu treuues le
bon Cheualier, pour qui cet armet a efté forgé. Ce fera celuy-
là qui furmontera le Monftre, & qui par fon extreme valeur ti-
rera de prifon ta fille, enfemble vne infinité d'autres Beautez,
qui font detenuës au lieu où elle eft arreftée. Ie fis comme elle
me commanda, & j'auois defia demeuré plus de fix mois allant
de Prouince en Prouince, fans treuuer le remede de mon mal,
jufques à tant que je vous ay rencontré à la Court de Charlemagne. C'eft à vous maintenant d'acheuer la gloire qui vous
eft referuée, & à me faire rendre celle qui m'eft plus chere que
ma propre vie.

Leon efcoutoit attentiuement les paroles de ce Vieillard,
defireux de fe rendre bien toft au lieu ou Tifbine eftoit prifon-
niere, afin de punir le cruel qui outrageoit ainfi toutes les
Beautez qu'il pouuoit attrapper. Comme ils gaignoient pays
ils rencontrerent deux Cheualiers de fort bonne mine, qui
ayants apperçeu Leon, & jugeants à le voir que c'eftoit quelque Guerrier excellent eurent enuie d'efpreuuer leur lance
contre la fienne. L'vn d'eux ayant pris le champ qui luy falloit, défia le Prince de Grece, qui mit foudain la lance en l'arreft, & ils fe vindrent à rencontrer fi furieufement, que la lance
de l'vn de ces deux Cheualiers vola en mille pieces, fans que
Leon fe remuaft non plus qu'vne groffe tour bien fondée, lors
que l'Aquilon l'a fouffle. Mais il aduint bien pis au Cheualier:
car le Prince de Grece l'atteignit fi rudement, qu'il luy ouurit
l'Efcu de mefme que f'il euft efté touché du foudre, & puis luy
perça la cuirace, & luy fit vne mortelle playe au cofté. En fin le
coup fut fi grand que ce Cheualier en fut renuerfé à terre,
plus mort que vif. Quand fon Compagnon le vid abbatu, il
empoigna foudain de colere vne groffe lance, qu'vn Efcuyer
portoit, & puis vint fondre fur Leon comme vne tempefte.
Mais le valeureux Prince, qui ne treuuoit deformais rien d'inuincible, le rencontra fi rudement fur le fommet du cafque,
qu'il le luy ofta de la tefte, & l'enuoya luy & fon cheual tout en
vn monceau à la renuerfe. Il fe leua neantmoins fur pieds, &
après courut vers fon Compagnon, qu'il treuua preft à rendre

l'efprit. Le voyant fi mal traitté, il fe mit à maudire le Ciel, & la Fortune, & à fupplier Leon de luy vouloir ofter la vie, qu'il auroit deformais en horreur, puis qu'il perdoit la moitié de fon ame. Leon ne pouuoit fe contenir de pleurer luy mefme de pitié : & l'ancié Cheualier en fut encores bien plus dolent : car il recognut que celuy qui faifoit fes plaintes eftoit Prafil-de. Ils auoient fuiui, comme vous auez leu en vn autre liure, le Prince de Montauban, & auoient efté tous deux arreftés deux fois par le Magicien Athlant : L'vne aux confins de la Gafcogne dans le Chafteau d'acier, & l'autre dans le Labyrin-the enchanté. Depuis Rodomont les detint prifonniers au fe-pulchre d'Ifabelle, & maintenant ils auoient paffé à Paris, où ayants pris congé de Renaud, ils eftoient refoluz de retourner en Aflyrie. Et vn accident qui furuint à Prafilde, dont le recit ne fait rien maintenát pour noftre hiftoire, les arrefta plus d'vn mois au Chafteau d'vn courtois Cheualier. Quand Prafilde eut pareillement recognu le Vieillard, fes plaintes fe renfor-cerent, pendant que Leon mit pied à terré, & en le confolant luy téfmoigna le regret qu'il auoit d'auoir fi mal traitté ce Cheualier. Mais Irolde, qui eftoit celuy qui eftoit fi cruelle-mét bleffé, ayant ouy les plaintes des vns & des autres, & oyant les douces paroles que Leon luy tenoit, & fçachát qu'il feftoit feparé de fes amis pour aller deliurer Tisbine, conjura Prafilde par leur commune amitié, de vouloir deformais honorer ce gentil Cheualier, & ne le regarder jamais de mauuais œil, pour l'accident qui eftoit arriué. Il luy remonftroit que ceux qui fuiuent les Auentures eftranges, font fubjects tous les jours à de pareilles infortunes, & qu'il eft impoffible d'euiter ce que les Deftins ont ordonné de nous. Aprés que ce Cheualier eut encores baifé le Prince de Grece, il rendit l'efprit entre fes mains. Ils firent porter le corps à vn Chafteau proche, & quád fon amy luy eut rendu ce que l'on doit aux morts, qui font les pleurs, & les plaintes, il le fit inhumer honorablement, & ho-norer fa tombe d'vn Epitaphe graué en lettres Arabiques fur vne groffe lame de cuiure, que l'on voit encores à préfent, en vne chappelle qui eft proche d'vne journée de la grande foreft d'Ardenne. C'eft la fin du courtois Irolde, que Prafilde regrettoit extremement. Neantmoins il n'auoit pas occasion de maudire Leon, pour le subject de sa mort, puis qu'eux mesmes en auoient esté la cause. Aussi ne se plaignit il jamais de luy pour ce regard. Au contraire il l'ayma depuis comme luy mesme, y estant obligé par la priere que son amy luy en auoit faite en rendant l'esprit, & plus encores par la valeur de Leon qui deliura sa Tisbine de la captiuité, où elle estoit reduitte, ainsi que vous orrez en l'autre Auenture.

Fin de la troisiéme Auenture.

G ij

ARGVMENT.

Leon pourfuit fon entreprife, & combat vn Cheualier qui gardoit le paffage d'vn Pont. Le Tournoy fe commence à la Court de Charlemagne, & le Roy de Suede emporte le prix de la premiere journée. Cefte Auenture ne contient que de rares exemples de ceux qui allumés du defir de gloire, ne font jamais laffés des trauaux, ny de tous les empefchements qui s'oppofent à leurs deffeins.

AVENTVRE IIII.

QVE l'ignorance, & l'Enuie font des maux extremes! Iamais les Tyrans de Thrace, de Lydie, de Syracufe, & de Crete n'inuenterent de pareils tourments. Ces fureurs n'efpargnent perfonne. Elles troublent les genereufes entreprifes des Mortels & s'attachent aux plus beaux Efprits, comme les cantharides aux plus belles fleurs. La bonne odeur les fait mourir neantmoins, de mefme que font les rozes les efcarbots: au lieu que la vertu produit toufiours fon fruit. Ie ne laifferay point donques de pourfuiure cefte belle hiftoire. Ie ne me veux point arrefter aux mefdifances d'vn fot, d'vn enuieux, & d'vn ignorant, qui croid auoir acquis le titre d'habille homme, quand auec indifference, mefprifant les ouurages d'autruy, il n'a pas l'efprit de cognoiftre que tout le monde fe mocque de fes folies.

Si toft que le bon Prafilde eut rendu à fon cher amy les derniers tefmoignages d'vne fincere affectiõ, il fuiuit le Prince de Grece, qui brufloit du defir d'acheuer bien toft fon entreprife, & de rendre fon nom memorable par quelque digne exploict. Defia ils auoient trauerfé vne partie de la Flandre, & eftoient paruenuz aux bords d'vne groffe riuiere, qui eftoit depuis quelques jours deuenuë encores plus groſſe, par le moyen de quelques neiges qui ſ'eſtoient fonduës aux montagnes prochaines, & qui coulants en bas auoient eſté receuës dans le canal de ceſte ſuperbe riuiere. Leon auec ceux de ſa ſuitte jetterent les yeux d'vn coſté, & d'autre pour voir ſ'ils ne deſcouuriroient point quelque baſteau. Ils ne ſont ny poiſſons, ny oiſeaux; de ſorte qu'ils conſiderent comment ils pourront paſſer au de la du fleuue. Cependant ils ne voyent perſonne, & ſont contraints de ſuiure à main droicte le riuage, par ce qu'vn grand marais couppe le chemin du coſté gauche. Ayants marché vne grande partie du iour, ſans treuuer ame viuante pour ſ'informer ou du gué, ou de quelque pont, ou bien de quelque baſteau, ils virent en fin ſur le midy paroiſtre vne Damoiſelle qui venoit vers eux du coſté de la trauerſe. Elle eſtoit montée ſur vne haquenée blanche, & tenoit ſur ſon poing vn Eſmerillon. Leon qui eſtoit le plus courtois Cheualier du Mõde ſ'approcha d'elle, & ayant hauſſé la viſiere la ſalua fort humblement, & puis luy demanda ſ'il n'y auoit point quelque paſſage, par où ils peuſſent mettre pied à l'autre bord. Gentil Cheualier (reſpond ceſte Damoiſelle toute esbahie de la beauté de Leon) il y a vn pont, qui eſt à quelques deux lieuës d'icy. Mais je ne vous conſeille pas d'y aller, par ce que ie ſerois marrie ſi vous y receuiez l'affront que tant d'autres y ont reçeu. Voſtre courtoiſie, & voſtre beauté me conuient à vous tenir ce langage. C'eſt pourquoy vous fairez bien de prendre vn autre chemin, & de ne vous aller point precipiter en vn danger, où vous ne ſcauriez acquerir que du blaſme, puis que l'ayant peu euiter, vous auriez voulu vous y jetter volontairement. Ie vous prie (dit Leon) de m'apprendre pourquoy ce paſſage eſt ſi dangereux. Ie le veux bien (dit la Damoiſelle) mais auparauant allons nous aſſoir aux bords d'vne belle Fontaine, qui eſt icy proche. Nous n'y ſçaurions guere demeurer, que deux Eſcuyers qui viénnent aprés moy n'y arriuent. Ils font porter aprés eux de toutes ſortes de viandes delicieuſes. Là nous dinerons tout à l'aiſe. Auſſi bien auriez vous de la peine à treuuer auiourd'huy quelque giſte pour y eſtre traitté ſuiuant qu'il me ſemble que vous meritez. Et aprés que nous aurons pris noſtre refection, je vous reciteray, de poinct en poinct ce que vous deſirez de ſçauoir. Leon remercia ceſte Damoiſelle de ſa courtoiſie, & luy & ſa compagnie la ſuiuirent, & arriuerent en peu de temps aux bords d'vne claire ſource, qui decouloit du pied d'vn rocher, & qui ſalloit deſcharger à vn traict de fleſche dans le fleuue. Ceſte Fontaine eſtoit enuironnée de beaux Meuriers, qui de leur ombre rendoient le lieu frais, & agreable, & le champ eſtoit vn beau pré tout émaillé de belles, & diuerſes fleurettes. A peine ceſte Compagnie ſeſtoit aſſiſe en ce lieu delectable, que deux gentilshommes arriuerent, & mirent pied à terre. Au ſigne que leur fit la Damoiſelle, ils deſchargerent vn Mulet qu'vn villageois conduiſoit : & ayants eſtendu vne belle nappe blanche ſur ce tapis de fleurs, ils la couurirent de mets exquis. Lors que chacun eut mangé de fort bon appetit, Leon ſomma ceſte gracieuſe Damoiſelle de ſa promeſſe : & elle commencea ſon diſcours en ceſte ſorte :

Vous deuez ſçauoir (dit elle) que je ſuis à la belle Doris, qu'on nomme autrement la Dame des quatre Chaſteaux. C'eſt vne Princeſſe de qui les beautés, & les vertus ſe peuuent pluſtoſt admirer que raconter. Il eſt impoſſible de la voir, & de ne l'aymer point : car le Ciel la pourueuë de tant de perfections, que quiconque en la voyant ne perd ſa liberté, eſt vn roc inſenſible. Ceſte belle & parfaicte creature dont je vous parle, eſt recherchée des plus grands Seigneurs du païs : par ce qu'outre ſon merite elle poſſede de grands biens, comme celle qui eſt Dame des quatre plus fortes places de la Prouince, ſans parler d'autres terres qui ſont à elle, & ſans l'eſpoir qu'elle a d'eſtre vn jour Comteſſe de Cleues, dont vn ſien Oncle eſt maintenant jouïſſant. Toutesfois ſon inclination ne fut de long temps portée à vouloir fauoriſer particulierement quelcun. Comme elle chaſſoit vn jour dans vne foreſt vn Ours cruel ſuruint, qui mit en fuitte tous ceux qui accompagnoient ma Maiſtreſſe. Elle ne peut ſi bien joüer des talons, que la beſte ſauuage ne fut deſia preſte à la ſaiſir, & à la mettre en pieces. Elle crioit hautement, & à ces cris vn jeune Cheualier, le plus beau que j'aye jamais veu, horſmis vous, & qui ſeſtoit égaré dans ceſte foreſt, courut à ſon ſecours. Ayant aperceu la beſte qui pour-

suiuoit la belle Doris, il mit legerement pied à terre, & ayant tiré son espée s'opposa à l'Ours, & luy donna de premier abbord
vn si grand coup qu'il luy mit la teste en deux pieces. Quand
ceste execution fut faite, il remonta soudain à cheual, & mit
doucement en crouppe la belle Dame, qui estoit encores demy morte, & la mena jusques à la porte de l'vn de ces Chasteaux qui est à quelques cinq ou six lieuës d'icy. Tous accou-
roient pour voir leur Maistresse, qu'ils croyoient auoir esté de-
uorée par cet animal sans pitié, & benissoient le Cheualier, qui
aussi tost qu'il veit que la Dame estoit en lieu de seureté, donna des esperons à son Cheual, & entra dans la forest. Iugez si
ma Maistresse n'eut pas subject d'estre affligée, lors qu'elle apprit vn depart si soudain? Elle se consola neantmoins en ce
qu'elle creut que ce Cheualier estoit quelque Ange qui estoit
descendu du Ciel pour la secourir. Et elle estoit d'autant plus
induite à ceste creance, qu'elle n'eut jamais estimé qu'vn mortel eust peu mettre si aisement à mort, vn si dangereux animal.
Cependant vn Tournoy se deuoit faire en la pleine de Ner-
sante, pour l'amour de Doris, & celuy qui tesmoigneroit plus
de valeur en cet exercice, deuoit receuoir d'elle vne chaisne
de perles de grande valeur. Le Tournoy se commença, &
plusieurs braues Cheualiers qui auoient pour tesmoins de leur
courage, & de leur proüesse les yeux d'vne si rare Beauté, y firent des merueilles. Mais ce ne fut rien au prix d'vn Cheualier incognu, qui suruint, & qui s'estant mis au commécement
du costé des plus foibles, rendit en peu de temps victorieux ce
party. Quand il apperceut que ceux qu'il auoit attaquez tour-
noient le dos, & ne pouuoient soustenir les coups foudroyants
de sa lance, il se tourna incontinent de leur costé, & puis abbatit tant de Cheualiers, que les autres gaignerent par l'effort
de sa valeur en peu de temps ce qu'ils auoient perdu. Toutesfois ils ne jouïrent longuement de ceste victoire: par ce qu'il
soustint encores les autres, & ainsi maintint l'estour jusques à la
nuit, rendant victorieux ceux qu'il luy plaisoit. Tout le monde estoit estonné de la valeur de ce Cheualier : & chacun desi-
roit de le cognoistre. Tandis les Iuges du Camp le conduirent
deuant l'Eschaffaut de Doris, pour reçeuoir de sa belle main le

riche prix du tournoy, & alors ma Maiſtreſſe penſa mourir de joye, par ce qu'elle recognut que ce Cheualier eſtoit celuy qui la deliura de l'Ours. La belle Doris auoit vne Eſcharpe de couleur incarnate, toute enrichie d'vne belle broderie d'or, quand le cruel animal la pourſuiuoit. Ceſte Eſcharpe luy cheut, & ce Cheualier la releua, & la garda pour la porter en ce Tournoy qui ſe deuoit faire, & dont le bruit, ioinct à la renōmée de la beauté de Doris, l'auoit attiré en ces contrées. La Belle qui ayant veu faire tant d'armes à ce Cheualier, auoit eu quelque ſoubçon ſur celuy qui l'auoit garātie de mort, ne douta plus que ce vaincœur ne fuſt luy meſme. Aprés qu'il eut receu le prix ordonné, il oſta ſon caſque aux prieres de ma Maiſtreſſe. Croyez que ſi ſa valeur auoit donné de l'eſtonnement, ſa beauté ne rauit pas moins tous les Aſſiſtans. En outre il ne ſçauroit auoir dix & huit ans : choſe rare & ſinguliere de voir tant de beauté ioincte à vne ſi grande ieuneſſe. Depuis (& il y peut auoir enuiron trois mois qu'il gaigna le prix de la iouſte) il a ſouſtenu pluſieurs autres combats en ce pays, & fait rendre le droict à pluſieurs perſonnes que l'on affligeoit injuſtement, de ſorte que ſa renommée y eſt ſi bien ſemée qu'on n'y parle que de ſa valeur & de ſa courtoiſie. Cependant il ne ſ'eſt jamais donné à cognoiſtre à aucun, horſmis comme ie penſe à ma Maiſtreſſe, qui l'ayme & qui l'honore plus que tout autre, ſuiuant qu'elle y eſt obligée par deuoir. Pour l'amour d'elle il a entrepris de garder le paſſage du Pont, & de le defendre durant l'eſpace de vingt jours, contre tous les Cheualiers que la Fortune y conduit. Et pour ce ſubject il a fait tendre deux riches pauillons, l'vn pour ſa Maiſtreſſe, & l'autre pour luy, au de-là du Pont, ſous deux beaux Pins qui ſont joignāts l'vn de l'autre. Deux Nains ſe tiennent touſiours à la cime de ces arbres, l'vn d'vn coſté, & l'autre de l'autre : & quand ils voyent venir quelque Cheualier, ils ſonnēt d'vn Cor, & alors celuy qui garde le Paſſage, ſe met ores à l'vn des bouts du Pont, & ores à l'autre, ſuiuant le chemin par ou les Guerriers abbordent. C'eſt aujourd'huy le quinziéme jour qu'il defend ce paſſage. Et il a abbattu tant de Cheualiers depuis le premier iour qu'il ſouſtient la iouſte, que les Pins ſont deſia tous couuerts des Eſcuz de euz de ceux qu'il a mis à terre.

Vous me contes merueilles de ce Cheualier, dit Leon: mais tant s'en faut que le recit de sa valeur m'estonne, qu'il m'anime d'auantage à espreuuer si sa lance est plus forte que la mienne. C'est pourquoy ie vous prie que nous quittiõs ce doux seiour. I'ay si grande enuie de le voir, qu'il me semble que ie n'arriueray iamais au lieu, où ce braue Cheualier fait tant de proüesses. Vous n'y serez que trop tost, mon gentilhomme (repart la Damoiselle.) I'en ay veu d'autres qui ne s'estimoient pas moins que vous, qui n'y ont gueres gaigné. Au pis aller (replique Leon) ie tiendray compagnie à vne infinité d'autres. Ce disant il s'approche de son bon cheual Battolde, & se iette d'vn saut legerement en selle. Ils cheminerent le long de ce riuage au petit pas deux bonnes heures, & arriuerent au Pont, sur le poinct que quatre Cheualiers demandoient le passage. Mais aupàrauant vn des Nains auoit sonné de son cor. L'vn de ces quatre Cheualiers qui s'apprestoit pour iouster le premier portoit vn Escu, où il y auoit vn Leopard en trauail. Ce Cheualier, & celuy qui gardoit le Pont se rencontrerent auec tant de furie, qu'on eust dit que le Pont s'abismoit. La Lance de celuy des quatre se mit en mille pieces, sans qu'il fist plier l'autre qui gardoit le Pont; au lieu qu'il fut renuersé & luy & son cheual, tout en vn monceau. Soudain qu'il fut à bas, quatre Escuyers luy ayderẽt à se releuer, & luy demãderẽt son nom & son Escu, & il le leur bailla librement, & leur dit son Nom, qu'on escriuit incontinent au dessus de l'Escu qu'on pendit à l'arbre. Tandis vn de ses compagnons qui portoit en son Escu vn flambeau en champ de gueules, se presenta, & il ne rencontra point plus d'heur que le premier, ny encores le troisiéme, qui auoit à son Escu vn Pin ardent. Le quatriéme qui portoit en son Escu des armes escartelées de blanc & d'azur, voulant venger ceux qui estoient auec luy, deffia auec vne contenance superbe, & martiale son Aduersaire. Leur rencontre fut semblable à vn esclat de tonnerre. Le Cheualier du Pont ne se remua de la selle non plus qu'vne montagne de diamant, & l'autre fut si duremẽt atteint qu'il perdit les deux estrieux, & s'il n'eust embrassé le col de son cheual, il eust baisé la terre, comme les autres. Toutes-

H

fois il fe remit de fort bonne grace, au grand eftonnement de
celuy du Pont, qui n'auoit jamais joufté fans renuerfer fon Ennemy. Vn Efcuyer leur donna de nouuelles lances, & ils fe
rencontrerent encores fi impetueufement, que celuy de l'Efcu
peint d'azur & de blanc, fut renuerfé de fon long fur le Pont,
& l'autre paffa outre, ayant perdu neantmoins vn des eftrieux.
Incontinent les Efcuyers fe faifirét de fon Efcu, & efcriuirent
fon nom comme celuy des autres. Leon qui auoit veu ces belles courfes, prifoit grandement ce Cheualier, & difoit en luy
mefme, que fa valeur furpaffoit la loüange qu'on luy donnoit.
Il f'apprefta cependant pour joufter, mais auant que venir à
l'effay, il fit figne au Cheualier qu'il defiroit de parler à luy.
L'autre vint vers luy au petit pas la lance au poing, & auec vne
fi bonne grace que Leon ne fe pouuoit faouler de le contempler. Lors qu'il fut fi prés de Leon, qu'il pouuoit entendre fes
paroles, le Prince de Grece luy tint ce langage : Cheualier, tu
dois à mon aduis eftre deformais laffé de l'exercice que tu as
fait. Ie n'aurois point du tout de courtoifie, fi je te laffois dauantage. Ie te permets donques de repofer encores deux heures, & de prédre vn nouueau cheual. L'honneur que i'acquer-
rois, fi ie te combattois ores que tu es fi las, & fi recreu, feroit
bien peu de chofe. Les exercices des armes (repart l'autre en
foufriant) font mes plus cheres delices. Il faut que tu fçaches
que ie ne me rens point, pour fi peu de trauail. Tu apprendras
bien toft à tes defpens, fi tu as le courage d'efpreuuer ma lance,
ce que ie fçay faire. Toutesfois ie te remercie de ta courtoifie:
mais fois affeuré que ie n'ay befoing d'aucun repos, & que mon
cheual qui eft accouftumé auffi bien que fon Maiftre, à fouftenir les plus dures atteintes, te diroit, f'il auoit l'vfage de la parole, la mefme chofe que ie t'apprens. Puis donques (replique
Leon) que tu as vne fi bonne opinion de toy, voyons à qui des
deux la Fortune fera plus fauorable. Aprés qu'ils eurent pris ce
qu'il leur falloit pour leur carriere, & que ces deux valeureux
Guerriers eurent chacun inuoqué le nom de leur Maiftreffe,
ils donnerent des Efperons à leurs Cheuaux. Iamais aux Prouinces plus reculées du Septentrion deux vents contraires ne
menent plus de bruit, durant la plus extreme froidure de l'hy-

uer, lors qu'ils viennent à se rencõtrer, que ces deux Guerriers
bruyoiét aprés auoir couché leur bois, & lasché la bride à leurs
cheuaux. Leurs lances qui estoient composées d'vn chesne
dur & verd, semblerent estre de glace. La rencontre de leurs
cheuaux fut de mesme si impetueuse, qu'on eust dit qu'auec
vne faux l'on auoit couppé les nerfs de leurs iambes. Ils cheurent tous deux également : mais neantmoins le bon cheual
Battolde se releua promptement au lieu que l'autre eut le dos,
& vne espaule rompuë. A peine eurent ils touché la terre, que
se treuuer sur pieds, mettre la main à l'espée, & se dõner d'horribles coups, fut vne mesme chose. L'air bruyoit tout autour,
& il falloit bien que leurs casques, leurs hauberts, & leurs escus
fussent de fine trempe, puis que leurs grãds reuers estoient capables de fendre vn enclume de diamãt. Chacun estoit estonné de la valeur de son Aduersaire : mais Doris estoit bien encores plus faschée. La crainte qu'elle auoit que son fidele
Amant ne reçeust quelque affront, voyant qu'il auoit treuué
son esgal, fit qu'elle courut prõptement à eux, & en leur criant,
Arrestés vous Cheualiers, se planta au milieu, & tint ce langage à
Leon : Valeureux Guerrier, qui aués auiourd'huy acquis le
plus grand honneur que vous reçeurez iamais, ayant eu le pouuoir de resister à mon Cheualier, ie vous prie que ce combat
n'aille plus auant. Tout le monde reçeuroit par trop de dommage, si deux si excellents Hommes, mouroient pour vne chose si legere. Ie vous coniure donques par la Beauté que vous
adorés, de laisser ce combat, que cestuy cy laissera pareillemét,
par ce qu'il n'a d'autre volonté que la mienne. Vous m'auez
coniuré, ô belle, & gracieuse Dame (dit Leon en souspirant)
par vne chose qui m'est trop chere. Il m'est impossible que ie
vous refuse estant requis au nom de ma Deesse. Ie feray donques vostre volonté: toutesfois ce sera à la charge que vous me
dirés s'il vous plaist le nom de ce Cheualier. Ie vous iure que
suiuant sa grande ieunesse, iamais les armes ne furent plus ho-
norées par autre, que par luy. Il faut donques (repart le Cheualier) que vous nous appreniés aussi le vostre. Ie meurs d'enuie de le sçauoir, par ce que les loüanges que vous me donnez,
vous sont iustement acquises. L'on m'appelle Leon (dit le

Prince de Grece) & mon Pere eſt l'Empereur Conſtantin. A
ces mots l'autre courut pour l'embraſſer, & luy dit qu'il eſtoit
ſon Couſin François de Lorraine, fils du bon Duc René, qui
auoit eſpouſé la ſeur de la Mere de Leon. Ils ſ'embraſſerent de
nouueau, & Doris les mena à ſon Pauillon, & vouloit que ſon
Cheualier rompiſt ſon entrepriſe, afin qu'elle euſt l'hôneur de
traitter quelques iours vn ſi grand Prince. Mais Leon leur
apprit en peu de mots ce qu'il eſtoit obligé de pourſuiure : de
ſorte qu'au grand regret de ces deux Amants, il partit vne heure apres auec ſa Compagnie, à laquelle on auoit permis le paſſage du Pont. Ce valeureux Prince laiſſa tant de marques de
ſa proüeſſe par tous les lieux où il paſſoit, qu'on ne parloit que
du Cheualier aux deux Aigles. Neantmoins il ne faut pas
eſtre ſi attentifs à reciter ſes fameuſes vaillances, que pour elles
nous oublions le grand Tournoy qui ſe prepare à Paris, pour
le ſubject de l'Eſcu d'or que la Meſſagere d'Iſlande a apporté à
la Court de Charlemagne.

L'ancienne & vraye hiſtoire de l'Archeueſque Turpin nous
apprend, que quand le jour fut venu pour commécer le Tournoy qui ſe deuoit faire à la belle pleine de Vaugirard, on vid paroiſtre tant de vaillants Cheualiers, qu'on n'en verra iamais au
monde vn ſi grand nombre. Les vns ſ'y eſtoient rendus eſpe-
rants de gaigner l'Eſcu d'or, & par meſme moyen la plus belle
Princeſſe de la Terre, que l'on nommoit Glorinde. Les autres
pour ſ'exercer en tous hauts faits d'armes, & les autres pour cognoiſtre les plus renommés Cheualiers de l'Vniuers, & pour
voir les Beautez qui honoroient ceſte feſte. Il y auoit pluſieurs
grands Eſchaffauts. Les armes de l'Empire, & les trois fleurs
de Liz d'or paroiſſoient à celuy de l'Empereur Charlemagne,
qui eſtoit accompagné de Richard de Normandie, d'Oger le
Danois, du Duc Aymon, du Comte de Guiéne, de Guy Comte de Montfort, du Côte Ganelon, & autres grands Seigneurs
du Royaume. L'Imperatrice Galerane eſtoit à vn autre Eſchaffaut tout proche, auec la Comteſſe d'Angers, auec la Princeſſe de Montauban, auec Blanchefleur, auec la Comteſſe de
Poictiers mere du Paladin Rolãd, & auec quelques autres des
plus belles & des plus nobles Dames de la Court. L'Eſchaf-

faut des Iuges du Camp eſtoit poſé à l'vn des bouts de la Lice,
& le prix du Tournoy, qui eſtoit le Riche eſcu, eſtoit pendu au
deſſus de l'entrée de leur Eſchaffaut, auec le pourtraiçt de la
Princeſſe d'Iſland, qu'Vlanie qui l'auoit iuſques alors tenu caché, depoſa le ſoir auparauant entre les mains de l'Empereur,
qui le bailla aux Iuges. Le pourtraiçt faiſoit mourir & viure
tous ceux qui le regardoient : & iugés qu'euſt peu faire celle
qu'il figuroit ſi elle euſt eſté preſente. Depuis que le Soleil
éclaire le monde, il ne vid jamais tant de beauté. On auoit ordonné que les Cheualiers de France maintiendroient le combat contre tous les Eſtrangers. Or les trois Roys qui accom-
pagnerent Vlanie depuis la montagne Hencla, iuſques auprés
de Montmartre, auoient acquis aux contrées du froid Septentrion tant d'honneur aux armes, & principalement celuy des
Gotz, qu'ils ne faiſoient point difficulté de croire, que rien ne
leur ſeroit inuincible. Ils firent tendre, comme nous auons dit
cy deſſus, trois riches Pauillons, ſur vne grande motte de terre,
qui paroiſt en ceſte belle pleine, & reſolurent entre eux que le
Roy de Suede entreroit en la iouſte le premier iour, ſans que
ſes deux Compagnons y employaſſent leur lance, ſi ce n'eſt en
cas qu'il fuſt abbatu. Que le Roy de Noruege en feroit autant,
le ſecond iour du Tournoy ſous les meſmes conditions : Et puis
le Roy des Gotz paroiſtroit à la troiſiéme iournée. Et par ce
qu'ils eſtoient aſſeurez de ſurmonter tous ceux qui ſ'eſpreuue-
roient à la lice, ils ſ'accorderét qu'après la fin du Tournoy, ils ſe
preſenteroient au Roy de France, & le ſupplieroient de donner l'Eſcu à celuy d'eux trois qui ſuiuant ſon aduis, & celuy des
trois Iuges ſe ſeroit porté plus valeureuſement. Que ſi l'Empereur leur partageoit également l'hôneur, alors ils decideroient
par vn memorable duel, la poſſeſſion de l'Eſcu, & de la Reyne
Clorinde. Quand donques tant de braues, & valeureux Cheualiers furent aſſemblés, on commença vn Tournoy le plus
cruel, que l'on puiſſe imaginer. On voyoit renuerſer hommes
& cheuaux, & froiſſer lances auec tant de bruiçt qu'on n'euſt
pas ouy tonner. Mais parmy ces jeunes Cheualiers il y en
auoit vn du coſté des Eſtrangers, qui portoit vn Eſcu où vne
Panthere eſtoit peinte. Ce braue Cheualier faiſoit tant d'ar-

mes qu'il attiroit les yeux de tout le monde. Iamais il n'atteignoit à plein Cheualier, qu'il ne luy fist vuider les arçons. Il fit
de si grandes proüesses en peu d'heure, qu'il n'y auoit Cheua-
ualier, tant fust il vaillant, qui ne redoutast sa rencontre. Tandis que tout le monde le loüoit, & que les Heraus crioient à
haute voix: Le Cheualier de la Panthere passe tous les autres
en Cheualerie, le valeureux Griffon entra au combat. A l'heure la chance fut bien tournée. Il fit bien tost paroistre que le
bruit qu'on luy donnoit d'estre l'vn des plus vaillants Guerriers
du monde, estoit veritable. Il abbattit de sa lance six Cheualiers auant qu'elle rompist. Lors qu'elle se fut mise en pieces, il
mit la main à l'espée, & renuersa tant d'hommes qu'il fit balancer la victoire. Grandonio de Volterne, Isolier, & Serpentin,
que la Renômée auoit attirés comme les autres en ce lieu entrerent pareillement en l'estour, pour arrester la furie de Griffon, & alors on vid vne espesse forest de lances voler iusques
aux nuës, fendre les casques, & ouurir les escus. A quilant aux
armes noires, Sansonnet de la Meque, & Dudon fils du Danois
commencerent aussi à escarter les rencs de telle sorte que le
foudre se fait faire moins de passage au trauers d'vne nuë. Cependant Griffon qui venoit d'abbattre Grandonio & Serpentin, & qui voyoit le dommage que le Cheualier de la Panthere faisoit à ceux de son party, empoigna vne grosse lance.
Ayant pris autant d'espace de terre qu'il falloit à sa course, il
la mit en l'arrest & defia le Cheualier estrange, qui se saisit
aussi d'vne forte lance, mais plustost d'vne grosse antenne,
que deux de ses Escuyers ne pouuoient soustenir qu'à peine,
resolu de faire baiser la terre au fils du Marquis de Vienne. Ils
fondirent tous deux l'vn contre l'autre comme vne tempeste,
& aprés que leurs lances eurent volé en mille esclats, ils se rencontrerent d'escu, de corps, & de teste si rudement, qu'vn tonnerre ne mene pas plus de bruit, lors qu'il tombe sur le sommet de quelque roche. Le Cheualier à la Panthere fut si estonné de ce coup, qu'il vid en l'air plusieurs estoilles. Il perdit les
deux estrieux, & s'il ne se fust tenu aux crins de son cheual, il se
fust treuué à pied. Mais Griffon fut traitté bien plus aspremét.
Son Cheual qui n'estoit pas si fort que celuy de son Aduersai-

re cut vne efpaule rompuë. Griffon demeura fi eftourdy qu'il
ne fçauoit f'il eftoit jour, ou nuit. Toutesfois, il se releua quél-
que temps aprés tout honteux, & mettant la main à l'efpée,
donna de colere vn tel reuers à vn Cheualier qui paffoit prés
de luy, qu'il le fendit jufques à la ceinture, & fauta fur fon Cheual fans mettre le pied à l'eftrieu. Le Cheualier de la Panthere
f'eftoit cependant remis en eftat, & continuoit à rendre tant
de preuues de valeur, qu'il effaçoit tous les plus dignes exploits
que les autres acheuoient. Auffi les Heraus ne ceffoient de
renforcer leur cry, au grand creuecœur des Paladins, & principalement du bon Griffon, qui mouroit d'enuie de fe venger de
ce Cheualier. Mais quoy que luy, & fon frere Aquilant, Dudon, & Sanfonnet fçeuffent faire, jamais il ne peurent auoir
fur luy de l'auantage. Et croyes que f'ils l'attaquoient, ils treuuoient bien à qui parler. Il leur rendoit fi bien le change, que
bien fouuent il leur faifoit voir des chandelles en plein midy.
Mais qu'eft il befoin que je vous detienne plus longuement.
La nuit vint & les Heraus, par le commandement des Iuges
fonnerent de la Trompette, qui inuitoit chacun de fe retirer.
Ainfi tous fe feparerent, au grand regret des Cheualiers François, qui furent contraints de quitter l'honneur du Tournoy
aux Eftrangers, par la valeur du Cheualier de la Panthere.
Charlemagne auoit vn grand defir de le cognoiftre : mais ce
Cheualier fauorifé de la nuit fe retira fi fecretement à fon Pauillon, que nul n'euft fçeu ce qu'il eftoit, fans l'Efcuyer du Côte Roland, qui par le commandement de fon Maiftre le fuiuit,
& apprit que c'eftoit l'vn des trois Roys. Apres que toute cefte
Nobleffe fe fut defarmée, & qu'on fe fut mis à table, fous vne
frefche ramée que le Roy auoit fait dreffer à la pleine, l'on entra fur le difcours du Cheualier de la Panthere, & chacun luy
donnoit le prix de la joufte du premier jour. Ie ferois bien aife
de le cognoiftre (dit alors l'Empereur) car c'eft vn excellent
Cheualier. Sire (repart le Comte Roland) vous aués raifon
de luy donner cefte loüange. Il a fi bien fait aujourd'huy, que
f'il continue demain à fi bien faire, & le jour encores qui fuiura
celuy de demain, il n'y a point de doute qu'il ne beniffe la peine qu'il a prife, de venir d'vne contrée fi éloignée de la noftre.

Vous le cognoiſſez donques mon Neueu, (dit le Roy) ie vous
prie de nous dire ſon nom. Ie ne le cognois point autrement:
(replique Roland) mais il n'y a point de doute qu'il ne ſoit vn
des trois Roys, qui ont accompagné la Meſſagere d'Iſland. Et
ie le ſçay par ce que mon Eſcuyer l'a ſuiui, & l'a veu entrer en
l'vn des Pauillons des trois Roys. Quel qu'il ſoit (dit Charlemagne) c'eſt vn valeureux Guerrier. Toute l'Aſſemblée appreuua ſon dire: pendant que les deux fils d'Oliuier ſont reſo-
lus de faire le lendemain changer d'opinion à tout le monde.
Nous les laiſſerons auec ceſte enuie, & dirons ce que fit le Roy
de Circaſſie, aprés qu'il eut long temps côſideré les rares pour-
traits des Dames qui eſtoient repreſentées en la riche Tapiſſe-
rie du Prince de Rheze.

SACRI-
PANT.

Si toſt que la belle Amante de Cephale eut quitté la froide
couche de ſon vieil Titon, & qu'en ouurant les barrieres de
l'Orient, elle eut anoncé aux mortels qui viuent en noſtre He-
miſfere la venuë du Soleil, Sacripant, que les penſées amou-
reuſes faiſoient veiller, ſauta du lict reſolu de mettre dans peu
de temps en repos le Prince Moſcouite, afin de reuoir pluſtoſt
le bel Aſtre de ſon ame. Le Prince de Rheze, qui ne reſſentoit pas moins de paſſion pour la perte de ſa belle Clarimonde
que le cruel Geant luy detenoit injuſtement, fut auſſi toſt debout que l'amoureux d'Angelique, afin de le ſommer de ſa
promeſſe. Mais il n'eſtoit pas beſoin qu'il prit toute ceſte peine. Le Roy eſtoit deſia tout armé à la poincte du jour, & alloit
treuuer ce Prince que l'on nommoit Adraſte, pour prendre
congé de luy, & pour luy demander vn homme qui le conduiſt
au lieu où le cruel ſe tenoit. Adraſte voyant comme ce genereux Cheualier ſ'expoſoit ſi libremét en vn ſi grand peril, pour
l'amour de luy, le remercia de tout ſon cœur, & voulut luy meſme eſtre ſa guide, quoy que Sacripât ſ'efforçaſt de l'en deſtourner. Il n'eſt pas raiſonnable (diſoit il) Monſeigneur, que ie demeure au riuage, pendant que vous ſerés en pleine mer. Encores qu'il faille que vous ayés la peine de combattre tout ſeul le
Meſchant qui eſt cauſe de mon martyre, par ce que ie pourrois eſtre cognu ſi ie voulois entrer auec vous dans ſa fortereſſe, neantmoins ie vous accompagneray iuſques à la veuë de
ceſte

cefte place,& puis ie vous fuiuray de l'ame,que vous aués defia
toute acquife par voftre extreme courtoifie. Apres qu'ils eurent defieuné ils partirent de cefte forte place, & fe mirent en
chemin. Ils firent vne telle diligence, qu'ils fe rendirent en
moins de fix iours aux riuages de la Mer de la Tane. Les confins de Rheze n'en font gueres éloignés, & de ce cofté là l'on
void dans ces eaux vne roche qui f'éleue bien haut. Deffus eft
vne pleine affés capable,où il y a vn grand Chafteau le plus fort
qui foit en tout le refte de l'Vniuers : car d'vn cofté les ondes le
ceignent tout,& de l'autre cofté la roche,où l'on ne peut monter que par vn petit chemin que l'on a taillé à grande peine, le
rend inacceffible. Adrafte eftant encores en la derniere place
de fa Prouince le defcouurit & le monftra à Sacripant,qui foudain prit congé du Mofcouite, & marcha vers cefte fortereffe.
Quand il fut paruenu aux bords de ces paluds renommées, il
apperçeut vne petite barque, qui eftoit attachée au pied de la
roche. Il cria du riuage au Batelier, & fit figne afin qu'on le
vint prendre. Aprés auoir beaucoup crié, en fin quatre hommes bien armez délierent l'efquif,& à force des rames f'approcherent de la riue où Sacripant f'eftoit planté,& luy demanderent qu'eft ce qu'il demandoit. Ie veux parler (dit il) au Seigneur de cefte place,pour vne affaire qui le touche extremement. Il faut donques (repart l'vn de ces quatre) depouiller
premierement vos armes, & nous donner voftre efpée, autrement vous ne fçauriez entrer çeans. Lors que Sacripant apprit
cefte procedure,il en fut bié fafché : toutesfois il fit bonne mine,& parla à eux en ces termes : Puis que la couftume de laiffer ainfi les armes fe pratique parmy vous, je ferois bien marry
de la rompre. Approchés vous donques pour prendre mon
efpée, cependant j'ofteray mon cafque, & ma cuirace. Ce difant il mit pied à terre, & attacha fon cheual à vn arbre. Aprés
il prit fon efpée par la poincte & la tendit à ces hommes, qui la
prindrent, & voyans que ce Cheualier faifoit paroiftre vne
grande franchife,f'approcherent de plus prés. Mais le Roy qui
auoit l'œil fur eux, prit foudain fon temps, & fauta legerement
dans ce bafteau, & de premier abbord donna vn fi grand coup
de gantelet à l'vn de ces hommes qu'il luy froiffa la tefte com-

I

me vn œuf. Il empoigna encores l'espieu que cet homme portoit, & en perça de part en part vn autre. Il assomma le troisiéme, & fendit celuy qui restoit jusques aux dents, & puis reprit son espée qu'il remit au fourreau, & mit à sa main vn fort espieu. La Fortune luy fut fauorable, car personne ne vid quand il acheua ceste soudaine execution. La chaleur violente du iour auoit conuié pour lors chacun à se retirer à l'ombre: & ces hommes mesmes se reposoient dans vne petite Cabane, qu'ils auoient faicte au pied de la roche. Sacripant de qui le courage ne treuuoit rien d'inuincible, empoigna la rame, & se mit à voguer sur ces ondes Scythiques, & arriua dans peu de temps au bas du Rocher. Ayant attaché l'Esquif en son lieu ordinaire, il mit son Escu derriere le dos, & se mit à gaigner au petit pas le dessus de ceste Roche. Estant paruenu à la cime, il s'approcha de l'entrée du Chasteau, qui estoit fermée d'vne grande porte de fer, & de quatre gros verroux. Le Pont leuis estoit abbaissé, car on ne se doutoit nullement d'aucun. A coste du Pont estoit vne petite ramée, sous laquelle reposoit vn si espouuantable Geant, que son seul regard estoit capable de faire trembler le plus hardy Cheualier du monde. Il auoit le nés aussi grand & aussi plat qu'vne grosse escuelle, & portoit vn œil seulement au milieu de son front, qui estoit large pour le moins de deux pieds, & demy. Le Roy de Circassie le voyant endormy le poussa du bout de l'espieu, dedaignant de le frapper, & de le prendre en auantage. Le Monstre se reueillant en sursaut, parla en luy en ceste sorte : Qui est ce malheureux qui a osé interrompre mon sommeil? Mets les armes bas (chetiue Creature) afin que je te mene au lieu que nous destinons icy pour les temeraires. Geant (repart le Roy) si je n'estois accoustumé à combattre tes semblables, j'aurois autant de peur de tes menaces, que de la force de ton bras. I'ay apris à mespriser la vanité de tous ces discours. Ouure moy donques promptement par amour ceste porte, ou je seray contraint d'y entrer par force. Le Geant mugissant alors comme vn Thoreau, & escumant de rage comme vn Sanglier, se leua sans rien respondre, & ayant tiré son grand cimeterre, rua vn horrible reuers sur Sacripant. Ce Cheualier adroict s'il en fut iamais au monde, ainſi que vous pouués auoir leu en beaucoup de lieux de ceſte hiſtoire, & particulierement au combat qu'il eut contre la forte Marfiſe, au deuant d'Albraque, ſauta à quartier voyant venir le coup, & puis il deſchargea pareillement de ſon eſpée, qu'il auoit auſſi tirée, vn tel reuers qu'il couppa tout net les deux cuiſſes du Geant. Ce malheureux en tombant jetta vn ſi grand cry, qu'on l'entendit deux lieuës à la ronde. Le Roy non content de ce coup, luy en rua vn tel autre ſur le col, qu'il luy ſepara la teſte d'auec le corps, & la luy trencha comme vn ionc. Apres il ſe ſaiſit promptement des clefs, & ouurit la porte. Mais il ne fut pas pluſtoſt à la grande Court du Chaſteau, que cinquante hommes legerement armés, & dix Cheualiers, ſe jetterent ſur luy. Iamais vne Pucelle ne ſe treuua auec plus de joye en vn bal, ou en quelque beau parterre embelly de fleurs, que Sacripant parmy les eſpées, les lances, & les eſpieux. Il fendoit l'vn, & perçoit l'autre, & jamais il ne deſchargeoit coup, qu'il ne mit par terre vn de ceux qui l'aſſailloient. Comme il les eſcartoit de meſme que faiſt vn coup de Canon vn rang de Cauallerie, voila que le Geant Madaran, pere de Doriſebe arriue. Si toſt qu'il apperçeut ſes gens fuyr au deuant d'vn ſeul Cheualier vne telle rage le ſaiſit, qu'il ſe mit à faire ſentir ſon grand cimeterre à ſes gens meſmes, & en occit de premier abbord cinq ou ſix. Canaille (ce diſoit il) je vous pendray de ma main ſi toſt que j'auray ouuert l'eſtomac de ce malheureux, & donné ſon cœur à mes Chiens. Il n'eſt pas beſoin de vous reciter ſi tous les ſiens gaignerent au pied, ſi toſt qu'ils le virét en vne telle colere. Ils n'ignoroient pas ſa cruauté, ſi bien qu'ils ſ'allerent cacher, & le Geant demeura ſeul à la Court du Chaſteau auec le Roy de Circaſſie. Ie vous diray en l'autre Auenture le ſuccés de leur cruel combat.

Fin de la quatriéme Auenture.

ARGVMENT.

Sacripant apres auoir tiré de prison Clarimonde, poursuit la queste d'Angelique, & treuue vn Courrier qui luy apprend les nouuelles du Mariage de sa Maistresse, & luy monstre le pourtraict de Medor. Aprés beaucoup de plaintes & de lamentables regrets il se tue. Marsise, Roger, & Bradamante rencontrent dix Geants qu'ils combattent, & Bradamante s'esgare dans vn bois en poursuiuant l'vn de ces Geants. Par la deliurance de Clarimonde, & par la mort du Tyran qui la detenoit nous apprenons que la Iustice de Dieu accable en fin les Meschans, aprés que sa douceur les a long temps supportés, & prend en main la cause des justes. La mort de Sacripant nous represente les passions d'vne amour extreme, à qui ny conseil, ny raison ne seruent de rien.

AVENTVRE V.

EMONS de la douleur, genies effroyables ; ô malheureux Esprits, qui comme malencontreux Oiseaux allés chantant aux lieux sombres, & inhabités les tristes accidents, qui arriuent tous les jours aux Mortels, prestés moy vos plaintes lamétables, afin que ie puisse dignement descrire la funeste Auenture du plus loyal Amant que le Soleil verra jamais. O Lumiere du Monde que n'arrestes tu ta course en l'autre Hemisfere, pour n'auancer par la clairté que tu veux redonner, vn si sanglant desastre.

Le valeureux & infortuné Prince de Circassie ayant mis en fuitte les gens de Madaran, le Geant s'approchoit de luy, en blasfemant le Ciel, & les Elements, & en menaçant le Cheualier qui ne le crainct gueres. Ce cruel tenoit à la main gau-

che vne targue d'acier ſi grāde & ſi lourde, qu'a peine dix hommes euſſent peu la leuer de terre. A l'autre vn cimeterre conforme à ſa grandeur prodigieuſe. Eſt il bien poſſible (diſoit il
tout haut) qu'vne ſi chetiue Creature ait le courage de m'attendre. Ce diſant il ſe rua ſur le Cheualier, & luy deſchargea
vn ſi horrible reuers, que ſi Sacripant, qui eſtoit vn des plus
adroicts Guerriers de ſon ſiecle, ne ſe fut deſtourné, il eſtoit
ſans doute au plus grand danger qu'il fut jamais. Le coup alla donner à vn gros perron de marbre, où le coutelas entra plus
d'vn pied. Mais à l'heure meſme le Prince de Circaſſie luy tira vn fendant ſur le bras droict auec tant de force, que le bras
& le cimeterre cheurent à meſme temps ſur le paué. Le Geant
jetta à l'heure vn cry ſi horrible, qu'on l'entendit de ſix lieuës à
la ronde. Eſcumant de rage il leua ſon cimettere de l'autre
main, ayant laiſſé tomber premierement ſon Eſcu, & puis atteignit ſi rudement le Roy de Circaſſie, que ſi la fureur où il
eſtoit, ne luy euſt faict tourner l'eſpée à la main, il euſt mis en
deux pieces le Cheualier. Le coup fut pourtant ſi peſant, que
Sacripant chancela d'vn coſté & d'autre. Et comme le Geant
vouloit redoubler, ſa grande targue qu'il auoit jettée a terre, ſe
rencontra à ſes pieds, & le fit choir ſi rudement, que ſon grand
caſque ſe delaça, & ſa teſte ſe treuua deſarmée. A l'heure Sacripant prit ſon temps, & l'atteignit auec tant de violence qu'il
luy trencha la teſte. Comme il eut fait ceſte execution, il marcha vers de grands degrés de Porphyre, qui eſtoient à l'vn des
bouts de ceſte grāde court, afin de monter en haut, pour acheuer ſon entrepriſe, & pour deliurer la Princeſſe Clarimonde.
Mais comme il eſtoit preſt d'y monter, vne Geante, qui eſtoit à
vn verger tout proche, & qui auoit ouy le grand cry que jetta
le Geant, lors que Sacripant luy trencha le bras droict, arriue,
& treuuant ſon Mary priué de vie, commence à ſe plaindre ſi
furieuſement, & arrache auec tant de violence ſes blancs cheueux, que le Roy en auoit vne grande compaſſion. Il en eut
encores bien plus de pitié lors qu'il luy vid empoigner l'eſpée
de ſon Mary, & ſ'en donner promptement dans l'eſtomac, &
ſoudain rendre l'eſprit en mordant la terre de rage. Sacripant
courut incontinent vers elle, ſi toſt qu'il luy vid ſaiſir le cime-

tere, se doutant desia de sa cruelle resolution : mais le coup fut fait, auant qu'il eut moyen d'empescher son sanglant dessein. Cependant ceux qui estoient restés dans le Chasteau, se vindrent jetter aux pieds du Roy de Circassie, le suppliants de leur pardonner la faute qu'ils auoient commise, en l'assaillant. Ils luy remostroient que la peur qu'ils auoient du Geant, plustost que le desir de luy nuire les auoit forcés à l'attaquer. Que puis que le Geant & sa femme estoient morts, ils se soubmettoient à sa discretion, & luy offroient la place, pour en faire ce qu'il voudroit. Le Roy qui estoit d'vne douce nature, leur octroya le pardon qu'ils demandoient, & commanda soudain à quelques vns d'aller tirer de prison la Princesse Clarimonde, & à quelques autres d'aduertir en diligence le Prince de Rheze de ce qui s'estoit passé. On mit en execution son commandemant. La belle Princesse fut tirée de prison, & ayant appris la mort du Geant, & sçachant que le Cheualier à qui on la mena, estoit celuy qui l'auoit deliurée, elle se jetta à ses pieds pour les luy baiser. Mais le Roy la releua soudain, estonné d'vne si grande beauté. Tandis le Prince son Espoux arriua. Il nommoit Sacripant son Pere, son Seigneur, & son Dieu, & luy offroit la moitié de sa Prouince. Le Roy le remercia de sa bonne volonté, & par ce que desia la nuit s'approchoit, & que Sacripant auoit plus de besoin de repos, que de long discours, il fut logé en vne chambre bien parée, où la Princesse Clarimonde, auec son cher Espoux le desarmerent de leur main, & visiterent ses playes, qui estoient fort legeres. Aprés Sacripant enuoya chercher les principaux de la forteresse, qui jurerent fidelité au Prince de Rheze, à qui le Roy donna en pur don ceste place auec toutes les terres du Geant. Ie ne vous detiendray point au recit des complimens reciproques de ces Cheualiers, ny moins encores en celuy du contentement que receurent ces deux Amants, lors qu'ils eurent le bonheur de se reuoir, aprés tant de trauerses. Il faut que je poursuiue le fil de l'histoire des personnes pour qui je prens la peine d'escrire de si belles choses.

Vous sçaurés donques qu'aussi tost que l'Aube du jour portée dans son char doré, sema par l'Orizon ses rozes, & ses liz, &

que l'on vid disparoistre les Estoilles à la venuë de la courriere
du Soleil, Sacripant sauta du lict, demanda ses armes, & commanda qu'on sellast son Cheual. Le desir de treuuer Angelique le pressoit tellement, qu'il ne pouuoit treuuer de repos en
aucune place. Le Prince de Rheze , & son Espouse estoient
extrememēt faschés d'vn depart si soudain, & ils le tesmoignerent par vne infinité de larmes qu'ils respandirent quand il prit
congé d'eux. Sacripant chemina deux ou trois jours sans treuuer Auenture digne d'estre recitée, approchāt tousiours de son
riche Royaume de Circassie. Or aprés auoir marché toute vne
nuit à la clairté de la seur du Soleil, & la moitié du jour suiuant,
il arriua dans vn bois que la Nature auoit fait pour les delices
des passants. Vne eau luisante & claire couroit au trauers. Elle estoit toute enuironnée d'arbrisseaux, & de roziers sauuages,
qui rendoient vn ombrage delicieux. Le flot tremblottant
sembloit parler d'Amour, & le doux Zephyre qui estoit le jardinier de ce bocage, & des fleurettes qui naissoient parmy le
tapis verd de ces riues molles , arrozoit ce beau lieu de sa propre main, & entretenoit la fraischeur de ce Paradis par le souffle de son haleine douce. Or par ce que c'estoit en la saison
que les arbres prenēt vne robbe verde, & que l'air est eschauf-
fé des rayons du Soleil, qui pour lors estoit fort haut, le Roy de
Circassie lassé du trauail qu'il auoit pris en cheminant toute la
nuit precedēte, & la moitié de ce jour, mais plus encores tour-
menté de l'Amour, qui comme le Vautour de Promethée luy
rongeoit incessamment le cœur , voulut se reposer au frais de
ce riuage : & en effect il mit pied à terre, osta la bride à son cheual, qui recherche sa pasture, pendant que son Maistre se couche sur l'herbage. Ha! malheureux Cheualier que fais tu?
Fuy promptement ce lieu où tu te couches. Encores qu'il soit
delicieux: que l'herbe y fleurisse, que l'ombrage de feuilles y
soit agreable, & qu'vn vent mignard y mesle ses souspirs auec la
voix des petits oiseaux de diuers plumages : toutesfois tu dois
euiter ce lieu , & t'en destourner plus promptemēt que ne fait
vne craintiue Bergere d'vn cruel serpent , qu'elle descouure :
Si tu as du jugement, pauure chetif, n'entens tu pas desia les
presages que donnent de ta mort les choses mesmes insensi-

bles? Ce ruiſſeau qui murmure, pleure, & regrette la fin de ta
triſte & funeſte Auenture. Mais quoy? je parle à vne roche
ſourde. L'Archer qui eſt tout plein de malice t'a oſté l'ouye,
auſſi bien que les yeux. Sacripant ſ'y arreſta donques, n'ayant
en ſa penſée d'autre objeſt que celle qui bruſle ſon ame. Il en
fait mille & mille diſcours en ſon entendement, & benit l'an,
le mois, le jour, l'heure, & le moment qu'il vid ceſte Angelique
beauté. Le malheureux eſt encores ſi tranſporté, & ſi priué de
jugement en ſes amours qu'il ſ'imagine que ſon tourment ſur-
paſſe tout autre plaiſir, & qu'il luy tient lieu de recompenſe.
Cependant comme il entaſſe penſers deſſus penſers, & qu'il
forge dans ſon cerueau mille monſtres, & mille Chimeres, vn
bruiſt remplit ſes oreilles, comme de quelque perſonne qui
vient au lieu où il eſt couché. Il leue ſoudain la teſte, & apper-
çoit vn Courrier, qui pour paſſer la violente chaleur du jour,
auoit reſolu de ſe repoſer à la freſcheur de cet ombrage. Sacripant l'appelle, & l'inuite à ſ'approcher du lieu où il eſtoit aſſis, & le Courrier vient vers vn ſi courtois Cheualier, & atta-
che premierement ſon cheual au pied d'vn arbriſſeau. Aprés
ſ'eſtre entreſalués, Sacripant ſ'enquiert de luy d'où eſt ce qu'il
vient, & où eſt ce qu'il va. Le Courrier qui conſidere le Roy
de Circaſſie, & qui à ſa bonne mine, & à ſes belles armes juge
ſoudain qu'il eſt quelque grand Seigneur, & quelque excellent Cheualier, luy reſpond en ces termes: Ie ſuis (dit il) vn
Courrier d'Angelique. C'eſt vne Princeſſe que le Ciel meſmes admire. Elle ſert de iour au monde, & ſon œil gracieux re-
cele tous les traiſts dont Amour bleſſe toutes les ames gene-
reuſes. C'eſt elle meſme qui m'enuoye en diuerſes Prouinces,
afin que i'anonce aux Roys & aux peuples eſtranges ſon nouueau contentement. Ie publie par tout où ie paſſe qu'vn nouueau Cupidon, vn petit Dieu d'Amour l'embraze de ſes rares
beautés, & qu'elle ſ'eſtime la plus heureuſe des Mortelles, puis
qu'elle a choiſi pour ſon Eſpoux celuy qui doit eſtre adoré de
tout le monde. Mais voyés ie vous prie, ſon pourtrait, &
vous treuuerés que ce que ie vous dis eſt veritable. Rendez
luy de l'honneur: car c'eſt vne choſe Diuine. Ceſte image eſt
tirée de la propre main de l'Amour.

Le Cour-

Le Courrier en proferant ces paroles tira de son sein vn vé-
lin qu'il déplia. La dedans l'on voyoit la belle pourtraitture
du bien heureux Medor. O Dieux que de beautés luysoient
sur son visage! Que d'appas, que de charmes, & que de flambeaux ardents! Que de liz, que d'œuillets, & que de rozes vermeilles! O Dieux! que de graces amoureuses, que d'agrea-
bles morts, que de douceurs & que d'audaces! L'œil y demeu-
roit perdu, & l'ame y restoit confuse. Si tost que le pauure Sacripant y eut jetté les regars, ses yeux se couurirent d'vne nuée
obscure. Vne sueur froide courut par tous ses membres. Et il
perdit l'vsage de la veuë, & de l'ouye. Son cœur tout enflé de
rage vouloit sortir hors de son estomac. Ses jouës estoient
peintes de la couleur du trespas, sa bouche estoit toute pleine
de fiel & d'amertume, & son ame qui se treuuoit oppressée de
trop d'angoisse, fit que son corps tomba sans mouuement sur
l'herbe. Le Courrier tout estonné de cet estrange accident,
consideroit en larmoyant ce triste spectacle, & arrosoit auec de
l'eau la face de ce Cheualier pour luy faire reprédre ses Esprits,
quand Sacripant tirant vn ardent sanglot leua les yeux vers le
Ciel, & puis se mit à verser de ses prunelles de grosses riuieres,
& à tirer de son sein qui haletoit sans cesse de grands flots de
souspirs qui vouloient sortir tout à coup. Il reprit pourtant le
pourtrait, & tout transporté se mit à le contempler long temps
sans dire mot, en pleurant tousiours, & retenant l'ennuy qui le
tuoit. *Va mon amy,* (dit il en fin) *va, & anonce par tout le
monde les amours nouuelles de ta belle Maistresse. Mais à
ton retour, conte luy je te prie pour nouuelle qui ne luy peut
estre qu'agreable, la mort de Sacripant. Dy luy qu'il est descendu aux Enfers pour se plaindre à Pluton de sa legereté, &
de mon amour qui a esté si mal recompensée.* Ayant proferé ces
paroles, il se leua, & en courant, & souspirant entra dans le plus
espaix du bois, là où par ses cris il maudit mille fois les Astres
complices de son malheur. Les rochers émeus de ses regrets,
se fendoient par le milieu, & les petis oiseaux, touchés de sa
douleur, demeuroient tous muets sur les branches des arbres.
Le Messager tout raui d'vne telle merueille le suiuit autant

K

qu'il peut de l'œil, & de l'oreille. Il eſtoit deſireux d'en voir
l'iſſuë, ſi bien que ſ'eſtant approché du lieu où cet infortuné
Prince de Circaſſie ſ'eſtoit arreſté pour laſcher la bonde à ſa
douleur, il ſe cacha dans vn lieu eſpaix, d'où il peut entendre
toutes ſes plaintes,& conſiderer ſa contenâce. Helas! ſa contenance eſtoit ſi triſte,& ſi pitoyable à voir,qu'elle euſt eſté capable de faire pleurer les Tygres, & d'eſmouuoir les Enfers
meſmes à la compaſſion. S'eſtant couché au pied d'vn Cyprés
ſauuage,il ſ'abandóna à ſes triſtes penſées. Mille paſſions contraires, & qui ſe ſuiuoient les vnes les autres, comme font les
flots de la Mer, agiterent ſoudain ſon ame deſeſperée. Le
courroux,la douleur,la rage & la pitié: la haine fondée ſur vne
grande offenſe, & l'amitié veritable luy font la guerre, & ſ'ef-
forcent de ſe dóner la chaſſe. Son ame reſſemble proprement
à vn vieil Cheſne agité rudement, par deux vents contraires.
L'air reſonne des grandes ſecouſſes qu'ils luy donnent. L'vn
le pouſſe de ça,& l'autre de là,& l'on diroit à les voir qu'il y diſ-
putent l'honneur de le faire tomber. Mais durant que ſes penſers luy liurent vne ſi fiere bataille, Sacripant qui eſt à la renuerſe, commence à proferer ces douces, & ces pitoyables paroles:

Helas! qui eſt ce qui pourra conſeiller mon ame oppreſſée
de tant d'ennuis? Ne dois-je pas pour venger le tort qu'on
fait à mon amour, aller non ſeulement en Cathay: mais enco-
res juſques au lieu,où le Soleil ne deſcouure jamais les rayons de
ſon œil,afin de treuuer l'Ennemy,qui eſt le ſubjeſt de ma perte?
Dois-je pas luy aller fendre l'eſtomac, pour m'abbreuuer de
ſon ſang, & pour manger ſon cœur, indigne de loger la belle
Angelique? Faut il pas que je monſtre par quelque teſmoi-
gnage euident,combien la jalouſie eſt pleine de rage? Mais he-
las! que diſſe? & où ſuis je? Voudrois-je bien offenſer la Di-
uine beauté,qui aprés tant de rigueurs,& aprés tant d'outra-
ges,me detient encores ſous ſon obeïſſance? O Dieux pardon-
nés moy ſ'il vous plaiſt d'vn ſi grand crime. Je ſuis aſſeuré

qu'elle n'eſt point coulpable de mon malheur. Ie ne doute point
qu'elle n'ait pluſieurs fois fouſpiré de mon infortune. Ie ſçay
qu'elle a du regret d'auoir fauſſé ſon amour. Mais quoy! c'eſt
le Deſtin qui l'a forcée contre moy, & qui luy a fait choiſir ce
nouuel Amoureux. Et qui eſt ce qui peut reſiſter aux Deſti-
nées peruerſes, & rigoureuſes? Vy dóques en doux repos, ô ma
belle Deſſe. Que jamais ton Medor ne te change pour vne
autre. Ayés touſiours vn meſme cœur, vne meſme foy, & vne
meſme volonté, & que tout le malheur puiſſe tomber ſur mon
chef. Deſia le flambeau du iour eſtoit preſt de ſe ietter dans
le giron de ſon ancienne nourrice, lors que l'Amant commença de plus en plus à renouueller ſes ſanglots. Vne ſource eternelle couloit de ſes yeux, & quiconque l'eut veu en ceſte
action, eut jugé qu'il auoit enuie de noyer par ſes larmes, ſa
vie & ſes malheurs. Il tenoit les bras croiſés, & tout tranſi il regardoit le Soleil, qui de pitié s'eſtoit arreſté en ſa courſe. En fin
éleuant encores les yeux au Ciel, le miſerable Sacripant dit
tout haut ces dernieres paroles: *Oiſeaux qui voletés par ces
lieux deſerts, & ſauuages: Eaux, Cheſnes, & Buiſſons, mes
triſtes & mes fideles ſecretaires, apprenés maintenant la fin de
ma triſte Auenture, & puis perdés le ſouuenir de mes actions.
Vents retenés vn peu vos haleines. Faites que ma voix ne ſoit
point eſpandue qu'en ce bois. Et toy Soleil luiſant arreſte je te
prie, pour vn moment, ta courſe, & aſſiſte à la fin de mes jours
malheureux. Ce ſera bien toſt fait. Ie veux en peu de temps
mettre fin à mon malheur, & à ma vie infortunée. Et toy
Deſtin cruel, & impitoyable qui m'as touſiours pourſuiui
comme vn fier & cruel Aduerſaire, ſois au moins aſſouuy de
ma mort, & de mon ſang que je tire de ce corps, pour appaiſer ton courroux.* Ce diſant il ſe leua tout en fureur, & ſe ſaiſit
d'vn poignard qu'il portoit à ſon coſté. Il le baiſa en ſouſpi-
rant, & puis d'vne violence extreme il le pouſſa dans le creux

de ſon eſtomac, & le planta iuſques aux gardes : & à meſme temps le retira tout rouge, & tout chaud. Aprés il ſe laiſſa tomber à la renuerſe, leuant touſiours les yeux au Ciel. Le ſang commençea incontinẽt à reiaillir en haut, de meſme que l'eau d'vne fontaine, lors qu'elle ſort en bruyant par le petit pertuis d'vn grãd tuyau. Le Courrier court à luy, & treuue qu'il ſanglotte, que ſes yeux ſont mourans, & que ſon ame nage ſur vne mer de ſang, qui ne peut eſtre eſtanché. Le Roy de Circaſſie le recognoiſt, & auec vne voix baſſe luy tient ce diſcours : *Raconte comme tu m'as veu* : Et voulant acheuer ce qu'il vouloit dire, ſoudain il ietta en l'air auec vn ſanglot, ſon Eſprit. La Nuit eſtendoit deſia par tout ſon noir manteau, & deſia le ſilence donnoit de l'effroy en ce lieu ſolitaire. C'eſt pourquoy le Courrier, qui eſtoit tout effrayé de cet accident, & qui n'auoit pas reſolu de demeurer toute la nuit en ceſte crainte auprés de ce corps mort, mõta en pleurãt ſur ſon cheual. Il a le cœur tout ſerré d'angoiſſe, & doute ſi ce qu'il a veu, eſt vn ſonge, ou vne choſe veritable. Et il luy tarde fort qu'il ne treuue bien toſt où loger, afin qu'il puiſſe reciter ceſte triſte Auenture, & par ce moyen alleger ſon Eſprit. Mais il eut bien toſt ce qu'il deſiroit. Il vid paroiſtre au croiſſant de la Lune qui ſe leuoit, vn riche Palais aſſis au pied d'vn coſtau. Il piqua ſon cheual, & arriua à la porte de ceſte fortereſſe, à l'inſtant meſme qu'vn Seigneur de marque, maiſtre du Logis, y deſcédoit. Il venoit de la chaſſe, & comme il eſtoit preſt de ſe mettre à table pour ſoupper, vn des ſiens luy vint dire qu'vn Courrier demandoit à loger. Ce Seigneur curieux d'apprẽdre des nouuelles, commanda qu'on le fiſt entrer. Si toſt que ce Cheualier le vid, il luy demanda à qui il eſtoit, & où il alloit. Et le Courrier luy fit ceſte reſponſe : Mon Seigneur, ſi tous ceux à qui ie dis le ſubject de mon Meſſage, en reçeuoient le malheur qui eſt auiourd'huy arriué à vn des plus grands Princes du Monde, ie ſerois le plus malheureux Meſſager qui ſera iamais, & plus dãgereux à ceux qui meſcouteroient qu'vne Syreine. I'ay vn ſi grand regret de la perte que le Monde vient de reçeuoir, que ie voudrois m'eſtre rompu le col, lors que ie quittay les murailles d'Albraque. Le Courrier pourſuiuant ſon diſcours, conta le ſuccés de la pi-

royable Auenture que nous venons d'escrire, & alors le Cheualier qui l'escoutoit reçeut vn si grand deplaisir oyant ceste
nouuelle, qu'il en pensa perdre la vie. Les pleurs, & les cris furent incontinent semés par tout ce Palais, & principalement
vne honorable Dame, & deux ieunes Princesses se faisoient
entendre. Elles arrachoient leurs cheueux, & respâdoient sur
leur sein d'yuoire vne source de larmes. Vous deuez sçauoir
que c'estoit le Prince de Mezie, & que ceste Dame plus aagée
estoit son Espouse, & Tante de Sacripant, & les deux ieunes ses
cousines germaines. Soudain ce Prince monta à cheual, accompagné d'vne bonne trouppe de Cheualiers, & de ses deux
filles mesme, leur Mere n'ayât peu sortir, pour l'angoisse qu'elle auoit ressentie à ceste dure nouuelle, qui l'auoit renduë presques sans mouuement. Le Courrier mena ce Prince vers le
lieu deplorable. On portoit vne si grande quantité de flambeaux, qu'on y voyoit tout à l'entour, comme en plein iour. Si
tost qu'ils furent arriuez à la place sanglante, ces deux ieunes
Princesses auec des cris & des plaintes capables d'amollir les
marbres, se ietterent sur le corps de leur cousin. L'vne arrosoit
sa playe auec de l'eau du prochain ruisseau, & essuyoit son
sang. L'autre le tenoit couché sur son giron, & luy fermoit
doucement les paupieres, pendât qu'vne de leurs Damoiselles
cueilloit des fleurs, qu'elle semoit aprés sur ce corps, maudissant la rigueur de celle qui auoit priué la terre d'vne telle Valeur. O Ciel (dit alors tout haut l'vne de ses Cousines en s'a-
genouillant) qui iuges droictement, & qui d'vn œil d'equité
regardes les actions des Mortels, voy le sang de ce pauure Mar-
tyr qui implore ta vengeance, & puni ceste outrecuidée, &
ingrate Angelique, qui ne croid pas que tu voyes d'enhaut,
ce qui se fait en terre. Fay qu'elle reçoiue vne digne peine, &
vn iuste supplice, & qu'vn regret perpetuel d'auoir fait mourir
vn si fidele Amant, la deuore sans cesse. Si tu ne le fais, les Humains diront à bon droict que c'est inutilement que tu tiens
en tes mains le foudre, & que n'ayant point de soing des Mortels, c'est en vain que les Hommes te craignent. A peine eut
elle acheué ceste priere, qu'on vid vn grand esclair reluire du
costé de l'Orient, si bien que tous les Assistans iugerent que.

K iij

l'oraifon auoit efté exaucée. Cependant le Prince de Myfie fit emporter le corps dans fon Chafteau. On l'embaume, & puis on le porta en Circaffie au fepulchre de fes Predeceffeurs, où il repofe. C'eft la fin pitoyable du valeureux, & fidele Sacripant. Le bon Turpin, qui viuoit en fon fiecle l'a ainfi efcrite, à la honte d'vn Efcriuain menteur & ridicule, qui a voulu dire que Roger le tua. Mais cela eft auffi veritable, comme le conte de ce fot & impudét Poëte des Efpiciers & des Fruictieres d'Efpagne, qui fait tuer Roland, par vn bouffon du Roy Marfille, nommé Bernard de Carpi, ou de la Carpe. Nous en parlerons en temps & lieu, & dirons ce qui arriua à Roger, & aux deux Guerrieres en la quefte de Leon.

ROGER.

    Roger qui fuiuoit Leon à la trace, faifoit aller fon Frontin le plus legerement qu'il pouuoit. Or aprés plufieurs rencontres que le bon Turpin n'a point efcrites, il f'efgara vn iour dans vne grande foreft, où la nuit le furprit. Il fut côtraint de mettre pied à terre, & de fe coucher au pied d'vn Sapin, & de faire vn oreiller de fon cafque, aprés y auoir mis deffus fa cotte d'armes. Mais il n'eut gueres loifir de fommeiller, car vn peu auât la minuit il entendit de tous coftés la foreft rezonner de cris, & de hurlemens eftranges. Le valeureux Cheualier craignant d'eftre affailli à l'impourueuë, remit foudain fon armet en tefte, & fe tint tout preft pour fe defendre, fi quelcun le venoit affaillir. Ces hurlemens durerent prefques jufques au poinct du iour, au grand eftonnement de ce Cheualier, qui fe recommandoit à Dieu, croyant que ce fuffent des Efprits qui fiffent leur demeure dans cefte foreft. Quand l'Amante de Cephale commença d'ouurir les portes du Palais du Soleil, le bon Roger mit la bride à Frontin, monta deffus afin de pourfuiure fa quefte. Il n'eut gueres cheminé qu'vne rumeur, & vn bruit comme d'vn grâd fracas paruint à fon ouye. Il tendit les oreilles, & jetta les yeux du cofté que procedoit cet horrible fon, & apperçeut vn homme monftrueux, qui tenoit d'vne main vn Lion qu'il auoit pris, & qu'il emportoit en courant, peut eftre pour le deuorer. Si toft que ce Monftre defcouurit Roger il jetta le Lion fi rudemét contre le tronc d'vn vieil Chefne, qu'il luy efcraza toute la tefte. Aprés ce grand homme fauuage qui

auoit prés de demy aulne de front,& autant de nés,& qui eſtoit
tout velu, & noir comme vn Diable,courut côtre Roger auec
vn baſton, ſi gros qu'à peine dix hommes l'euſſent leuë de terre,afin d'enuoyer biē toſt le Cheualier au royaume des Morts.
Roger voyant venir vn ſi dangereux Monſtre, fit faire vn ſaut
à quartier au bon Frontin, qui ſe tournoit comme vne rouë, &
en paſſant deſchargea vn ſi furieux reuers ſur l'vn des bras du
Geant qui eſtoit deſarmé,qu'il le luy couppa tout net. Il jetta
vn cry ſi horrible, que tous les arbres de la foreſt en trèblerent.
Comme le Monſtre ſe vouloit lancer ſur Roger, le Cheualier
ſe tira encores legerement à coſté, & neantmoins il atteignit
auec tant de violence ce Monſtre au ſommet de la teſte, qu'il
la luy fendit iuſques aux dents. A peine eut il cheminé deux
ou trois cens pas qu'il entendit encores vn bruit qui procedoit
des arbres voiſins : & à meſme inſtant il apperçeut deux Cheualiers qu'il recognut incontinent à leurs armes. C'eſtoient la
forte Marfiſe ſa ſeur, & la valeureuſe Bradamante ſon Eſpouſe,qui auoient fait vne telle diligēce, en le ſuiuant,qu'elles entrerent preſques auſſi toſt que luy dans ceſte meſme foreſt, où
elles auoient paſſé la nuit auec non moins d'apprehenſion que
Roger,pour les hurlements qu'elles y auoient ouys. Les deux
Guerrieres le recognurent pareillement,& jetterent vn cry de
lieſſe. Ce n'eſtoient qu'embraſſemens & que baiſers reciproques, & que plaintes de Bradamante, quand le bois qui les en-
uironnoit vint à retentir auec tant de rumeur, qu'il n'y auoit
arbre qui ne craquaſt iuſques au profond de ſa racine. La Terre meſme trembloit tellement ſous leurs pieds, que Roger &
les deux Guerrieres furent contraints de mettre pied à terre,&
d'attacher leurs Cheuaux, qui eſtoient tous effarouchés, &
principalemēt Rabican,qui taſchoit à gaigner au pied. Comme ils eſcoutoient le bruit qui renforçoit,dix grands & deme-
ſurés Geants parurēt à eux. Ils eſtoient tous nuds, & tous velus,& ne portoient qu'vn œil au milieu d'vn front hideux, &
eſpouuantable. Ils tenoient en leurs mains de gros troncs de
cheſnes,ou de heſtres. Si toſt que le Cheualier,& les deux valeureuſes Princeſſes virent ces Monſtres, ils s'appreſterent ainſi,à pied qu'ils eſtoient,de ſe defendre:car ils ne voulurēt point

remôter fur leurs cheuaux de peur de les perdre. Roger ayant exhorté les deux Guerrieres de bien faire, s'alla ietter fur eux l'efpée à la main: & Marfife, & Bradamante fe meurent auſſi, & fembloiêt en leur viſteſſe vne flefche decochée. Marfife d'vn reuers atteignit vn de ces Môſtres par le faux du corps, & le partit par le milieu. Roger en fêdit vn autre iufques à la ceinture, & la braue Bradamâte fit voler la teſte d'vn autre. Il y auoit vn de ces Geants, lequel eſtoit plus cruel, & plus dâgereux que les autres. Ce Monſtre prit fon gros tronc à deux main, & penſoit en aſſommer Roger. Le ieune Cheualier efquiua, & à mefme temps tira vne fi rude eſtocade à ce Geant, que le Dieu Mars n'euſt pas fait vn plus beau coup. Il luy planta l'efpée iufques aux gardes, & en la retirant, le Monſtre vomit fa vie, auec fon fang. Mais que dirons nous de la valeureufe Bradamante qui auoit Balizarde. La Guerriere defchargea vn fi efpouuantable coup fur vne efpaule de l'vn de ces Geants, que l'efpée le couppa tout de trauers, de forte qu'on luy voyoit le foye & toutes les coſtes. Toutesfois à mefme temps vn de ces Monſtres atteignit par derriere la Dame de Dordonne fi fierement fur la creſte de fon armet, qu'il la renuerfa à terre toute eſtourdie. Le fang luy fortoit par le nés & par la bouche. Roger qui auoit toufiours les yeux fur fon Efpouſe, ayant veu cet horrible coup, courut promptement vers le Geant, de peur qu'il ne laiſſaſt encores tomber fa lourde maſſe fur Bradamâte, & tout trâfporté de rage & de fureur, atteignit de fi droiḋ fil le Geant, qu'il luy trencha les deux cuiſſes. Cependâṫ les autres Geants eſtoient tous à l'entour de Marfife, & elle par fon addreſſe, & par le trenchant de fa bonne efpée, dont elle faifoit le moulinet, les gardoit bien d'approcher. Qui a veu quelque fois vn Ours enuironné dans vne foreſt de plufieurs Chiens. L'vn l'aſſaut d'vn coſté, & l'autre de l'autre, pendant que la beſte genereuſe en defchire toufiours quelcun. Il faut imaginer que la vaillante Marfife eſtoit de mefme parmy ces cruels Geans. La fureur la faifit, & elle en atteignit vn qui eſtoit armé d'vne peau de Lion, & ceſte armeure ne luy profita de rien : car il luy ôuurit l'eſtomac auſſi facilement que de la paſte. Cependant Roger, & Bradamâte qui s'eſtoit releuée toute en colere,

vin-

vindrent fecourir Marfife, & à leur arriuée acheuent tout le
refte, horfmis vn qui fe mit à fuyr. Bradamante qui eftoit encores embrafée de courroux, courut foudain à Rabican, le dé-
lia, & puis fauta legerement deffus, & pourfuiuit ce cruel, qui
en fuyant renuerfoit les gros chefnes, & les gros ormeaux.
Quoy que le Monftre courut auffi vifte, que vole vne flefche
decochée de la main d'vn puiffant Archer: toutesfois Rabican qui deuance les Vents à la courfe, l'attrappa en fin, comme
il vouloit gaigner vne grâde cauerne. Se voyant preffé il voulut faire ferme; mais de premier abbord Bradamante luy fit
voler le bras droiϛt, & puis luy paffa cent, & cent fois Balifar-
de au trauers du corps. Mais puis aprés comme elle voulut retourner vers fes Compagnons, elle ne fçeut jamais treuuer le
Chemin: au contraire aprés auoir beaucoup tournoyé, tant
d'vn cofté que d'autre, elle fe treuua hors de la foreft, fi fafchée
qu'elle euft voulu eftre morte. Roger, & Marfife la cherche-
rent de tous coftés, & jamais ils ne peurent en apprendre aucu-
nes nouuelles. Quand ils eurent bien crié, & bien cherché,
defefperés de la treuuer, ils reprindrent leur chemin, en demandant par tout nouuelles de Bradamante, & en fin vne Damoifelle leur dit qu'elle auoit rencontré à vne fontaine qui
eftoit à quelques dix ou douze lieuës du lieu où ils eftoient, vn
Cheualier le plus beau qu'elle eut iamais veu, lequel montoit
fur vn Cheual noir comme du charbon. Roger, & Marfife furent extrememement aifes de cefte nouuelle: car ils apprindrent
que c'eftoit Bradamante. Cependant ils f'informerent de cefte Damoifelle des nouuelles du Pays, & elle leur dit qu'on n'y
parloit que d'vn Cheualier qui portoit deux Aigles peintes à
fon Efcu. Que par tout où il paffoit, il y laiffoit tant de marques de valeur, que le foudre n'en laiffe pas dauantage de fa
violence, aux lieux où il tombe. Roger qui fe douta incontinent que c'eftoit Leon, demanda encores à cefte Damoifelle,
fi ce Cheualier qu'elle loüoit tant, marchoit tout feul. Il eft
accompagné (refpond elle) d'vn vieil Cheualier, & d'vne vieille Dame, & d'vne autre Damoifelle, & de quelques Efcuyers.
Vrayment (dit Roger) je voudrois bien treuuer ce Cheualier
dont vous me parlés. Le defir de le rencontrer m'a fait quit-

L

ter les chofes que j'ay plus cheres au monde. A peine le treuuerés vous de plufieurs iours : car il chemine auec vne extreme diligence, & ne s'arrefte gueres, fi ce n'eft par force. Ie le
vis dernierement attaché au combat auec vn des plus valeureux Cheualiers du Monde, qui gardoit vn Pont. Ce Cheualier n'auoit treuué durant quinze jours aucun Guerrier à qui
il n'euft fait vuider les arçons, & pendu fon Efcu, & fon Nom,
aux branches de deux Pins, plantés au bout du Pont, fous lefquels le Pauillon de ce Cheualier, & celuy de fa Maiftreffe
eftoient tendus. Et en effect il abbattit en la prefence du Cheualier que vous cherchés, quatre renommés Guerriers de la
grande Bretagne, qui eftoient partis depuis peu de iours de la
Court de l'Empereur des Romains. L'vn eftoit le Duc de Ma-
re, qui portoit en fon Efcu vn Leopard en trauail. L'autre
eftoit le Comte d'Erelie, qui auoit pour armes vn flambeau en
champ de gueules. Le troifiéme eftoit le Comte de Childe-
re. Il auoit pour deuife vn Pin ardent. Et le quatriéme qui
eftoit Arjodant Duc d'Albanie, & Mary de la belle Geneure,
portoit à fon Efcu des armes efcarrelées de blanc, & d'azur.
Le Cheualier aux deux Aigles ne fut pas abbattu en la mefme
forte que les autres furent portés à terre : car il fit auffi vuider
les arçons à ce valeureux Guerrier,& puis luy donna tant d'affaires à l'efpée, qu'il luy fit auouër qu'il auoit treuué fon pareil.
En fin la belle Maiftreffe de celuy qui gardoit le Pont les fepara,& ils fe treuuerent coufins germains : car le Cheualier aux
deux Aigles eft fils de l'Empereur de Grece, & l'autre du bon
Duc de Lorraine, qui a efpoufé vne feur de la mere de Leon.
Roger reçeuoit vn extreme contentement, pour les loüanges
que l'on donnoit à fon cher Amy,& voyant que le Soleil eftoit
preft de fe coucher, & que cefte Damoifelle les conuioit de
venir loger au Chafteau de fon Pere, qu'ils voyoient tout proche,luy & Marfife accepterent l'inuit. Vous fçaurés en l'autre
Chant comme ils y furent traittés.

Fin de la cinquiéme Auenture.

A R G V M E N T.

Ferragus apres auoir fait des proüeſſes incomparables dans
le Chaſteau du Magicien Aronce, ſe treuue pris dans des fi-
lets d'acier. Le ſecond Tournoy ſe fait à la plaine de Vaugi-
rard, pour raiſon de l'Eſcu d'or, & le Roy de Noruegue gai-
gne l'honneur de ceſte iouſte. Leon par ſon extreme valeur de-
liure Tiſbine, auec pluſieurs autres Dames qu'vn Monſtre
rauiſſoit. Ceſte Auenture nous repreſente de tous coſtés la va-
leur, l'ambition, l'enuie, & la gloire, de ceux qui veulent pa-
roiſtre au deſſus des autres : & la punition des Meſchants,
qui eſt infaillible, quoy qu'elle ſoit bien ſouuent tardiue.

A V E N T V R E   VI.

E S Aſtres du firmament ne luiſant pas auec tant
de clairté, lors que la Nuit couure la Terre de ſes
ombres. La Lune argentée n'a pas tant de lumiere, quand elle fait flamboyer les ondes glacées :
ny le Soleil meſme n'eſt point ſi radieux, alors
que le Ciel eſt ſans nuage : comme voſtre merite, & vos perfections, de qui la ſplendeur eſteint toutes les clairtés des cele-
ſtes flambeaux, & luiſt par tous les lieux où vous daignés eſpá-
dre vos rayons. C'eſt donques à vous que j'ay recours (ô grande & Diuine M A R I E) pendant que les Vents enflent les voiles de mon Nauire, & que mille brouillas menaçent de le perdre parmy tant d'eſcueils que ie rencontre. Pourueu que voſtre œil me ſoit fauorable j'acheueray la belle Hiſtoire que i'eſ-
cris, ſans craindre les flots d'vne Mer, que les tempeſtes de
l'Enuie agitent inceſſamment.

Roger, & Marfiſe ne treuuans point Bradamante qui ſ'égara dans vn bois, lors qu'elle pourſuiuoit vn des cruels Geants,

qui leur donnerent tant de peine, fuiuirent la Damoifelle iufques au Chafteau de fon Pere, où ce Gentilhomme les traitta
le plus dignement qu'il peut, ainfi qu'il faifoit ordinairement
tous les Cheualiers errants que la Fortune amenoit en ce lieu.
Si toft que le Soleil commençea de iaunir la cime des montagnes, & qu'il mit en fuitte les Eftoilles, le valeureux Roger, &
la forte Marfife demanderent leurs armes, & ayant pris congé
de leur bon hofte, fe remirent en leur quefte. Ils cheminerent
longuement, auant que pouuoir treuuer Leon, ny Bradamante. Cependant ils mirent à fin plufieurs hautes Auentures, qui
font inferées aux Chroniques de leurs faits, que l'Archeuef-
que Turpin a exactement efcrites. Vous prendrés la peine de
les lire. Tant de toiles que i'ay à ourdir, me forcent de vous dire feulement, qu'aprés auoir femé de leur valeur toute la Prouince que la Meufe, & le Rhin lauent, ils fe treuuerent vn iour
fur vn coftau tout couuert de rozes. Vne petite fource auffi
claire qu'vn criftal paffoit au trauers, & conuioit tous les paf-
fans à f'y rafrefchir. A peine cefte braue race de Mars, vouloit
mettre pied à terre, pour y lauer les mains, & le vifage, qu'ils virent venir deux Guerriers de bonne mine, & de contenance
fuperbe. Ils accompagnoient vne belle & gracieufe Dame, &
eftoient fuiuis d'vne trouppe de Damoifelles & d'Efcuyers.
Soudain que Marfife les defcouurit, & qu'elle jugea qu'ils
eftoient dignes de fon bois, elle empoigna vne forte lance, &
deffia à la ioufte ces Cheualiers. L'vn d'eux acceptant le deffi,
mit en l'arreft vne groffe lance, croyant de faire bien toft vuider les arçons, à celle qui penfe tout le contraire. Vous fçaurés
vne autrefois le fucces de ce combat. Ie veux reprédre le vaillant fils de Lanfafe, que ie laiffay auec la Damoifelle de Fleur-
d'efpine, au pied de la roche, où la forterefse merueilleufe eft
affife.

Ferragus ayant laçé fon cafque, & mis fon Efcu derriere le
dos, monta par vn petit fentier, qui conduifoit à la porte de ce
Chafteau lumineux. Leucadie le fuiuoit en affeurance, eftant
accompagnée d'vn fi fameux Cheualier. Quand ils furent par-
uenus au plus haut de la roche, ils treuuerent vne petite plaine
au milieu de laquelle eftoit pofée la Forterefse, dont les mu-

railles reluifoient comme le Soleil. Il y auoit vne grande porte toute ouuerte, & fans gardes, ce qui eftonna Ferragus. Il
marcha pourtât vers cefte porte : mais comme il en eftoit proche de quelques trente pas, vn horrible & efpouuâtable Monftre fortit de la bouche d'vne cauerne, voifine de cefte porte.
Ce prodige auoit la face, le vifage, les mains, & les pieds tous
couuerts de poil comme vn Ours. Le refte de fon corps eftoit
rempli d'efcailles dures, & fortes. Ses mains, & fes pieds
auoient des ongles pareilles à celles d'vn Lion. Il iettoit par les
narines, & par la bouche flamme, & fumée noire & efpoiffe.
La pauure Leucadie tomba pafmée, incontinent qu'elle vid
cet animal monftrueux. Le Prince mefme de Caftille qui ne
ceda iamais en courage à Cheualier du Monde, en eut de la
peur, quoy qu'il dit puis aprés le côtraire. Neantmoins fe fiant
à fa valeur accouftumée, il mit la main à l'efpée, & feftant couuert de fon Efcu, f'oppofa au Monftre, qui de premier abbord
fe lança auec tant de furie fur luy, qu'il luy arracha l'Efcu, & le
mit en mille pieces. Ferragus fe voyant en vn fi grand danger,
luy tira vn Eftocade droit dans l'vn de fes yeux, & le luy creua.
L'Animal ietta vn cry qui fit trembler toute la Montagne, & fe
lançeant de rage fur Ferragus, empoigna de fa griffe le cafque
d'Almont, qu'il ne peut entamer, neantmoins le Prince de Caftille fut conti. iint d'aller à terre, tant cefte fecouffe fut violente Il fe releua prôptement tout émeu de colere, & frappa auec
tant de force vne efpaule de ce Monftre, qu'il en euft fendu vn
enclume. Toutesfois les efcailles qui luy couuroient le corps
eftoient fi dures, qu'il ne peut l'entamer. Le Monftre pourtant
chancela tout de ce coup, & neantmoins plus enragé que iamais ietta vne de fes griffes à la cuirace du Cheualier, qu'il ouurit auffi facilement qu'vne Efcorce. S'il n'euft efté faé il luy
eut encores plâté fes ongles jufques aux entrailles. En fin Ferragus fe voyant fi mal traitté, fit vn grand faut à cofté, & en paffant defchargea vn fi horrible reuers fur la tefte du Monftre,
que bien que fa peau fuft compofée d'vne durté incomparable, toutesfois il l'eftourdit tout. Ferragus prit alors fon temps,
& ayant defia aperçeu que le Môftre pouuoit eftre bleffé fous
le Ventre, de mefme que les Cocrodiles, il luy planta dans la

poictrine son espée iusques aux gardes. L'Animal espouuantable rendit à l'heure l'esprit, & en mourant il ietta vn si grand
cry, que la Terre en trembla trois lieuës à l'entour. Le Cheualier mesme en demeura quelque temps éuanouy. Il se releua
pourtant, & s'approcha de Leucadie, qui estoit demy morte.
Aprés qu'elle eut repris ses sentimens, elle suiuit le fils du Roy
de Castille, qui entra par la porte du Chasteau dans vne grande Court. Mais il fut bien esbahi, lors que tournant les yeux
arriere, pour parler à Leucadie, il la vid demeurer immobile.
Allons (disoit il) Leucadie. Il semble que vous ayés peur. Ne
craignés point, puis que je vous accompagne. Toutes les forces des Mortels ne sont pas capables de me nuire. Tandis que
cet Espagnol tient ce langage, Leucadie ne se meut, non plus
qu'vne pierre. Ferragus s'approche d'elle, & la veut prendre
par la main : mais il la sent froide, & dure comme du Marbre.
Il luy passe sa main au visage, & en effect il treuue qu'elle est
changée en marbre insensible. Cet accident estrange le rendit si confus, qu'il ne sçauoit ce qu'il faisoit. Toutesfois il le fut
encores bien plus, quand iettant ses regars à costé, il apperçeut
vne infinité de statues de Dames, & de Cheualiers. Entre autres il recognut celle de sa cousine Fleur-d'espine, & celle aussi
de la Princesse Doralice taillées si naiuement, qu'il n'y defailloit que la parole. Or en effect c'estoient elles mesmes. Aronce jeune Magicien, & disciple de Maugis l'Enchanteur auoit
fait cet enchantement. Il estoit ennemy mortel de Marsille, &
particulierement de Ferragus, par ce qu'il auoit tué son frere
Ottacier, en la première bataille que le Roy d'Espagne donna
en France, comme vous aués leu dans l'Amoureux. Or il auoit
fait bastir par les Demons ce Chasteau, afin d'y attrapper ou le
Roy Marsille, ou quelcun des siés pour y attirer puis apres Ferragus. Et par ce que ses Esprits luy auoient dit que Ferragus
deuoit mourir de la main du Côte Roland entre deux Ponts,
qui estoient au pied de la roche de ce Chasteau, il fit ce que
nous vous dirons en la suitte de ce discours. Tant y a que nul
ne pouuoit entrer dans son Chasteau sans son congé, & tous
ceux qui y osoient venir, estoient deuorés du Monstre, ou demeuroient ainsi changés en marbre, auec les mesmes accou-

ftremens, & en la mefme pofture qu'ils eftoient, le iour de leur
Metamorphofe. Ferragus n'eftoit point fubject aux charmes,
ny aux forceleries. Sa Mere Lanfufe feur du Roy Marfille, &
la plus grande forciere qui fe mefla iamais d'enchantement, le
trempa, lors qu'il nafquit, dans le fleuue infernal; de forte que
les forciers, ny les Magiciens ne luy pouuoient nuire. Aronce
qui croyoit le rendre tel que les autres, n'auoit pas bien conful-
té fon grimoire, & cela fut caufe qu'il eut befoin de recourir à
vn autre remede. Aprés que ce Cheualier eut attentiuement
confideré ces ftatues, il recognut que c'eftoient des Arts Magiques; de forte, qu'il paffa plus outre, & arriua fous vn portique, le plus grand qu'il vid iamais. Deux Geants eftoient au
bout armés d'vne groffe peau de Lion. Voyants venir le Prince d'Efpagne, ils fe faifirent chacun d'vne groffe Maffe de fer,
qui pendoit à la muraille du Portique. Ferragus mit la main à
l'efpée, & lors on vid commencer vn dangereux combat. Les
Geants eftoient forts, & puiffants, & le Cheualier adroict, &
prompt à euiter leurs touches. Il atreignit en peu de téps l'vn
de ces Geants, qui portoit vne grande capeline de fer à la tefte,
& le fendit iufques à la ceinture. L'autre eftonné d'vne fi horrible atteinte, recula deux ou trois pas, pour euiter le trenchât
d'vne fi foudroyante efpée. Toutesfois il ruoit de fi pefants
coups de fa lourde maffe, que f'il en euft atteint le Cheualier à
plain, il l'euft mis en vn fort mauuais eftat. Cependant qu'ils
tafchent de fe mettre à bas, le Magicien Aronce furuient au fecours auec deux autres Geants plus démefurés que les autres,
& fuiui de plus de trente Cheualiers. Le Cheualier d'Efpagne
voyant approcher tant de gens, renforçea fa valeur & fon courage de telle forte, qu'il rua vn fi grand reuers au Geant qui luy
faifoit tefte, que la peau du Lion ne fut pas capable de le defendre de n'eftre point mis en pieces par le faux du corps. Rens
toy (crioit cependant le Magicien) chetiue Creature, autrement tu ne peux efchapper de mourir du plus cruel fupplice
qui fe pourra inuenter. Ha faux glouton (refpond Ferragus)
je te feray bien parler autrement, auant que le jeu finiffe. Ce
difant il fe jetta comme vn Sanglier pefle mefle, parmy cefte
canaille, & d'abbord trencha tout net vne cuiffe à l'vn de ces

grands Geants. La Mer ne meine pas tant de bruit, lors qu'elle eft agitée par les Vents qu'Æole a detachés dans l'Antre de Lypare. Et Iupiter ne fit jamais tant de rumeur, lors qu'il foudroyoit les Geants en la Theffalie, que cefte grande voute rezonnoit fous les coups efpouuentables que donnoit & receuoit le vaillant Ferragus. Il fit tant d'armes qu'il mit encores à mort l'autre Geant, & efcarta tous ceux qui eftoient venus auec Aronce. Ce Magicien voyant que tous fes arts Magiques, ny moins encores toutes fes forces ne feruoient de rien contre vn fi dangereux Guerrier, eut recours à vn dernier expedient. Il prit la fuitte, & Ferragus fe mit à le pourfuiure. Mais comme le Cheualier d'Efpagne voulut entrer dans vne grande falle, où le Magicien f'eftoit fauué, il fe treuua pris dans des filets de fer qu'il auoit fubtilement tendus à l'entrée. Sa grande force ne luy fert de rien. Il fe treuue d'autant plus empeftré, qu'il fe demene, & fe debat. Le Magicien, qui le void en tel eftat qu'il n'a plus de pouuoir de luy nuire, le fait promptement emporter, & mettre dans vne groffe tour, où nous le laifferons defpiter Mahom, Teruagant, & tous fes Dieux qui n'ont point d'oreilles, & dirons ce que l'on fit en France le iour du fecond Tournoy.

Si toft que la belle amoureufe de Cephale eut laiffé fon Tithon, qui dormoit dás fa froide couche, l'on vid toute la grande pleine de Vaugirard couuerte de Cheualiers, de Dames, & de toutes fortes de perfonnes. Le plaifir qu'on auoit pris le iour precedét à voir les beaux coups de lance & d'efpée qui fe donnerent, auoit alleché ceux qui en furent fpectateurs, & leur recit auoit conuié vne infinité d'autres qui n'en auoient pas eu la veuë. Charlemagne auec fes Pairs, & fes plus dignes Barons eftoit defia à fon Efchaffaut accouftumé. Galerane accompagnée de plufieurs Princeffes & grandes Dames eftoit pareillement au fien: comme tout de mefme les Iuges du Camp au leur. Lors que les Heraus fonnerent de la trompette, & donnerent le figne accouftumé, on vid au mefme inftant mille tronçons de lances voler iufques aux nuës, renuerfer Cheualiers, & Cheuaux, & l'on ouyt vne telle rumeur, qu'on euft iugé que les Elements fe vouloient reduire en leur premiere confufion.

fusion. Serpentin de l'Estoille, qui auoit des armes enchantées entra au combat, & fit tant d'armes qu'il attira les yeux des
Assistans. Isolier y faisoit paroistre aussi son grand courage &
sa valeur qu'il auoit si souuent tesmoignée aux despés des peuples baptizés. Mais ce n'estoit rien au pris de Grandonio de
Volterne. Ce superbe abbatit de premier abbord cinq ou six
Cheualiers auant que sa lance rompist, & puis mit la main à l'e-
spée, & rua de si grands coups, qu'il renuersa tout ce qui s'oppo-
soit. L'Amoureux Richardet qui estoit desia entré pour iouster, accompagné de son cousin Viuian, voyant le dômage que
faisoit ce Sarrasin, prit vne forte lance, & aprés áuoir inuoqué
le nom de sa belle Maistresse, & deffié cet orguilleux, il l'alla
rencontrer si furieusement, & l'atteignit si rudemét au casque
qu'il l'enuoya les jambes ouuertes, baiser l'herbe du pré. Richardet ayant fait vn si beau coup, mit la main à l'espée, & se
fourra parmy ceux du contraire party auec tant de courage,
qu'il ressembloit à vn ieune Lion, lors qu'il entre dans vn parc
de brebis, aux plaines dé Numidie. Viuian & Serpentin jou-
sterent l'vn contre l'autre, & à ceste rencontre qui fut extremement impetueuse, le frere de Maugis perdit les estrieux, & l'autre fut contraint d'embrasser le col de son cheual, autrement il
eust mesuré de son long, la terre. A l'heure la meslée se renforçea, & Grandonio qui s'estoit releué, monta sur vn autre Cheual que ses Escuyers luy tenoient tout prest. Il se remit dans
le combat auec tant de colere, pour l'affront qu'il auoit reçeu,
que maint Cheualier, qui n'en estoit pas cause, en souffrit la
peine. Apres auoir depeçé escus, & hauberts, & arraché cent
casques, il treuua Richardet, & l'atteignit si rudement à la cre-
ste de son armet, qu'il le renuersa tout estourdy sur la crouppe
de son Cheual. Aprés il abbatit Viuian, Salomon, & Othon,
& fit tant de rauage, que les Cheualiers François fuyoient au
deuant de luy, comme font les Estourneaux au deuant d'vn
Merle audacieux. Ce que voyant Sansonnet de la Meque, ensemble Griffon, & Aquilant, ils donnerent des esperons à leurs
Cheuaux, & à leur arriuée abbatirét tant de Cheualiers estrá-
ges, que ceux de la Court prindrent courage, & arresterent
leurs Aduersaires. Le valeureux Griffon apres auoir rompu sa

M

lance, & mis la main à l'espée, combattoit en desesperé, de sorte que malheureux estoit celuy qui l'attendoit. La valeur &
le courage de Grandonio, d'Isolier, de Serpentin & de tous les
plus vaillants Guerriers qui s'opposoient, ne profitoit de rien.
Griffon faisoit tant d'exploicts, que tout le monde crioit hautement, que le Cheualier aux armes blanches vainquoit tout.
Cependant l'on vid venir du costé de Mont-rouge vn grand
Cheualier, qui portoit vn Escu verd sans autre enseigne. Il
montoit sur vn grand coursier noir, lequel auoit les iambes
toutes blanches. S'estant mis du costé des Estrangers, il mit la
lance en l'arrest, & rencontra si rudement Sansonnet, qu'il le
mit à terre. Aprés il iouste contre Aquilant, qui fut renuersé
sur la crouppe de son Cheual, sans que le Cheualier à l'Escu
Verd se remuast non plus qu'vne Tour. Charlemagne qui veit
ces deux coups, dit tout haut que le Cheualier Verd estoit doüé
de grande proüesse. Aussi le fit il bien tost paroistre, lors qu'il
mit la main à l'espée : car il n'y auoit Cheualier, tant puissant
fust il, qui peust soustenir ses coups. Il abbattoit tant d'hommes, & arrachoit tant d'escus des cols, & tant de casques des
testes, que chacun luy adjugeoit le prix du Tournoy. Le vaillant Griffon, qui croyoit rencontrer le Cheualier de la Panthere, pour se venger de l'affront qu'il en auoit reçeu le iour precedét, voyant qu'vn autre luy venoit encores rauir le prix, que
sa valeur s'estoit promis, resolut de mourir, ou de mettre à bas
ce Guerrier qui faisoit tant d'armes, & qui portoit l'Escu Verd.
Il prend donques vne forte lance, & puis deffie le Cheualier,
qui en prend aussi vne autre. La terre tremble sous leurs pieds,
& le bruit qui procede de ceste fiere rencontre, fait pallir mille
visages. Leurs lances volent en plusieurs pieces iusques aux
estoilles, & ils se rencontrent d'escu, de teste, & de corps si rudement, que Griffon demeure si estourdi de ceste iouste, qu'il
chancelle d'vn costé, & d'autre, & se prend aux crins de son
Cheual, de peur de deuenir pieton. Le Cheualier Verd demeura aussi ferme à la selle, qu'vn escueil lors que les vagues de
la mer irritée luy donnent, en mugissant, mille secousses. Il
mit la main à l'espée, & abbatit Berangaire, & Auole. Aldigier d'Aigremont auoit fait desia de grandes proüesses, & le

Cheualier Verd luy fit perdre tout son honneur, en le mettant au rang de ceux qui n'auoient point de Cheuaux. Le Paladin Roland estoit assés émerueillé de la valeur de ce Cheualier, & en parloit à son cousin Renaud, qui le loüioit beaucoup. Tandis ce Verd Cheualier continuoit tousiours à rendre tant de preuues de valeur, que quoy que Griffon, & son frere Aquilant fissent des merueilles, toutesfois ils ne peurent empescher, que d'vn consentement commun on ne luy adjugeast l'hôneur du Tournoy. Les Heraus crioient de tous costés : Le Cheualier Verd gaigne tout. Il se maintint si bien en cet Estat iusques à la nuit, que les Iuges luy donnerent leur voix pour ceste iournée. Et lors les Heraus inuiterent chacun à se retirer. Telle fut la fin de ceste seconde iouste. Nous quitterons pour vn peu ce discours, & parlerons de Leon de Grece. Sa courtoisie merite que nous ne le mettions point en oubly.

Leon accompagné du gentil Prasilde & du Vieillard à qui Melisse auoit donné le Casque enchanté, marcha plusieurs iours, après auoir pris congé du vaillant Prince de Lorraine. Il mit a fin plusieurs estranges Auentures, & entre autres il tua vn grand Lion, qui sortoit des Ardennes, & qui faisoit mille rauages par tous les lieux d'alentour. En fin il paruint au pied d'vne môtagne qui separe les Gaules d'auec la Germanie. Ayant pris vn chemin à gauche, il se rendit à la poincte du iour aux bords d'vn Estang, dont les flots menoient vn tel bruit, qu'il estoit comparable à celuy des Escluses du Nil. Comme luy & ceux qui l'accompagnoient, jettoient les yeux sur ceste merueille, ils virent sortir hors de l'onde vn Monstre le plus horrible qui se puisse imaginer. Depuis le sommet de la teste iusques à la ceinture il ressembloit à vn homme sauuage, horsmis qu'au lieu de poil il portoit de petites cornes qui luy couuroient tout le Chef. Ses espaules, son estomac, & ses gros bras estoient tous velus comme vn Ours. Le reste de son corps estoit d'vn Dragon. Il est vray qu'il auoit des pattes semblables à celles d'vn Leopard. Quand le bon Vieillard l'apperceut, il se mit a proferer ces paroles, tout effrayé : Ha ! valeureux Prince, voila le Monstre qui a raui Tisbine. Le Ciel fauorise si bien vostre Valeur, qu'elle purge ceste contrée de ce-

M ij

fte Pefte. Leon n'eut pas loifir de refpondre au Vieillard, afin
de le reconforter. Le cruel Animal qui couroit plus legerement que ne vole vne flefche decochée de la main d'vn puiffant Archer, eftoit defia fi prés d'eux, qu'à peine Leon eut
loifir de mettre la main à l'efpée, & de fauter de Cheual à terre,
lors que le Monftre faifit de chaque bras les deux Damoifelles
qui venoient auec luy. Elles fe mirent à crier, & Leon courut
fi legerement qu'il atteignit le Monftre, & luy defchargea par
derriere, en faifant vn grand faut, vn tel coup fur la tefte, que le
cruel Animal laiffa tomber fur ce riuage les deux Damoifelles
demy-mortes. En fe tournant il fe ietta fur le Cheualier, &
ayant empoigné de fes griffes trenchâtes fon Efcu, où eftoient
peintes les deux Aigles, il le luy arracha du Col, en tirant à foy
ie Cheualier auec tant de violence, qu'il luy fit donner du nez
à terre. A l'heure Prafilde qui f'eftoit approché de ce Prodige, luy tira vn reuers, & l'atteignit fur vne efpaule: mais il ne
luy fit non plus de mal, que f'il euft frappé fur vn Enclume. Le
Monftre quittant Leon, bailla à Prafilde vn tel coup de fouët
de fa queuë par le faux du corps, qu'il le ietta à terre tout éuanouy. Cependant le Prince de Grece, tout honteux & tout
rouge de colere fe releua, & en inuoquant le nom de fa Deeffe, qu'il auoit toufiours en fa penfée, il prit fa bonne efpée à
deux mains, & atteignit fi furieufement le Monftre fur la tefte, qu'il luy trencha deux cornes, auec vne oreille. Le fang fortit alors de la playe en telle abondance, qu'on euft dit que c'e-
ftoit le gros tuyau d'vne fontaine. Le Monftre fe voyant fi rudement bleffé, fe mit en fuitte en jettant des cris fi horribles,
qu'ils faifoient trembler la terre, dix lieuës à l'entour. Les oifeaux qui voloient prés de cet Eftang, tomboient tous morts
fur cefte campagne, & les beftes fauuages f'alloient cacher au
plus profond des bois, & des Cauernes. Le Vieillard mefme
auec les deux Damoifelles en perdirent les fentimens. Il n'y
eut que le valeureux Prince de Grece, qui fans f'eftôner pourfuiuit le Monftre, & lors qu'il fe lança dans l'eau, pour fe fauuer, Leon luy fauta fur la crouppe, & puis l'ayant empoigné
par les crins de la main gauche, il luy donna de l'autre auec le
pommeau de fon efpée mille coups. L'animal eftrâge ne laif-

foit pas neantmoins de nager legerement fur les Ondes, & de
hurler d'vne horrible façon jufques à tant que ne pouuant plus
fupporter les coups que le Cheualier luy donnoit, il fe plongea
dans l'eau, la tefte la premiere, fans que iamais Leon lafchaft fa
prife. Quand ils furent au fonds de ce Lac, le Prince de Grece
fut bien eftöné, par ce que le Monftre difparut, & qu'il fe treuua en vn beau pré tout émaillé de fleurettes, le plus agreable
fejour qu'il eut iamais veu. Il regardoit d'vn cofté, & d'autre,
& ne fçauoit fi c'eftoit vn fonge, ou vne chofe veritable. Toutesfois aprés qu'il eut long temps penfé à cefte eftrange Auenture, il fe mit à cheminer fur cefte verdure, tout le lög du iour,
fans treuuer ame viuante de qui il peuft apprendre l'eftat de
cefte contrée. Le trauail du chemin luy eftoit pourtant fup-
portable, en ce que de cent en cent pas il rencontroit de belles, & de claires fources, dont les bords eftoient plantés d'arbres, qui portoient des fruits les plus delicieux que l'on puiffe
imaginer. Lors que le Soleil alla luyre fous noftre Hemisfere,
Leon extrememént fafché de ce qu'il fe voyoit en vn lieu, que
la Nature auoit produit fi plaifant, & fi beau, & qui neantmoins eftoit incognu de tous les animaux, fe coucha fous vn
pommier tout chargé de fruits, qui fe miroient au criftal d'vn
coulant ruiffeau, qui baignoit le tronc de cet arbre. Il y demeura vne bonne partie de la Nuit, ores arrefté fur les perfections
de fa Maiftreffe, & ores fur les Meruelles du feiour, où la Fortune l'auoit mené. Le Sommeil en fin vint charmer fes paupieres, auec fon rameau trempé dans le fleuue d'oubly. La Lune eftoit luifante, & claire, & le Ciel doux & ferain. A peine le
fils de Conftantin fermoit les yeux, que trois belles Nymphes
arriuét à cefte fource. Il dort (dit l'vne d'elles fi haut que Leon
f'eueilla) & en ouurât les yeux apperceut ces trois rares Beautez. Il ne peut pourtant fe bouger, non plus que f'il euft efté
vne roche, ny moins encores remuer la langue pour parler.
Tandis l'vne de ces Fées remplit vne fiole de Iacinthe qu'elle
tenoit à la main, & apres f'approchant de Leon, fe mit à mur-
murer certaines paroles, qui rendirent à mefme temps le Ciel
fi trouble & fi noir qu'on n'y voyoit goutte. La Lune perdit
fa clairté, & la lueur des Aftres du firmament f'efteignit. Cefte

obfcurité fut fuiuie d'vne fi grande t. mpefte entremeflée de pluye & de grefle, qu'on euft dit que tous les Elements fe con-fondoient. Cet orage dura vne bonne heure, au grand eftonnement de Leon, qui fe treuuoit infenfible, & qui n'auoit de tous fes fens que l'vfage de la veuë, & des yeux. Vne heure après le Ciel commença à f'éclaircir, & la Lune defcouurit comme auparauant fa face argentée. La Nymphe qui durant l'orage f'eftoit affife auec fes Compagnes aux pieds de ce valeu-reux Cheualier, fe leua debout, & puis en verfant fur la face de Leon, l'eau qui eftoit dans la fiole de Iacinthe, elle profera ces paroles. Suiuant le pouuoir que j'ay receu du grand Demo-gorgon, je veux que d'ores en auãt la belle & valeureufe Mar-fife amolliffe fon cœur de rocher, & qu'elle fe confume pour ton amour. Ie veux (dit l'vne des deux autres) que de vous deux procedent les Demy dieux, qui aprés quelques fiecles re-giront la belle Thofcane, & de qui naiftra la belle, la grande, la vertueufe MARIE DE MEDICIS. Et moy je veux (dit la troifiéme) qu'auec ces armes que tu vois pendues à cet arbre, & dont tu poffedes defia le cafque, tu faces deformais tant de proüeffes, qu'autre ne te puiffe iamais furpaffer, qu'vn LOVYS XIII. Monarque des Gaules, à qui les Deftins ont promis l'en-tiere poffeffion de tout le monde.

Incontinent que cefte Fée eut acheué ce difcours, elles dif-parurent toutes trois, & à l'heure mefme vn fi grand fommeil faifit Leon, que jamais les Loirs ne dormirent auec tant d'af-foupiffement. Le Soleil auoit defia fait la troifiéme partie de fa courfe, lors qu'il f'éueilla comme en furfaut. Ouurant les yeux, & fe leuant fur pieds, il fut bien ébahi quãd il ne vid plus de fontaine, ny tous ces arbres qui eftoient à l'entour. Mais il fut bien plus eftonné de voir fon bon Cheual Battolde, atta-ché au pied d'vn noyer, & vn harnois luifant, & doré, qui pen-doit à vne branche de l'arbre, auec vne efpée dont le fourreau eftoit iaune. Il y auoit encores vn riche efcu, où les armes de l'Empire de Grece eftoient peintes. Se reffouuenant de fa vi-fion, & conceuant defia vn bon Augure de fes amours, il mit incontinent la main à ces belles armes, & ayant dépouillé fes premieres, il f'acçouftra des autres qui fe treuuerent fi iuftes, &

ſi bien faites, que iamais habit ne fut mieux taillé. Aprés il oſta
de ſon coſté l'eſpée qu'il portoit, pour y ceindre celle qui auoit
vn fourreau jaune, & dont la lame eſtoit ſi trenchante qu'elle
ne couppoit gueres moins que Durandal, ou que Flamberge.
Toutesfois il ſe faſchoit de laiſſer celle qui luy auoit fait vn ſi
bon ſeruice, & euſt bien voulu treuuer quelque Cheualier de
cognoiſſance pour luy en faire vn preſent. Mais il fut bien toſt
releué de ceſte peine : car à peine vouloit il monter ſur Battolde, qu'il vid venir vne groſſe trouppe de Cheualiers & de Dames. Quand ils furent prés, Leon fut tout eſtonné de voir tant
de Beautez, & bien plus encores lors que Praſilde, & le Vieil
Cheualier deſcendirent de leurs Cheuaux, & ſe vindrent ietter à ſes pieds auec la belle Tiſbine. Leon les releua, & les embraſſa courtoiſement. Ils ne ceſſoient pourtant de celebrer
tout haut ſa valeur, de ſorte que toutes les autres Dames, & les
Cheualiers de la trouppe, ſçachants que ce Prince, les auoit
deliurez de leur enchantement, luy venoient baiſer les mains,
& embraſſer ſes genoux, auec la plus grãde alegreſſe, que pouuoit teſmoigner vne telle recognoiſſance. Parmy tant de belles Dames qui auoient eſté retenues en ce Lac Enchanté, l'on
voyoit la belle Olympe, iadis Eſpouſe de l'Infidele Birene, &
maintenant Reyne d'Irlande. La belle Geneure y eſtoit encores, & pluſieurs autres excellentes Beautez, qui allans à la
Court de Charlemagne, pour auoir le plaiſir des feſtes qu'on y
celebroit tous les iours, depuis qu'on auoit chaſſé les Mores,
auoient eſté retenues en ce lieu, par enchantement. Leon fit
preſent au courtois Praſilde des armes qu'il auoit dépouillées,
pour en prendre de meilleures, & ce Cheualier reçeut vn ſin-
gulier plaiſir de ce preſent, qu'il garda depuis cherement, en
memoire de ce valeureux Prince, qui luy fait recouurer ſa belle Maiſtreſſe. Lors que ceſte Nobleſſe eut cheminé quatre ou
cinq lieuës, Leon qui auoit reſolu de ne retourner point à la
Court de Charlemagne, ſans auoir acheué pluſieurs autres exploicts, prit congé de la Compagnie au grand regret de tous,
qui n'euſſent iamais eſté las de la conuerſation de ce courtois
Cheualier. Mais particulierement Praſilde, & Tiſbine, qui
verſerent mille larmes à ce depart, & qui auoient le cœur ſi ſer-

ré d'angoiſſe, qu'ils ne pouuoient preſques luy dire les derniers adieux. Le Prince de Grece ſ'eſtant défait de tant de perſonnes, ſe mit en vn chemin, où il treuua vne groſſe, & ſuperbe riuiere, qui prenant ſa ſource, prés d'vn Lac qui excite vn grand orage, & vne horrible tempeſte, lors que l'on y iette dedans la moindre choſe que ce ſoit, ſ'en va deſcharger dans l'Ocean, aprés auoir couru plus de deux cens lieuës. Il marcha le long du riuage de ce fleuue, en ſe repreſentant touſiours les perfections de la belle Marfiſe, & les paroles qu'auoit tenuës ceſte Fée, lors qu'il eſtoit dans la Prairie enchantée : O Amour (ce diſoit il) ſi c'eſt pour me flatter en mon mal, que tu me donnes ces Illuſions, ie ne vois point que tu gaignes à me deçeuoir, puis qu'auſſi bien ma mort ſera infaillible. Il vaudroit mieux, ſi ie ne dois iamais poſſeder celle que le Ciel meſmes honore, que ta rigueur m'acheuaſt pour vn bon coup ſans me faire tant languir. Ainſi tu ſerois ſatisfait par mon treſpas, & ie ſerois deliuré de tant de martyre. Il tenoit ce diſcours, & vouloit acheuer ſes plaintes, quand vn Cheualier qui cheminoit aprés luy, & qui l'auoit ſuiui plus d'vne lieuë pas à pas, ſans que Leon y euſt pris garde, tant il eſtoit raui en ſes imaginations, luy tint ce diſcours : Vous auez parlé en fin (Monſieur le réueur) & à ce que je voy l'Amour eſt celuy qui vous rend ainſi melancolique, & ſi mal appris. Le Prince de Grece tourna incontinent la teſte tout honteux de ce que l'autre auoit eſcouté ſes plaintes, & tout faſché pourtant des diſcours temeraires qu'il tenoit. Neantmoins ſuiuant ſa courtoiſie accouſtumée, il luy reſpondit en ces termes : Mon Gentilhomme ie ſuis marry de la faute que ie peux auoir commiſe enuers vous. Toutesfois ſi vous aués aymé, ou ſi vous eſtés capable d'amour, vous excuſerez le peu de conte que j'ay tenu de vous. Mon ame parloit à vne Beauté, que tous les Mortels ne ſont pas dignes d'adorer. Vous eſtes donques bien temeraire, (ce dit l'autre) d'adreſſer vos vœux à vn ſi digne ſubject. Il faut que vous m'appreniez ſon Nom, afin que ſi elle eſt ce que vous dites, ie luy offre mes deſirs deformais, & par ma valeur i'aye la poſſeſſion de ce dont vous eſtes tant indigne, ſuiuant que vous meſmes le publiés. Ie vous accorde (repart Leon) que ie ſuis indigne de ſeruir

Madame:

Madame : Mais neantmoins ie vous dis que ce m'eſt vne con-
ſolation qu'aucun des Mortels ne m'égalera iamais en amour,
& par meſme moyen en merite, pour ce regard, ſi bien que ie
vous conſeille de paſſer voſtre chemin, & ne vous informer
plus auant de ceſte affaire. Et vrayment (dit l'autre) vous me
dirés ſon nom, ou bien vous ſçaurés tout maintenant ſi ma lance eſt forte. Ce diſant il prit du champ ce qu'il luy falloit, &
vint fondre ſur Leon auec tant de bruit, que le riuage trembloit ſous les pieds de ſon Cheual. Il donna dans l'Eſcu du
Prince de Grece, & fit voler ſa lance en eſclats : mais il ne le
fit non plus remuer, que ſ'il euſt hurté vne montagne de bronze. Leon luy fit bien ſentir ſa lance d'autre façon : car il luy
perça de part en part l'Eſcu, & luy ayant fauſſé la cuiraſe, l'enuoya les pieds en haut, ſi rudement à terre, qu'il ſe penſa rompre le Col. Ma plume ſe treuue laſſe d'eſcrire. Elle vous ap-
prendra vne autre fois le ſucces de ceſte Auenture.

Fin de la ſixiéme Auenture.

N

ARGVMENT.

Continuation du Tournoy renommé qui se fait à la plaine de Vaugirard, où plusieurs braues Cheualiers tesmoignent leur adresse & leur valeur. Comme le Roy des Goths est prest d'en gaigner le prix, Guidon le Sauuage arriue, qui abbat les trois Roys, & fait tant d'armes qu'il obscurcit la gloire de tous les autres. Charlemagne luy donne l'Escu, & il part de la Court auec Vlanie. Il est attaqué en chemin par les trois Roys & secouru par vn Cheualier. Ceste Auenture nous represente encores la gloire que tous les courages genereux se proposent. Guidon nous monstre que le Ciel fauorise la franchise & l'innocence, & renuerse les desseins des Meschantes & perfides ames.

AVENTVRE VII.

DAMES courtoises & amoureuses, voicy la fin du grand Tournoy que Charlemagne fit publier. Ie sçay que vous aués esté curieuses de vous rendre ces derniers jours à la plaine, où tant de braues Guerriers, ont eu pour tesmoins de leur courage & de leur valeur, les yeux de mille Beautés. Si vous prenés la peine d'y assister encores auiourd'huy, ie vous y feray voir de si belles merueilles, que vous benirés le trauail que vous prendrés à honorer ceste feste. Mais auparauant ie veux que vous sçachiés le succes du cōbat de Leon, & du peu courtois Cheualier, que ie laissay à la fin de l'autre Auenture, prests à essayer chacun le fer de la lance de son Aduersaire.

Leon ne pouuant supporter l'insolence du Cheualier, qui vouloit exiger de luy vne chose irraisonnable, recula de ce temeraire autant qu'il faut à courir, lors que l'on veut jouster,

L'autre en fit de mefme, & tous deux ayant fait viuement fen-
tir les efperons à leurs Cheuaux, qui faifoient trembler le riuage fous leurs pieds, fe rencontrerent fi furieufement que la lance de ce Cheualier incognu vola en mille efclats. Mais celle
de Leon, qui eftoit plus dure, & plus forte, perça l'efcu d'outre
en outre de ce mal appris, & ayant fauffé fon haubert, luy fit
vne grãde playe au cofté droiĉt, & l'enuoya par terre plus mort
que vif. Ayant acheué fa carriere, il retourna au petit pas vers
ce malheureux, & f'eftant approché de luy, defcendit de fon
Cheual, & de pitié luy alla délacer le cafque, pour voir f'il
eftoit mort. Soudain que ce Cheualier fentit l'air, il reprit fes
efprits, & voyant Leon fi proche de luy, il eut peur de mourir,
croyant que Leon auoit mis pied à terre pour luy trencher la
tefte : de forte qu'il luy demanda humblement la vie. Encores (dit Leon) que voftre peu de courtoifie merite vn afpre
chaftiment : toutesfois je vous pardonne, à la charge qu'il vous
fouuienne vne autre fois d'eftre plus difcret enuers ceux que
vous ne cognoiffés point. Quand l'autre luy eut promis de mener deformais vn autre trein de vie, Leon luy ayda à eftancher
le fang qui fortoit de fa playe, & luy fit vne bande qu'il couppa
de la chemife de ce Cheualier, & puis luy ayant amené fon
Cheual, l'ayda à monter deffus. Ce fait il fauta legerement
fur fon Battolde, dit à Dieu au bleffé, & entra dãs vne prochaine foreft. Il y fut tout ce iour errant, fans treuuer chofe qui
l'arreftaft, & quand la nuit fut venuë, il apperçeut du feu qui
luifoit fur vn prochain coftau. Soudain il piqua Battolde vers
cefte lumiere, & paruint à vne Cabane de Bergers, qui faifoient roftir vn Mouton, qu'vn de leurs Chiens auoit ofté de la
gueule d'vn Loup, qui l'emportoit, aprés l'auoir eftranglé.
Quand ces Ruftiques apperçeurent reluire à la clairté de la
Lune les belles armes de ce Cheualier, ils prindrent la fuitte,
& abandonnerent leur viande. Mais Leon leur cria de loin
qu'ils n'euffent point de peur, de forte que f'eftans vn peu raf-
feurés, ils retournerent l'vn aprés l'autre en leur Cabane. Le
Prince mit pied à terre, & ayant ofté fon cafque, il fit débrider
fon bon Cheual, auquel on donna de l'herbe frefche, qu'on alla promptement couppper. On le mena puis apres à vne fource

prochaine. Ces pauures gens eftonnés de la contenáce Royale de leur hofte, n'ofoient prefques s'approcher, lors que Leon
leur commanda de mettre ce qu'ils auoient fur la table, & que
tous vinffent foupper auec luy. Aprés que le Prince eut mangé de ces viandes groffieres, de meilleur appetit qu'il n'eut
peut eftre fait des mets plus delicieux que l'on feruoit à la table de fon Pere Conftantin, il fe coucha au pied d'vn Alizier,
attendát la venuë du iour, & penfant toufiours aux perfections
de fa belle Reyne. Quelque fois il regardoit la Lune, qui éclai-
roit les ombres de la Nuit, & s'adreffant à elle, tenoit ce difcours: *O chafte feur d'Apollon, que je porte d'enuie au mife-*
rable Thebain, qui fut defchiré de fes propres chiës, pour auoir
ofé jetter fes regars fur vne Deeffe, qui eftoit nuë. Au moins
fa mort, quoy que cruelle, expia le crime de fa temerité: au lieu
que mes penfers qui me deuorent inceffammët, depuis que i'eus
l'audace de contempler vne Deeffe, qui te furpaffe en toutes
fortes de perfections, renaiffent à toute heure, & font reuiure
la rigueur de mon fupplice. O Ciel qui me forces à la feruir, fi
je n'ay cet heur que de la meriter, je te fupplie que pour le
moins elle fçache que tu me fis naiftre pour l'adorer, & pour
mourir auec ce regret qui me reprefente vn bien qui eft inter-
dit à mon Efperance, s'il faut qu'on le poffede par le merite.
Le valeureux Prince paffa vne grande partie de la nuit en fes
amoureufes imaginations, jufques à tant que le Sommeil ver-
fa vne liqueur de pauot dans fes prunelles. Defia le Ciel fe rendoit petit à petit plus clair. L'Aube au teinct de liz & de rozes
faifoit faire place aux Aftres, dont le firmament eftoit auparauant tout femé, lors que Leon mit en tefte le cafque enchanté,
monta fur fon bon Cheual, & ayant pris congé des Bergers,
fuiuit le chemin qui mene aux frontieres de l'Allemagne. Il
chemina tout le long du iour fans treuuer Auenture qui merite d'eftre inferée dans noftre hiftoire, & coucha dans vne maifon des Champs, où il fut courtoifement reçeu. Le lendemain
il chemina deux ou trois heures, & paruint à vn petit coftau,

d'où il entendit vn bruit qui faifoit trembler les lieux d'alentour. Il piqua fon Cheual, de ce cofté là, & apperçeut au creux
d'vn valon, trois Cheualiers richement armés, qui combattoient vn feul Cheualier, lequel fe defendoit valeureufement.
Il vid encores vne belle Dame, qui arrachoit fes blonds cheueux, outrageoit fon beau fein d'yuoire, & verfoit de fes beaux
yeux vne fontaine de larmes. Leon la recognut foudain qu'il
la vid: toutesfois fans fe donner à cognoiftre il f'approcha d'elle, & luy demanda le fubject de fon dueil, & pourquoy trois
Cheualiers attaquoient auec tant d'auátage celuy qui leur re-
fiftoit fi genereufement. Vous fçaurés vne autre fois ce qu'elle luy refpondit. Il faut que premierement i'aille à la Court
de l'Empereur Charlemagne, afin d'y voir les beaux coups de
lance & d'efpée, qui fe doiuent donner au lieu où l'Efcu d'or
eft pendu, & le pourtrait de Clorinde.

Voicy le iour qu'on doit decider par les armes le pris du
Tournoy. C'eft maintenant que tant de Valeureux Guerriers
doiuét employer leur courage, leur adreffe, & leur valeur pour
aquerir la poffeffion de la plus belle Princeffe du Móde. Charlemagne auec fes plus dignes Barons eft defia fur fon Efchaffaut, & l'Imperatrice Galerane paroift fur le fien auec les plus
rares Beautez de la Court, qui de leur clairté font rougir de
honte le Soleil. Les quatre Iuges du Camp, ayants commandé aux Heraus de fonner de la trompette, afin d'inuiter cefte
braue race de Mars à commencer la fefte, on vid à mefme in-
ftát paroiftre en lice du cofté de ceux de la Court, quatre Cheualiers bien montés, & fuperbement armés. Le premier portoit d'argent à vn mont fendu. L'autre auoit en fon Efcu vne
chaire brifée en champ de gueules. Le troifiéme portoit pour
armes vn Efquif, qui f'enfonçoit dans vne mer. Et le dernier
trois blanches aifles en champ de fable. Le premier eftoit
Comte de Rithmont: Le fecond Duc de Sommerfeth: L'autre Marquis de Barclée: & l'autre Comte de Varuacie. Et
bien qu'ils ne fuffent pas François naturels: mais natifs de la
grande Bretagne: toutesfois ils fe rengerent du cofté des Te-
nans pour l'amour de quatre rares Beautez, filles du Comte de
Harcourt, qu'ils feruoient. Ce n'eftoit pas neantmoins auec

deſſein de gaigner l'Eſcu, puis qu'ils n'euſſent pas changé leurs
Dames, pour des Deeſſes : ains ſeulement afin de rompre cinq
ou ſix lances, comme ils firent de ſi bonne grace, que chacun
les admiroit.

Cependant on vid coucher mille bois, & mille eſclats voler au Ciel. Aprés l'on vid mettre la main à l'eſpée, arracher
eſcus, & heaumes, & faire les plus hautes proüeſſes que l'on eut
encores veuës. Car d'vn coſté Iſolier, Serpentin, Grandonio, & autres Cheualiers Eſtranges faiſoient tant d'armes, &
Auin, Auole, & Sanſonnet ſuiuis d'vne gráde trouppe de Cheualiers Fráçois, rendoient tant de preuues de valeur d'vn autre
coſté, que la Victoire balançoit tantoſt d'vne part, & ores d'v-
ne autre. Vn ieune Cheualier venoit de ſe rendre au camp,
bien marry de ne ſ'y eſtre treuué les deux jours precedents.
Mais voulant recompenſer la perte qu'il croyoit auoir faite
par ſon abſence, il ſe mit en lice, & de premier abbord il renuerſa tant de Cheualiers, que tout le monde luy donnoit deſia
l'honneur du combat. Il portoit vn Eſcu vermeil ſans autre
enſeigne. Les Heraus crioient tout haut, que le Cheualier à
l'Eſcu vermeil ſurpaſſoit tous les autres en valeur. Quiconque
ſera curieux de ſçauoir le nom de ce gentil Cheualier, il doit
ſçauoir qu'il eſtoit fils du vaillant Roy Bàlan, qui fit tant de
proüeſſes deuant la fortereſſe d'Albraque, lors que le Pere de
Mandricard la tenoit aſſiegée. Comme deſia les Cheualiers
de la Court branſloient, Aquilant & Dudon parurent ſur les
rencs, & teſmoignerent bien toſt par leur extréme valeur, que
l'vn eſtoit digne fils d'Oliuier de Vienne, & l'autre d'Oger le
Danois. Le Cheualier aux armes noires & Serpentin ſe rencontrerent ſi rudement d'eſcu & de teſte, que leurs lances
n'ayant peu fauſſer leurs armes enchantées, Aquilant perdit
les deux Eſtrieux, & Serpentin fut contraint de meſurer la terre de ſon long. Dudon, & Grandonio ſe rencontrerent pareillement, mais leurs groſſes lances ayant volé en pieces, ils ne ſe
remuerent non plus que le tronc d'vn vieil Cheſne, quand il
eſt battu de l'Aquilon. Le valeureux Griffon reſolu de mourir, ou de gaigner le prix de la jouſte, ſe mit alors en la meſlée,
& d'abbord renuerſa tant de Cheualiers, que tous ceux du par-

ty des Eftrangers fuyoient au deuant de luy, comme font les
Herons au deuant d'vn genereux Faucon. Il n'y auoit que le
Cheualier à l'Efcu Vermeil, qui l'arreftoit l'efpée à la main, &
qui luy dōnoit tant d'affaires, que Griffon en eftoit tout eftonné. Toutesfois ramaffant toutes fes forces, il alla defcharger
fur le comble de l'Efcu de ce Cheualier vermeil, vn fi grand
coup, qu'il luy en couppa tout vn grand cartier. L'autre l'atteignit à mefme temps fur la crefte de fon cafque fi furieufement,
que f'il n'euft efté enchanté, il euft fendu Griffon iufques à la
ceinture. Ainfi qu'ils fe martelloient, la foulle les fepara, de
forte que l'vn & l'autre fut contraint d'exercer fa valeur en autre part. Neantmoins peu de temps aprés vn Efcuyer de Griffon prefenta par le commandement de fon Maiftre au Cheualier Vermeil deux lances auffi groffes que des antennes, pour
choifir celle qu'il voudroit, & pour l'efpreuuer côtre celuy qui
l'inuitoit au combat. Quand ils eurent les mains garnies de fi
dures armes, ils fe defficrent. Charlemagne, & tous les Paladins jetterent alors leurs regars fur vne fi fiere rencontre. Les
Efchaffaux trembloient, lors qu'ils couroient, comme font les
feuilles des arbres, lors qu'vn grand vent les fouffle. L'atteinte
fut comme d'vn coup de tōnerre, & les Cheualiers & les Cheuaux fe rencontrerét auec tant de violence, que celuy à l'Efcu
Vermeil, fut porté à terre, tout eftourdy, & Griffon fut fi ébran-
lé de cefte ioufte, qu'il chancela de tous coftés preft à tomber:
Neantmoins il fe remit en felle, & ayant mis la main à l'efpée, il
fe fit faire vn tel paffage, & renuerfa tant d'hommes que chacun luy adjugeoit la palme. Tandis l'on vid venir du cofté d'v-
ne foreft, qui eft auprés de Meudon, vn Cheualier monté fur
vn grand Courfier, moitié noir, & moitié blanc. Ce Cheualier
portoit pour armes vn Dragon volant, qui jettoit par la bouche, & par les narines feux, & flammes. Quand ce Guerrier
eut vn peu confideré ceux qui combattoient, il empoigna vne
groffe lance, que l'vn de fes Efcuyers fouftenoit auec les deux
mains, & puis f'eftant rengé du cofté des Eftrangers, qui par la
valeur de Griffon, eftoient forcés de quitter aux Courtifans
l'honneur de ce Tournoy, il fondit fur la plus grande foule, &
abbatit tant de Cheualiers, que la huée fut fi grande de ce co-

fté, qu'on ne prenoit pas garde à tout autre bruit. Si jamais l'on vid joufter quelcun de bône grace, & de force extreme, ce fut le Cheualier à la Tour d'argent. Il ne rencontra jamais Cheualier qu'il ne mit à terre. Et quand il mit la main à l'efpée, il renuerfa tant d'hommes, qu'il acquit en moins de demy heure fur les Tenants, ce que les Eftrangers auoient perdu. Rien ne feruoit à Sanfonnet, ny à Dudon l'extreme valeur. La force, & le courage des deux Freres : je veux dire d'Aquilant, & de Griffon, qui mefprifoient tout le monde, ne peut iamais empefcher que ce vaillât Guerrier ne mit tout en deroute. Si quelque fois Griffon, ou fon frere l'arreftoient, il leur ruoit de fi horribles coups, qu'il leur faifoit voir en plein iour tous les aftres du firmament. Le Paladin Roland, & fon coufin Renaud, qui fçauoient de Cheualerie plus que n'en fçeurét iamais Hector, ny Achille, difoient defia tout haut, que c'eftoit effayer l'impoffible, que de f'oppofer aux forces de ce Combattant, lors que l'on vîd paroiftre au de là de la Seine vn Cheualier, qui portoit des armes noires, & toutes femblables à celles d'Aquilant, horfmis qu'au milieu de fon Efcu l'on voyoit vne roze verte, toute coronnée d'efpines. Quand il fut au bord du fleue, il n'attendit pas qu'vn bafteau vint pour le prendre : mais il pouffa auec les Efperons fon Cheual, qui commença à nager, & à le porter à l'autre riue. Deux Efcuyers qui l'attendoient à l'autre bord, luy prefenterent chacun vne lance qu'ils auoient au poing, & le Guerrier ayant choifi celle qui luy fut la plus agreable, marcha au petit pas, auec tant de grace, & d'adreffe, qu'il attiroit les yeux de tout le monde. Eftant paruenu à l'vn des bouts du Camp, il f'alla renger du cofté des Tenants, & puis ayant mis la lance fur la cuiffe, il dôna des Efperons à fon Cheual, & mit au milieu de fa courfe la lance fur l'arreft. Le premier qu'il rencontra fut le Cheualier à l'Efcu Vermeil, qui feftoit releué. Pour venger fa honte il combattoit en defefperé, & faifoit tant de proüeffes, qu'il egaloit prefques celuy de la Tour d'argent. Le Guerrier à la roze verte l'atteignit fi rudement, qu'il enuoya & luy & fon cheual les pieds en haut, tout en vn monceau. Alors tout le peuple faifi d'eftonnement ietta vn haut cry, pendant que ce Cheualier qui auoit encores fa

lance

lance entiere frappa si durement Grandonio de Volterne, que
ce superbe Espagnol vuida les arçons, & en tombant se pensa
rompre le col. Ayant fait deux si beaux coups, il rompit sa lance sur le casque enchanté de Serpentin, qui alla tenir compagnie aux autres. Et puis il mit la main à l'espée, & rendit tant
de preuues de valeur, que le bruit qui fauorisoit le Cheualier à
là Tour d'argent commeça à se perdre, tandis que les Heraus
publioient le Guerrier à la Roze verte pour le plus vaillant de
tous. Aussi il ne tiroit iamais coup qu'il ne renuersast vn Cheualier, & quelque fois deux tout à la fois, en frappant de son
espée, & de son Escu à mesme temps. Souuent il remettoit
son glaiue au fourreau, & puis empoignoit par le bras, ou par le
col les Aduersaires, les leuoit de la selle, aussi facilement qu'vn
Milan emporte vn Poulet, & les jettoit à terre. Desia les Estrã-
gers reculoient, ne pouuans plus soustenir ceste valeur incomparable, lors que le Cheualier à la Tour d'argent, qui blasfe-
moit entre ses dents le Ciel, & tous les Elements, mit en l'arrest
la plus grosse lãce qu'il eust encores employée, croyant de percer celuy de la Roze verte comme vn crible, & de l'enuoyer au
Royaume de Pluton. Son Aduersaire qui auoit desia remar-
qué sa mauuaise intention, & qui ne taschoit que de le joindre,
voyant que cestuy cy faisoit aucunement balancer la Victoire,
prit à mesme temps l'autre lance que l'vn de ses Escuyers portoit, & se prepara pour receuoir & pour donner. Qui a iamais
veu deux Thoreaux eschauffés de l'amoureuse rage se rencontrer de leurs cornes superbes, & fouurir le flanc & le dos : qu'il
s'imagine que le Cheualier à la Tour d'argent, & celuy de la
Roze verte, qui bruslent tous deux du desir de posseder la belle Clorinde, en font demesme. Le Cheualier à la Tour d'argent rencontre son Aduersaire au sommet du Casque : mais la
lance, quoy qu'extremement dure & grosse, vole en pieces jusques aux nuës, & le coup qui fait troubler la riuiere de Seine,
& pallir mille visages n'est pas capable d'esbransler celuy de la
Roze verte, qui se tient ferme aux arçons, & qui ne se remuë
non plus qu'vne colonne de metal. Mais son Aduersaire, qui
est pareillement atteint à l'armet, est tellement estourdy de la
secousse qu'il reçoit, & qui est capable de mettre à bas vne mõ-

tagne, qu'il perd les eftrieux, & les fentimens, pendant que fon Cheual l'emporte par le camp. Il reuient pourtāt à foy, & tout enragé met la main à l'efpée, & courant vers fon Riual, luy tire vne telle eftocade, que fi fon haubert n'eut efté trempé dans les flots infernaux, le miracle eut efté bien grand, f'il eut efchappé de la mort. Mais ce Cheualier qui auoit defir de vaincre, pouf-fa fon bon Cheual, & puis de fa bonne efpée atteignit fi puif-famment l'amoureux infortuné de Clorinde, que fi fon cafque n'eut efté auffi enchanté, il eut mis en pieces & luy & fon Che-ual. Neantmoins la touche extreme luy fait dōner du menton contre l'arçon de la felle, tandis que l'autre jette fon efcu der-riere fon dos, & prend fon efpée à deux mains, & luy ruë vn coup, & puis vn autre, fi bien qu'il le renuerfe fur la crouppe de fon Cheual. Et non content de cecy, il l'eftraint du bras gau-che, & luy donne fur la crefte de l'armet vn tel coup de pom-meau, qu'il l'enuoye tout eftourdy à la renuerfe. A l'heure mef-me vn bruit confus remplit toute cefte grāde campagne. Tout le monde crie que le Cheualier à la Roze verte eft le plus vail-lant. Il n'y a nul qui f'ofe prefenter deuant luy, f'il n'eft extre-mement temeraire. Il fauffe, il perçe, il renuerfe tout. Com-me on n'efpere plus de voir quelcun fur les rancs qui f'oppofe à fa valeur, deux Cheualiers paroiffent du cofté des Affaillans. Il n'y eut nul qui ne les recognut auffi toft : car l'vn eftoit le Cheualier à la Panthere, qui auoit gaigné l'honneur du pre-mier Tournoy, & l'autre le Cheualier à l'Efcu verd, qui auoit mieux fait que tout autre, en la feconde journée. En fin c'e-ftoient les Roys de Suede, & de Noruegue, qui ayāts appris par leurs Efcuyers que leur Compagnon auoit efté abbattu, mon-terent foudain à cheual, & fortirēt de leurs pauillons, croyants de venger fa honte, & de gaigner comme ils auoient fait, aux deux iournées precedentes, l'honneur du Tournoy. Tous ceux qui les apperçeurent venir, augmenterēt le grand cry que l'on jettoit, pour les proüeffes admirables du Cheualier à la Roze verte. Ces deux Guerriers rencontrerent Richardet, & Aftol-fe, qui eftoient defia laffés de tant de combats qu'ils auoient rendus, & les mirent à terre. Ils defarçonnerent encores Vi-uian, & Aldigier, & firent baifer la terre à Sanfonnet, & à Du-

don. Ils abbatirent aussi Baudouyn, & Fouques de Morillon,
auec tant d'autres qu'ils arresterent la furie des Courtisans, &
ranimerent le courage des Estrangers. La meslée fut alors fort
dure,& fort aspre,par ce que Griffon,& Aquilant s'opposerent
à ces deux Guerriers, qui auoient mis la main à l'espée, & qui
renuersoient tant d'hommes, que le nombre ne s'en peut conter. Cependant le Cheualier à la Roze verte auoit donné la
chasse d'vn autre costé aux Assaillants,& couroit bien à propos
au lieu où les deux fils d'Oliuier soustenoient les coups foudroyants des deux Roys. Les deux freres n'en pouuoient presques plus, par ce qu'outre le deuoir qu'ils faisoient de resister
au Cheualier de la Panthere,& au Cheualier Verd,ils auoient
encores a se defendre de Grandonio,de Serpentin,d'Isolier,du
Cheualier à l'Escu vermeil,& de plusieurs autres,qui leur vouloient rendre maintenant le change de ce qu'ils auoient reçeu
d'eux. Mais quand le Roy de Noruege,qui portoit l'Escu Verd
descouurit celuy de la Roze verte, il se munit d'vne forte lance,& donna des esperons à son cheual,courant comme vn foudre,& faisant trembler tous les lieux d'alentour. Le Cheualier
à la Roze verte le voyant venir auec tant de furie, se tint ferme en la selle & en ses armes. Le Roy de Noruegue l'atteignit
dans l'Escu, qui estoit enchanté, & qui resista au fer, & au bois
dont les tronçons volerent jusques à la sphere du feu. Le Cheual du bon Cheualier se plia vn peu à ceste dure rencontre,sans
que son Maistre bougeast non plus que s'il eut esté attaché à la
selle auec des clous de diamant. Mais en passant il donna vn
tel reuers sur la cime du casque de ce peu courtois Cheualier,
que toute la finesse de ses armes n'empescherent pas qu'il ne
demeurast tout estourdy sur la crouppe de son cheual. Tandis
vn des Escuyers du Cheualier à la Roze verte, mit au poing de
son Maistre vne forte lance, dont il alla atteindre si rudemét le
Cheualier de la Panthere,qui auoit quitté Griffon, & qui desja venoit en intention de faire vn mauuais party au valeureux
Guerrier,qu'il le renuersa sur l'herbe si estonné,que d'vne heure il ne sceut s'il dormoit,ou s'il veilloit. Toutesfois à ceste dure rencontre le Cheualier à la Roze verte perdit vn Estrieu, &
se plia aucunement. Les Heraus crierent alors plus hautemét:

Tout furmonte le Cheualier à la Roze verte. Roland, & plus encores Renaud eftoient fort aifes, de voir l'orgueil de ces fuberbes
ainfi raualé, & d'autant plus encores qu'ils penfoient recognoi-
ftre ce Cheualier. Cependant le Cheualier à l'Efcu verd, ayant
repris fes fentiments auoit mis la main à l'efpée, & plus gros de
venin qu'vne vipere f'eftoit approché du Vaincœur, en refolution de luy faire perdre la vie. L'autre qui ne le craignoit gueres luy vint à la rencontre, & alors l'on vid commencer à l'efpée
le plus furieux combat qui fe puiffe reprefenter. Le Roy de
Noruegue combattoit en defefperé, de forte que la plus part
de fes grands coups eftoient rués en vain, par ce que l'adreffe
de fon Riual les éuitoit prefques tous, au lieu qu'il faifoit fen-
tir à ce Roy fi fouuent la pefanteur de fon efpée, que fa tefte en
eftoit toute eftourdie. En fin le Cheualier à la Roze verte,
honteux de ce que le combat duroit tant en prefence de fon
Roy, & de tant de valeureux Paladins qui le regardoient, jetta
fon Efcu derriere le dos, & puis prit fon efpée à deux mains, &
defchargea vn coup fi horrible fur la crefte de l'armet du Roy
de Noruegue, que fans la bonté de la trempe, il l'eut fendu iufques à l'arçon. Mais neantmoins il fut force à ce vaillant Prince, d'ouurir les bras, & les jambes, & de tomber à la renuerfe,
fans aucun fentimét, en verfant de gros grumeaux de fang par
la bouche, & par les narines. Le Cheualier f'eftant ainfi dé-
pefché de ces trois mauuais garçons, eut bien toft raifon des
autres, qui fe retirerent & laifferent aux Courtifans le camp
vuide. La Nuit cependant eftendoit fes larges voiles, & les
Herauts inuitoient chacun à quitter la meflée.

Charlemagne accompagné d'Ogèr, de Turpin, de Richard
de Normandie, du Duc Aymon, & de tous fes autres Paladins,
defcendit de fon Efchaffaut. Roland, Renaud, Naymes, &
Oliuier, Iuges du Camp, vindrent à fa rencontre, & tous enfemble allerent vers le Cheualier à la Roze verte, qui mit pied
à terre, & fit vne grande reuerence à l'Empereur, & à la Compagnie, fans toutesfois ofter fon cafque. Charlemagne le prit
par la main, & le meńa vers l'Imperatrice Galerane, qui durant
les trois iours de la feite auoit toufiours fait affoir auprés d'elle
Vlanie, laquelle balançoit entre l'efpoir & la crainte, ne fça-

chant qui pouuoit eftre le Cheualier, qui auoit fi bien fait, &
qui par fa valeur meritoit la poffeffion de l'Efcu, & de fa belle
Maiftreffe. Vlanie craignoit que ce Cheualier euft moins de
beauté que de valeur,& elle fouhaittoit à Clorinde vn homme
également doüé de ces deux qualités. Mais quand l'Imperatrice eut prié Guidon d'ofter fon armet,& que l'on vid le beau
vifage du ieune Guidon le Sauuage, Vlanie reçeut autant de
contentement, que fi on luy euft fait prefent d'vne riche Prouince. Toutes les Dames qui aymoient ce Cheualier,pour les
rares perfections dont il eftoit accompli, tefmoignerent foudain la joye qu'elles en reçeurent par le cry d'alegreffe qu'elles
en ietterent.   Son Pere le bon Aymon l'embraffoit tendre-
ment, & verfoit de fes yeux mille larmes de lieffe. Son frere
Renaud, & fes autres Freres, enfemble fon coufin Roland ne
fe pouuoient faouler de le baizer. Charlemagne mefme luy
faifoit tant de careffes,qu'il n'en fit iamais dauantage au Comte d'Angers fon Neueu, lors qu'il reuint de la prife de Biferte,
eftant gueri de fa folie. En fin Clairmont,& Mongraine fe ref-
jouiffent,pendant que les traiftres de Mayence creuent de dé-
pit & de rage. Mais qui dira la douleur des trois Roys, qui fe
voyent priués deformais de l'efpoir de poffeder celle qu'ils ont
fi long temps feruie? Ils ne firent toute la nuit que blafemer
le Ciel,& les Aftres, & maudire leur fanglante deftinée. Et fi
la refolution qu'ils prindrent le foir mefme de tuer Guidon le
Sauuage ne les eut arreftés, je penfe qu'ils euffent tourné la
poincte de leur efpée contre leur eftomac. Nous les lafferons
en ce defefpoir, & dirons que quand on eut fait bonne chere,
comme de couftume,chacun f'alla repofer, & particulieremét
ceux qui auoient fupporté le trauail de la joufte, qui prit fin
ainfi que nous venons de vous raconter.

Le Soleil auoit defia couru la troifiéme partie de noftre He-
mifere, quand l'Empereur qui f'eftoit leué plus tard que de
couftume,affembla fes douze Pairs, & tous les plus renommés
Cheualiers de fa Court, pour fe confeiller à eux de ce qu'il
deuoit faire, touchant l'Efcu d'or que la Meffagere d'Ifland
auoit remis en fon pouuoir. Et alors tous les Paladins, & les
autres grands Seigneurs de fon Royaume, dirent vnanime-

ment à leur Prince, que Guidon le Sauuage le deuoit receuoir
de fa main. Qu'il eftoit raifonnable que ce braue Guerrier
jouïft du fruit de fa valeur, & que la ReyneClorinde auoit rencontré ce qu'elle pouuoit defirer, foit qu'elle jettaft les yeux
fur la beauté, fur la valeur, ou fur la Nobleffe du fang. L'Empereur ayant appreuué leur dire, alla entendre Meffe au Temple de Saint Paul, & puis donna à difner à toute fa Nobleffe à
l'Hoftel des Tournelles, dans vn beau bocage, où les Druides
faifoient jadis leur fejour. Il fit affoir auprés de l'Imperatrice
Galerane, la gracieufe Vlanie, qui reprefentoit la perfonne de
la belle Reyne d'Ifland, & fit mettre Guidon tout auprés de
luy. Lors qu'on eut defferui, & que l'on eut quitté la table,
Charlemagne fe rendit au Parc renommé de cefte maifon, la
où fe fit apporter l'Efcu d'or, qu'il prit, & puis appella Guidon,
& luy tint ce langage : *Mon Fils, puis que j'ay efté choifi pour*
bailler cet Efcu au plus digne Cheualier que je fçache, & qui
merite au meftier des armes l'honneur que la Reyne d'Ifland
acquiert fur toutes les Beautez, il faut que je publie deuant
toute cefte noble Affemblée, que ta valeur me femble telle,
qu'autre que toy n'eft digne de receuoir ce prefent. Ie te le don-
ne donques, fuiuant le pouuoir que j'ay de te le donner : & te
commande que le plus toft qu'il te fera poffible, tu l'ailles ren-
dre de ma part à la digne Princeffe, qui me l'a enuoyé, afin
qu'elle te recompenfe fuiuant que fa parole, & fon deuoir l'o-
bligent. Guidon tout honteux de ces loüanges, & raui d'aife
pour le rare prefent que l'Empereur luy faifoit, mit vn genouil
à terre, & refpondit en ces termes : *Inuincible Augufte, à qui*
l'on donne plus juftemét le furnom de Grand, qu'au vaincœur
de l'Afie, je reçois ce digne Efcu, puis qu'il viét de voftre main,
encores que ce foit auec autant de regret de le poffeder aufſi in-
dignement, que celle qui l'enuoye eft digne d'eftre adorée. Ie
m'efforceray neantmoins de rendre toufiours recommandable
par ma fidelité le jugement de mon Maiftre, lors que le Ciel

me sera si fauorable que de me donner la possession de ma Mai-
stresse. Acheuant ce discours Charlemagne le releua en l'em-
brassant, & luy donna le riche Escu. Le jour mesme Guidon
fit preparer son Equippage afin de partir dans deux ou trois
jours de la Court auec Vlanie, qui estoit si aise d'auoir si bien
accompli son Message, qu'elle estoit demy-folle de plaisir. Elle
estoit encores extrememét joyeuse d'estre deliurée de la compagnie des trois Roys : car elle sçauoit que sa Maistresse ne les
aymoit nullement, & que pour se defaire d'eux, elle les auoit
enuoyés en France. Mais tandis que Guidon se prepare à partir, & que les trois Roys sont resolus de luy tendre des embu-
sches, & de luy oster l'Escu & la vie, nous reprendrons le discours de Ferragus, que nous laissames empestré dans les filets
de fer, & dirons le traittement qu'il reçeut du Magicien qui
l'attrappa comme vous aués leu cy dessus.

Nous laissafmes, si j'ay bonne memoire, le vaillant fils de FERRAGV
Lanfuse dans vne grosse tour au Palais enchanté du Magicien
Aronce. Ie vous disois que cet Enchanteur voulant venger
la mort de son frere Ottacier, que Ferragus tua, eut recours à
ses Esprits, afin de paruenir au but de ses desseins. Mais ces
malheureuses ames luy reuelerét que tout le trauail qu'il prendroit, pour faire mourir ce Cheualier d'Espagne, seroit inutile,
par ce que ses Destins auoient resolu qu'il mourroit de la main
du Paladin Rolãd & non d'autre, entre deux Pôts qui sont ba-
stis sur vne petite riuiere, esloignée de Poictiers de deux journées. Aronce impatiét de l'execution de l'arrest des Destinées,
auoit fait bastir ce Palais par les Demons, où il auoit enchanté,
ainsi que vous sçaués, Fleur-d'espine, Doralice, & autres Dames
d'Espagne, esperant d'y attirer, comme il fit, le renommé Ferragus. Quand il le tint donques en son pouuoir, il l'alla treuuer dans la prison, & luy tint ce langage : Encores que j'eusse
tous les subjects du monde de me venger du mal que vous
aués fait en mon logis, en mettãt à mort ceux qui le gardoient:
toutesfois si vous me voulés promettre vn don, qui ne vous
peut estre qu'honorable, non seulement je vous donneray la liberté, & remettray en vostre pouuoir la Princesse d'Espagne,

& celle de Grenade : mais encores je vous aſſiſteray en vos amours. Ie ſçay que vous aymez vne ingratte qui vous meſpri-ſe, & qui vous fuit, & je vous promets que par mes charmes je vous la rendray ſi douce, qu'il ne tiendra qu'a vous d'en auoir la jouiſſance. Ferragus qui auoit le cœur ſi gros, & ſi enflé de deſdain, qu'il ne pouuoit parler, tant la rage le poſſedoit, pour la trahiſon qu'on auoit commiſe enuers luy, oyant vne ſi belle promeſſe, ſentit fondre au meſme inſtant la dureté de ſon cœur, comme les neiges, & les torrents glacés, qui eſtoient auparauãt ſi durs, ſe fondent au ſouffle des Vents tiedes du Midy. Son vi-ſage qui eſtoit deſia tout calme & tout ſerain, fit que ſa bou-che reſpondit en ces termes : Ie promets d'accomplir tout ce que vous me cõmanderés. I'oublie deſormais tout ce qui ſ'eſt paſſé. Dites moy librement ce que vous voulés que je face pour vous, & vous verrés que je mettray peine de l'executer. Il y a (repart l'autre) vne riuiere qui court au deſſous de ce co-ſtau. Elle ſ'y diuiſe en deux branches, & fait vne petite Iſle qui contient vn quart de lieuë de rondeur. A chaque branche eſt vn pont, où il conuient que ceux qui viennent de Guienne & de Gaſcogne paſſent d'vn coſté, & ceux là qui vont en ces Pro-uinces paſſent de l'autre. Au milieu de ceſte Iſle eſt vne belle & forte Tour qui m'appartient. C'eſt là que je veux que vous vous arreſtiés deux mois tous entiers, à la charge, que durant ce temps vous defendrés les deux paſſages à tous les Cheua-liers qui y aborderont : & aprés les auoir vaincus leur oſterez leurs armes, & les pendrez à la muraille qui enuironne la groſ-ſe Tour. Ayant accompli ce terme de deux mois, je vous don-neray les Princeſſes d'Eſpagne, & vous feray preſent d'vn char-me qui forcera la belle Angelique à vous aymer. Cependant, afin que vous cognoiſſiés mieux la franchiſe de mon ame, vous aurez le plaiſir de voir Fleur-d'eſpine, & Doralice, par le moyen d'vn treillis de fer, d'où elles pourront eſtre les teſmoins des beaux faits d'armes que vous acheuerez. L'Eſpagnol ac-corda librement au cauteleux Magicien tout ce qu'il voulut, & il luy eut encores promis la Lune, & tous les Elements : car, eſt il rien au monde que les Amoureux ne promettent, pour jouir de leurs Maiſtreſſes ? A l'inſtant meſmes Ferragus ſe

treuua

treuua delié. Aronce le mena au lieu qu'il luy auoit d'efcrit, & le fit entrer dans vne groffe Tour, efleuée fur vne haute motte de terre, & fi bien enuironnée de tous coftés de rampars & de baftions, que toutes les forces des Mortels n'euffent point efté capables de la prendre. A vn coing de la baffe court paroiffoit vn corps de logis dont les murailles eftoient d'acier. Les fene-ftres eftoient defenduës par des barreaux d'or maffif, où deux belles Dames deuifoient à l'heure. Au refte quatre Efcuyers auoient la charge de feruir dans la Tour (qui eftoit fort bien meublée) le Prince d'Efpagne, & de luy apprefter tout ce qui eft neceffaire pour la vie de l'homme. Au deffus du Donjon vn Trompette fe tenoit tant la nuit que le jour, afin de fonner, & d'aduertir Ferragus de la venuë des Guerriers que la Fortu-ne, ou le defir d'acquerir de la Gloire y amenoit à toute heure. Le Prince de Caftille, y rendit en peu de jours tant de preuues de valeur, & y fit laiffer les armes à vn fi grand nombre de Che-ualiers, tant Chreftiens que Sarrafins, que la Renommée fema bien toft le bruit de cefte Auenture par toute l'Europe. Tous les foirs, lors qu'il fe retiroit, tout couuert de palmes & de lau-riers, il auoit le contentemét d'entretenir Fleur-d'efpine, qu'il aymoit autant que fa propre feur. Auffi elle eftoit fa coufine germaine, & ils auoient efté efleués & nourris enfemble, de-puis leur berçeau, à la maifon du Roy Marfille. Il deuifoit en-cores fouuent auec la belle Doralice, qu'il auoit autrefois ay-mée, comme vous aués leu dans l'Amoureux, & pour l'amour de laquelle le jaloux Rodomont le combattit en la foreft des Ardennes. Nous le quitterons pour quelque temps, & retour-nerons à la Court de Charlemagné, pour y voir ce que font les Paladins, & particulierement le grand Comte d'Angers.

Roland voyant que tout eftoit calme, & que la France, qui ROLAND. auoit efté battuë de tant d'orages, auoit rencontré vne heureu-fe bonace, prit congé de fon Oncle, après que fon coufin Gui-don eut gaigné le prix du Tournoy, & auec Alde fon Efpoufe, fit vn voyage à Angers, où fes fubjects le reçeurent auec vne lieffe, qu'on ne fçauroit defcrire. Tout le peuple des villes où il paffoit, couroit en foule pour voir ce grand Cheualier, qui auoit rempli toutes les contrées d'où le Soleil fe leue, & fe cou-che du bruit de fa valeur. Son nom retentiffoit par tout, & les benedictions que l'on luy donnoit, montoient jusques au Ciel. Le bon traittement que luy firent ses subjects, le conuia de se-journer à Angers plus long temps, qu'il n'auoit promis à son Oncle, & à ses Amis, qui en son absence, estimoient la Court vn desert, & vne demeure funeste. Cependant il alloit pres-ques tous les jours à la Chasse du Cerf, ou du Sanglier, où il prenoit vn plaisir extréme, quand ses mains n'estoient point employées aux exercices de la Guerre. Mais vn iour en pour-suiuant vn Sanglier qui auoit rompu les toiles, la chaleur du Soleil le pressa de se reposer sous vn Chesne, en intention d'y attendre ses gens, qui l'auoient perdu, & qui le cherchoient par la forest. Comme il estoit prest de fermer les yeux, & de s'endormir sous cet arbre, il ouyt vn bruit, qui le fit soudain le-uer debout, & en sursaut. Lors vn venerable Vieillard qui portoit vne grande barbe blanche, qui luy descendoit jusques à la ceinture, se presenta à luy, & auec vne face & des yeux rou-ges de colere, luy tint ce discours : *O qu'il faict beau voir le Comte de Blaye, si peu soucieux de son honneur, & plongé si auant dans les delices des voluptés ! Faut il qu'vn meschant Sarrasin publie par tout que Roland n'a point de courage, puis qu'il luy laisse paisiblement la possession du casque d'Almont? Ha! valeureux Comte, il y va par trop de ta reputation. Re-cherche Ferragus, & non les hostes des Forests, & venge l'af-front que ce vanteur Espagnol fait en te blasmant, à tous les Paladins de France, autrement toute la gloire que l'on te don-ne d'estre si valeureux, ne sçauroit estre jamais dignement loüée de la posterité.* Acheuant ces paroles le Vieillard disparut cô-me vn Esclair, & Roland en deuint si confus, & si gros de cole-re, qu'il ne pouuoit presques respirer. Lors qu'il fut vn peu re-uenu à soy, il mit en bouche le Cor d'Almont, afin d'appeller ses Veneurs. Toute la forest resonna du son du Cor, & dãs peu de temps il fut enuironné d'vne infinité de personnes qui le cherchoient. Il prit le chemin de la ville, & fit ce que ie vous diray en l'autre Auenture.

Fin de la septiéme Auenture.

ARGVMENT.

Guidon le Sauuage est attaqué par les trois Roys. Il est secouru par vn Cheualier Estrange, & tous deux mettent à mort leurs Aduersaires. Roger,& Marfise combattent Guidon, & ce Cheualier incognu. Bradamante les separe, & puis elle, & Marfise, auec Roger, & ce Cheualier Estrange qui est recognu pour Leon, prenent congé de Guidon, & retournent à la Court de Charlemagne. Par les trois Roys nous apprenons que les ames meschantes & traistresses voyent tousjours leurs desseins renuersez. Et par Guidon,que le Ciel assiste bien souuent les gens de bien, lors que leur salut semble estre desesperé.

AVENTVRE VIII.

POVRSVIVEZ de m'esclairer au fort de la tourmente,ô belle Estoille de mes vœux: Sauués moy de tant de Syrtes,& d'Escueils qui menacent mon fresle vaisseau. Il est encores bien esloigné du Port : mais il espere d'acheuer heuréusement son voyage, si ses voiles sont enflées du vent de vostre faueur.

Le Comte Roland eut l'ame si viuemét atteinte des reproches que le Vieillard luy fit dans la forest, qu'aussi tost qu'il fut à son Hostel, il s'enferma dans vne chambre tout seul, là où ayant bien digeré ces paroles, il se resolut de partir le soir mesme, pour aller treuuer l'Espagnol, afin de luy oster le casque que le Paladin gaigna jadis en Aspremont,quand il mit à mort le frere du Roy Trojan. Lors que la Nuit eut assemblé toutes ses Estoilles, il commanda à l'vn de ses Escuyers, d'aller mettre la selle à son Bridedor,& à vn autre des meilleurs Cheuaux de son Escurie. Le Paladin cependant s'arma de toutes armes, & laissa l'Escu escartelé de blanc & de rouge,afin de n'estre point

cognu. Ainfi il partit le plus fecretement qu'il peut, fuiui de
fon Efcuyer, qui portoit la lance, & l'Efcu de fon Maiftre. Ils
marcherent toute la nuit, & la moitié du jour fuiuãt, fans treuuer chofe qui les arreftaft. Sur le Midy ils rencontrerent vn
More, qui auoit vn gros nés, & de groffes leures, & qui eftoit fi
contrefait qu'Efope ne le fut iamais dauãtage. Il eftoit mõté
fur vn grãd genet d'Efpagne, qu'il faifoit aller au galop. Quand
il apperçeut le Paladin qui venoit à fa rencontre il f'arrefta. Ie
vous apprendray vne autrefois la fin de cefte Auenture. Ie
veux premierement efcrire de Guidon le Sauuage, qui ayant
receu de Charlemagne le riche Efcu, a pris le chemin d'Ifland,
accompagné de la gracieufe Vlanie.

GVIDON.

Le Frere de Renaud cheminoit auec la belle Meffagere,
qui l'entretenoit des rares beautez de la Reyne Clorinde. Elle
luy difoit que fa Maiftreffe eftoit le viuant pourtrait des perfections de Cypris. Qu'il beniroit le iour d'vne telle conquefte,
lors qu'il auroit l'heur de la voir, puis qu'il n'y auoit que les
marbres, & les cailloux, qui peuffent f'empefcher de l'aymer.
En fin elle luy affeuroit que le Ciel & la Nature auoient con-
tribué à fa naiffance toutes les qualitez, qui font naiftre le defir, & mourir l'efperance. Guidon qui eftoit defia tout allumé
de l'amour de Clorinde, & qui depuis qu'il vid fon pourtrait,
nourriffoit dans fes mouelles vn feu qui ne f'eftaint iamais, prenoit vn extréme plaifir en ce recit, & ne vouloit iamais ouyr
parler que de fa Maiftreffe. Mais vn iour comme ils eurent
trauerfé vne grande foreft, qui eft aux confins de l'Allemagne,
ils defcendirent à vn valon qui menoit à vne belle campagne.
A peine furent ils au pied du coftau, que trois Cheualiers parurent du cofté gauche. Ils venoient à toute bride vers eux, auec
vne contenance qui ne tefmoignoit guere d'amitié. Ha! bon
Cheualier (dit alors Vlanie à Guidon) prenés garde à vous. Ie
me doute fort que ces trois Cheualiers, ne foient les trois Roys
qui m'ont accompagnée depuis la Mer glacée iufques en Frã-
ce. Ils font fafchez de ce que vous aués gaigné l'Efcu, & par
mefme moyen fruftré leur efpoir de l'aquifition qu'ils fe figu-
roient de Clorinde. Vlanie n'eut pas loifir de continuer fon
difcours : car les trois Roys venoient la lance baiffée, & en ve-

nant ils faifoiét plus de bruit, que ne font les vagues de la Mer,
lors qu'Æole y laiſſe courir ſes Eſprits venteux. Guidon donne pareillement des Eſperons à ſon Cheual, & couchant ſon
bois, les va rencontrer, en bruyant de meſme qu'vn torrent,
lors qu'il deſcend d'vne haute Montagne. Les trois Roys ne
faillirent nullement d'atteinte. L'vn l'atteignit au caſque, &
les autres deux dans l'Eſcu, ſi violemment, que ces trois coups,
qui eſtoient capables de renuerſer vne Tour, eſbranlerent tellement le bon Guidon, qu'apres auoir balancé d'vn coſté
& d'autre, il ſe treuua aſſis ſur le pré, pendant qu'il rencontra
auec tant de force le Roy des Goths, qu'il redoutoit plus que
les deux autres, qu'il l'enuoya hors des arçons tout eſtourdy à
la renuerſe, & tout froiſſé de ceſte cheute. Cependant le frere de Renaud ſe mit legerement ſur les pieds, & ayant embraſſé ſon Eſcu, & mis la main à l'eſpée, attendit de pied coy les
deux autres, qui ayants acheué leur carriere, venoient le glaiue au poing, & en deſſein de luy faire paſſer leurs cheuaux ſur
le ventre. Mais Guidon ſe treuua ſi ferme, que quand le Roy
de Suede fondit ſur luy, il pouſſa ſi rudement ſon Cheual, qu'il
l'abbattit auec ſon Maiſtre, & puis d'vn grand fendant couppa
les jarrets, au Deſtrier du Roy de Noruegue. Le Roy des
Goths ſ'eſtoit alors deſia releué, & tout plein de rage eſtreignoit ſon eſpée trenchante, & ſ'approchoit de Guidon pour
luy faire vn mauuais party, en l'attaquát par derriere. Ce qu'il
eut fait ſans doute ſi Vlanie n'eut crié hautement. *Gardés vous*
(bon Cheualier) de ce traiſtre. A ces mots Guidon ſe tourna, &
eut loiſir d'oppoſer ſon Eſcu à la ruïne du glaiue de ce Barbare,
qui en couppa tout vn quartier. Et Guidon luy rua vn tel reuers ſur le comble de l'armet, qu'il luy fit donner du nés à terre. Ses deux Compagnons ſ'eſtans deſpeſtrés de leurs Cheuaux, aſſaillirent de nouueau Guidon, & alors on vid le plus
cruel combat, qui ſe puiſſe imaginer. Les lieux d'alentour en
trembloient d'horreur, & toutes les beſtes des foreſts prochaines ſe cachoient de frayeur dans leurs tanieres. La belle Vlanie arrachoit cependant ſes blonds cheueux, appelloit à ſon aide le Ciel, & maudiſſoit la perfidie de ces trois inhumains
Princes. Comme elle faiſoit retentir ſes gemiſſements, vn

Cheualier, qui portoit des armes dorées, defcendoit à grande courfe de cheual du coftau. Soudain qu'il apperceut ce cruel combat, il fut tout eftonné de cefte eftrange procedure. Il blafma incontinent le peu de courtoifie des trois, qui affail-loient ainfi vn feul, & voulant f'approcher d'eux pour f'infor-mer de leur querelle, il tourna les yeux, & vid la dolente Vla-nie, qui inuoquoit les Dieux à fon fecours. Le Cheualier eftrã-ge la recognut foudain qu'il jetta fes regars fur elle, de forte qu'au lieu d'aller vers les Cheualiers, il f'approcha de cefte Ef-plorée, & f'informa du fubjeft de fon dueil. Vlanie, qui eftoit fi tranfportée de douleur, qu'elle n'auoit point encores pris garde à ce Cheualier, hauffa les yeux, & voyant vn homme qui paroiffoit eftre fi courtois, luy tint ce langage. Ie vous conjure (bon Cheualier) par la Beauté qui poffede voftre ame, de fe-courir le plus beau, & le plus vaillant Guerrier du Monde, que ces cruels veulent mettre à mort par la plus grande trahifon qu'on ait jamais inuentée. S'il n'y auoit du peril au delay, ie vous en conterois l'hiftoire : mais vous l'apprendrés f'il vous plaift, lors que vous aurés garanty ce valeureux Cheualier, des mains de ces perfides. Ce Guerrier aux armes dorées qui co-gnoiffoit Vlanie, & qui fe voyoit conjuré par vne chofe qui luy eftoit plus chere que fon ame, fauta du cheual à terre, & em-braffant fon Efcu, mit la main à fa bonne efpée. S'eftant rengé du cofté de Guidon, il luy tint ce propos : *Courage, braue Cheua-lier, chaftions ces traiftres comme ils meritent.* Acheuant ces mots il defchargea vne fi horrible eftocade entre la cuirace, & la taf-fette du Roy de Suede, que fon Efpée luy perça d'outre en ou-tre le corps, & la poincte parut vn pied au deffous du dos. Il la retira legerement, & ce Roy en rouant les yeux, tomba à la renuerfe froid & blefme. Guidon defchargea vn fi puiffant coup à l'heure mefme fur la crefte de l'armet du Roy des Goths, que fon cafque enchanté vola hors de fa tefte, fi bien que Guidon, en redoublant le coup luy couppa d'vn reuers la moitié de la tefte. Tandis le Roy de Noruegue, qui auoit veu tomber le Roy de Suede, f'eftoit lancé de rage fur le Cheualier incognu, penfant luy efcrazer la tefte à coups de pómeau : & ce Cheualier l'auoit pareillement eftraint de fes bras. Le Roy

de Noruegue eſtoit doüé d'vne extréme force, & ce Cheualier
n'eſtoit pas moins fort: mais il eſtoit plus adroiĉt. Comme ils
taſchoient de ſe porter à terre, le Cheualier eſtrange tira habi-
lement vn poignard qu'il auoit à ſon coſté, & le planta iuſques
aux gardes dans les reins de ſon Aduerſaire, qui à l'inſtāt laſcha
ſa priſe, & cheut à terre, en ſanglottant, & en vomiſſant vn gros
ruiſſeau de ſang de ſa bouche. Lors que ces Traiſtres eurent
la fin qu'ils meritoient, Guidon ſ'approcha du Cheualier incognu, & hauſſant la viſiere, l'embraſſa amoureuſement, en le
ſuppliant de vouloir oſter ſon caſque, afin qu'en le cognoiſſant
il luy peuſt rendre l'honneur qu'il meritoit. L'autre luy dit, que
ſon nom eſtoit encores ſi peu cognu au monde, que ſon deſſein
eſtoit de ne le publier point, iuſques à tant qu'il fut digne d'e-
ſtre proferé. Guidon voyant qu'il ſe celloit, ne le voulut pas
importuner dauantage. Le Cheualier eſtrange monta ſur ſon
Cheual, & Guidon prit l'vn des cheuaux des Traiſtres, ſur les
corps deſquels leurs Eſcuyers faiſoient de pitoyables lamen-
tations. Ce Guerrier incognu apprit d'Vlanie le ſubjeĉt
qui auoit pouſſé ces trois Cheualiers d'attaquer Guidon le
Sauuage, qu'il recognut ſoudain qu'il délaça ſon caſque. Il
chemina auec eux; En marchāt la gracieuſe Meſſagere d'Iſlād
luy recita tout le ſuccés du grand Tournoy, que Charlemagne
auoit fait publier, & comme Guidon en auoit gaigné le prix,
de ſorte qu'ils ſ'en alloient au Royaume de la belle Clorinde.
Elle luy apprit encores que ces trois Cheualiers qui auoient attaqué Guidon, eſtoient les Roys de Suede & de Noruegue, &
celuy des Goths, qui ſ'eſtants vantés en Iſland de gaigner l'Eſcu, vouloient ſans doute mettre à mort ce braue Cheualier,
par ce qu'il les auoit vaincus au Tournoy. Le Guerrier qui l'eſ-
coutoit fut extremement aiſe de la bonne fortune de Guidon,
qu'il aymoit, aprés Roger, plus que tous les hommes du monde. Aprés auoir cheminé quelques deux lieuës, ils monterent
ſur vn petit coſtau tout couuert de rozes. Vn petit ruiſſeau
auſſi clair que du criſtal y couroit à trauers. Ils y deſcendirent,
& ſ'y repoſerent iuſques à tant que la plus violente chaleur du
jour fut paſſée. Eſtans remontés à Cheual, comme le Guerrier
incognu, cheminoit auec Guidon le long de ce ruiſſeau, & qu'il

eſtoit preſt de prendre congé de luy & d'Vlanie, deux Cheualiers montés à l'auantage, & ſuperbement armés, parurent à
leurs yeux. L'vn d'eux qui portoit vn Phenix ſur ſon Caſque,
ſ'eſcarta de ſon Compagnon, & la lance au poing cria à Guidon, & au Cheualier aux armes dorées, ſ'ils auoient enuie de
rompre vne lance. Le Cheualier aux armes dorées pria Guidon de luy donner l'honneur de ceſte jouſte. Ayant obtenu ſa
demande, il deffia le Cheualier du Phenix, & tous deux en
bruyant comme vne tempeſte, aprés auoir fait voler les eſclats
de leurs lances juſques à la Sfere du feu, ſe rencontrerent d'eſcu, de corps, & de teſte ſi violemment, que leurs cheuaux ne
pouuans ſouſtenir ceſte dure atteinte, donnerent de la crouppe en terre. Ils les firent pourtant releuer à coups d'eſperons,
& puis ayants mis la main à l'eſpée, ſe vindrét treuuer auec vne
extréme fureur. Mais principalement le Cheualier du Phenix, qui auoit accouſtumé de renuerſer tout, & de ne tomber
iamais, eſtoit tranſporté d'vne telle rage, qu'il ſembloit proprement à vn Tygre d'Ircanie, lors qu'on luy a dérobé ſes petits.
Les coups qu'ils ſe ruoient eſtoient ſi grands, que tant ſ'en faut
que d'autres armes que les leurs euſſent eſté capables de les re-
boucher, que des enclumes meſmes de diamant n'euſſent peu
y faire reſiſtance. Tandis qu'ils ſont ſi furieuſement acharnés, le Compagnon du Cheualier du Phenix deffie Guidon, qui accepte le deffi, & qui ſ'appreſte de mettre par terre
cet Aduerſaire. Mais il ſe trompe bien fort : car l'autre qui ne
fait non plus de cas de ceux qu'il attaque, que de la paille, ou
que du verre, fond ſur luy, & en courant l'on diroit que la terre ſ'abiſme, pendát que Guidon fait retentir d'vn bruit eſpou-
uentable les valons d'alentour. Leurs lances en ſe rompant
rendirent vn ſon pareil à celuy d'vn tonnerre. Guidon plia à
ceſte rencontre; neantmoins ce fut ſi peu, qu'on ne le remar-
qua preſques point, pendant que l'autre demeura plus ferme
ſur la ſelle, que ne fait vn Eſcueil de la mer, lors que les Vagues
le battent. Ayants mis la main à l'eſpée, l'air bruit & rezonne
en haut, & leurs caſques, leurs hauberts & leurs Eſcus font paroiſtre qu'ils ſont plus durs que des enclumes. Auſſi Vulcan y
fit ſuer tous ſes Cyclopes en Lemnos, lors qu'il forgeoit les armes de

mes de l'vn de ces deux Cheualiers : & les armes de l'autre furent trempées dans le fleuue d'Auerne, par vne Magicienne,
qui eſtoit grande amie de Conſtance, mere de Guidon le Sauuage. Si le bras de l'vn eſtoit peſant, croyés que celuy de l'autre n'eſtoit pas leger. La meſure des coups qu'ils ſe rendoient
eſtoit fort égale : mais neãtmoins ſi horrible qu'elle euſt eſpou-
uanté le Dieu Mars meſme. Tandis que ces quatre Guerriers
ſont ſi acharnés au combat, & que le courroux, & la fureur ſ'au-
gmentent, & principalement l'orgueil de Marfiſe, qui ſ'eſtime
deshonorée dans ſon ame, de ce qu'vn ſeul Cheualier luy faiꞗ
ainſi reſiſtence, Vlanie frappe le Ciel de ſes plaintes, & accuſe
la Fortune qui ſe plaiſt à luy donner à toute heure quelque trauerſe. Mais pendãt qu'elle ſ'afflige, & qu'elle verſe de ſes yeux
vne tiede fontaine, vn autre Cheualier, qui à ſa contenance té-
moignoit d'eſtre veillant & adroiꞗ, arriue. Ses armes eſtoient
auſſi blanches & auſſi polies que de l'yuoire, & pour cimier il   BRADA-
auoit vn grand pannache blanc, qui flottoit au gré du vent, cõ-   MANTE.
me vn petit arbriſſeau. Son Cheual eſtoit noir comme de la
poix. Si toſt qu'il apperçeut ce cruel combat, il le conſidera
vn peu, comme tout eſbahi. Aprés il tourna ſes regars & recognut Vlanie. Incontinent il courut les bras ouuerts pour l'embraſſer, ayant premierement hauſſé la viſière. La Meſſagere
d'Iſland ayant apperceu ce beau viſage (car il faut que vous
ſçachies que c'eſtoit Bradamante qui ſ'égara dans vn bois, ainſi que ie diſois cy deuant) fut trãſportée d'vn tel excez de ioye,
que ſi la fille d'Aymon ne l'euſt ſouſtenuë de ſes bras, elle euſt
de ſon long meſuré la terre. Bradamante ſ'informa d'elle, qui
eſtoient les deux Cheualiers qui reſiſtoient ſi genereuſement à
celuy du Phenix, & à ſon Compagnon. Ha! Madame (dit V-
lanie en ſanglottãt) je ne cognois point le Cheualier qui combat celuy du Phenix. Ie luy ſuis pourtant fort obligée : par ce
qu'il a ſecouru aujourd'huy voſtre frere Guidon, qui eſt l'autre, que vous deſirés de cognoiſtre, & qui aprés auoir gaigné en
plein Tournoy, l'Eſcu d'or, ſ'en alloit auec moy en Iſland pour
eſpouſer la Reyne Clorinde. Or ce matin il a eſté aſſailli par
les trois Roys que vous abbatiſtes deuant la porte de la fortereſſe de Triſtan, & cet autre qui eſt auec luy, l'a ſi bien aſſiſté à

Q

ſon beſoing qu'ils ont mis à mort les Traiſtres. Et maintenant ceux cy, que Dieu puiſſe maudire, nous retardét comme vous voyés. Quand la Dame de Dordonne entendit ces paroles, elle quitta ſoudain Vlanie, & fit ſentir les Eſperons à Rabican, qui de viſteſſe paſſe les Vents, & ſ'approchant des Cheualiers, la viſiere haute, leur cria : Arreſtés vous, beaux Sires : Il faut employer voſtre eſpée ſur le dos de ceux de Mayence, & non ſur le front de ceux de Mongraine, ou de Clairmont. Le Cheualier qui combattoit Griffon, ayant ouy la voix de Bradamante, qui venoit derriere luy à grande courſe de Cheual, ſe tourne, pendant que Guidon, qui recognoiſt ſa ſeur, court pour l'embraſſer. L'autre eſtimant que c'eſtoit pour luy faire du deſplaiſir, fit à meſme temps faire à ſon bon Cheual vn ſaut de trente pieds, & atteignit Guidon ſi furieuſement ſur la creſte de ſon armet, qu'il le fit tout chanceler. Et voulant redoubler, Bradamante toute effrayée luy dit tout haut ces paroles : *Ceſt mon frere Guidon.* Quand ce Cheualier cognut que c'eſtoit le gentil Sauuage, il jetta ſon caſque à terre de grande colere, & courut pour baiſer Guidon, qui eſtreignoit deſia ſon eſpée de grand courroux, pour ſe venger de ſon Aduerſaire, le valeu-

GER. reux Roger. Mais lors qu'il apperçeut ſon beau frere, il jetta pareillement ſon caſque à terre, & deſcendit de Cheual, pour luy embraſſer les genoux. Roger ſauta auſſi promptemét hors de la ſelle, & alors en ſ'eſtreignants amoureuſemét, ils ſ'informerent de leurs Auétures. Comme Guidon racontoit en peu de mots à Roger, & à Bradamante, ce qui luy eſtoit ſuccedé depuis leur depart de la Court de Charlemagne, le Cheualier du Phenix, & le Compagnon de Guidon laſſés du côbat ſ'eſtoient vn peu reculés l'vn de l'autre, ſans mot dire, afin de prendre haleine. Toutesfois quand celuy du Phenix, aprés auoir conſideré le Cheualier qui le trauailloit de la ſorte, jetta ſes regars ſur les trois autres, & qu'il vid Guidon, & Bradamante, il ſauta legerement de ſon Cheual, & tint ce diſcours à ſon Aduerſaire : Cheualier, je viendray tout maintenant à toy : mais il faut qu'auparauant je parle à ces Guerriers. Comme tu voudras (reſpôd le Cheualier) Tu me treuueras touſiours preſt à te receuoir. L'autre ſans eſcouter ſa reſponſe, délace ſon caſque, &

court auſſi vers Guidon, afin de luy teſmoigner combien il faiſoit eſtime de ſa valeur. Mais à peine eut il deſcouuert ſon viſage, qu'il ouurit le Paradis, & toutes les plus belles choſes que l'ame peut deſirer. Le Cheualier Eſtrange qui auoit l'œil aux MARFISE façons de faire de ce Guerrier qui auoit mis ſi legerement pied à terre, recognoiſſant la belle, & valeureuſe Marfiſe, fut tellement eſblouy des rayons de ce beau viſage, & ſi faſché d'auoir commis vn tel crime que d'offenſer celle pour qui il euſt voulu perdre mille vies qu'il tira du profond de ſon Eſtomac vn grád ſouſpir, & cheut tout éuanouy de ſon Cheual. O Dieux (ce dit alors Marfiſe) en tournant la face, ce ſeroit vn grand dommage ſi ce Cheualier eſtoit mort. Guidon qui auoit ouy ce profond ſouſpir, & qui le vid choir ainſi paſmé, courut la larme à l'œil pour le releuer. Roger, & Bradamante en firent autant: Neantmoins ils ne peurent courir ſi promptement, que l'autre ne fuſt deſia ſur les pieds, & que s'approchant de ſon Cheual, il ne ſe remiſt d'vn ſaut en ſelle. Si toſt qu'il fut à cheual, il luy fit ſentir les Eſperons, & s'eſloigna de ceſte Compagnie, toute eſtonnée de ce depart ſi ſoudain. Ie veux mourir (dit alors Bradamante tout haut) ſi ce Cheualier qui nous quitte n'eſt Leon de Grece. Ie le dis par ce que ie dois bien cognoiſtre le LEON. Cheual qu'il monte : puis que c'eſt Battolde, qui fut jadis au courageux Brandimart, & lequel j'oſtay au ſuperbe Rodomont, lors que ie le mis à terre deuant le ſepulchre d'Iſabelle. Mon ame (replique Roger) ſi cela eſt, je vous conjure par noſtre commune amour, de demeurer icy aux bords de ceſte claire fontaine auec mon Frere Guidon, & auec la gracieuſe Vlanie. Cependant ma ſeur Marfiſe, & moy irons aprés luy. Les obligations que nous luy auons ſont ſi grandes, que quand nous luy donnerions noſtre vie, encores luy ſerions nous redeuables. I'eſpere que nous reuiendrons ce ſoir meſme : toutesfois, ſi noſtre retour eſtoit tardif, vous nous attendrés deux jours entiers, & puis ſi vous n'auez de nous autres nouuelles, mon frere pourſuiura ſon voyage, & vous nous treuuerez à la Court de noſtre Empereur. Acheuant ce diſcours, luy & Marfiſe monterêt à cheual, & ayant pris congé d'vne ſi chere Compagnie, firent courir leurs Courſiers ſur les traces de Leon. Il

Q ij

faut que ie me deſtourne vn peu de ce reciť afin que ie vous conte les merueilles que faiſoit Ferragus dans la petite Iſle, aſ-ſiſe entre deux Ponts.

FERRAGVS. Le valeureux Sarraſin, qui auoit promis au Magicien Aron-ce de garder le Paſſage des deux Ponts, & de faire laiſſer les ar-mes à tous les Cheualiers qui auroient deſir d'eſpreuuer ſa lan-ce, ou ſon Eſpée, deſarma dans peu de jours tant de Guerriers, que les murailles de la Tour eſtoient toutes parées de caſques, de cuiraces, d'eſcus, & d'eſpées. C'eſtoit vn grand chemin paſ-ſant, & alors vne infinité de Cheualiers reuenoit du grand Tournoy : de ſorte que leur honneur les obligeoit d'eſſayer ſi le Payen eſtoit auſſi fort qu'on le publioit. Grandonio meſ-mes, Serpentin, & Iſolier, qui retournoient en Eſpagne, y laiſ-ſerent leurs armes : encores que ce fuſt au grand regret de Fer-ragus, par ce que deux de ces Cheualiers eſtoient ſes couſins germains, & l'autre ſon Frere. Mais la promeſſe qu'il fit au Magicien, & l'eſpoir que cet Enchanteur luy auoit donné de le rendre jouiſſant d'Angelique, luy oſtoit toutes ſortes de re-ſpects. Le bruit de la valeur de cet Eſpagnol courut en peu de temps par toutes les Gaules. On ne parloit que de ceſte Auen-ture. Sanſonnet, Viuian, Dudon, & Aſtolfe, pouſſés du de-ſir d'accroiſtre leur renom, & ſe faſchants de demeurer oiſifs, voulurent ſçauoir ſi la valeur de ce Guerrier eſtoit égale à ce que l'on en racontoit. Mais ce Payen les rengea ſi bien à ſon plaiſir, qu'il les laiſſa aller, auec vn baſton à la main, comme l'on fait quelques ſoldats qui gardoient vne place, & qui ont eſté contraits de faire vne honteuſe compoſition. Tandis qu'il eſle-ROLAND. ue des trophées d'immortelle valeur, le Comte Rolãd, le cher-che de tous coſtés. Il fut iuſques au bout de la Gaſcogne, & comme il eſtoit reſolu de paſſer les Pyrenées, le Nain de Ferra-gus, qui cherchoit auſſi ſon Maiſtre, & que le Paladin rencon-tra auprés des montagnes de Foix, luy apprit qu'il y auoit plus d'vn mois qu'il eſtoit ſecretement party de la Court de Marſil-le, & que depuis on n'en auoit point eu de nouuelles. Roland faſché extrémement de ce que ceſte laide Creature luy dit, re-brouſſa chemin, & fit tant par ſes journées, qu'il ſe treuua en vne grande, & eſpeſſe foreſt. Elle eſtoit pourtant frequentée,

ainſi qu'il paroiſſoit aux traces des hommes, & des beſtes.
Ayant cheminé quelques deux lieuës, il vid prés de ſon Chemin vn Cheualier ſans armes, & eſtendu ſous vn Cheſne. Il
auoit le corps tout ouuert de grandes playes, qu'vne fort belle
Damoiſelle qui eſtoit à genoux deuant luy, & qui pleuroit
amererent, bandoit auec du linge. Le Paladin ſ'approcha, &
la pria de luy dire, qui auoit ainſi mal traitté ce Cheualier, luy
promettant d'en faire la vengeance. La Damoiſelle hauſſant
la veuë, & voyant vn Cheualier qui de ſa contenance euſt fait
trembler le Dieu Mars, redoubla ſes larmes, & ſes ſanglôts, &
puis profera ces paroles. Ce Cheualier (dit elle) que vous
voyés ſi cruellement bleſſé, eſt neueu du Comte de Tonnerre.
Il a pluſieurs fois teſmoigné ſon courage & ſa valeur en beaucoup de rencontres & de batailles, & principalement au ſiege
dernier de Paris, pour le ſecours de l'Empereur Charlemagne.
Aprés la defaite du camp des Mores il m'eſtoit venu voir en
Poiƈtou, par ce qu'il y auoit long têps que nous auions eſté priués du bien de nous voir, quoy que la diſtáce des lieux ne nous
ſeparaſt que du corps ſeulement: car l'Amour à ſi bien lié nos
ames, qu'elles ne peuuent eſtre deſunies que par la mort. En
fin comme nous jouiſſions du fruit de nos amours, ce Cheualier apprit que l'Empereur faiſoit publier vn Tournoy. Il ſe
reſolut incontinent d'y aller, & de m'y mener, pour auoir le
plaiſir de voir vne ſi belle feſte. Noſtre voyage fut aſſés heureux, en y allant: mais noſtre retour eſt bien plus funeſte. Il y
a vn Cheualier, ou pluſtoſt vn Diable, qui garde au bout de ceſte foreſt, & au pied d'vn coſtau vn paſſage. Mon Cheualier a
voulu jouſter contre luy, & il a eſté abbattu, & puis traitté à
l'eſpée, comme vous voyez. Voíla ce que ie vous puis dire de
mon infortune, & par ce que vous me ſemblés eſtre courtois,
ie ſuis obligée à vous conſeiller de vous deſtourner de ce paſſage: autrement vous ne ſçauriez eſchapper des mains de cet
Eſprit d'Enfer, qui a deſia pendu tant d'armes aux murailles
d'vne Tour, où il ſe retire, que le nombre en eſt infini. Ne me
ſçauriés vous dire (repart Roland) le nom de ce Cheualier,
qui fait tant de mal aux Paſſants. Si feray (dit la Damoiſelle)
car ie l'appris, durant que mon Cheualier le combattoit, de

Q iij

deux Excellétes Dames, qui regardoient le combat, d'vn treillis composé de fin or, qui sert de rempart aux murailles d'vn
corps de logis, proche de la Tour. Aprenés le moy donques
s'il vous plaist (replique le Paladin) & vous m'obligerez extrémement. Ces belles Dames (poursuit elle) me dirent que c'e-
stoit Ferragus, neueu du Roy d'Espague. O bon Dieu (s'escrie
alors Roland en leuant les yeux au Ciel) que ie vous suis rede-
uable de la faueur que vous me faites aujourd'huy. Ce disant
il descend de Cheual, & ayde à ceste Damoiselle à bander les
playes de ce Cheualier, & puis commande à son Escuyer de
l'aider à conduire ce blessé, jusques au bourg plus prochain.
La Damoiselle le remercie de sa courtoisie, & le Paladin aprés
auoir regardé si rien manquoit à son Bridedor, monte dessus,
& marche au petit pas jusques à tant qu'il paruient à la sortie
de la forest. Il void paroistre de loin la Tour, & comme il s'en
approche, vn Trompette qui le descouure du Donjeon de la
forteresse, inuite le valeureux Sarrasin de monter à Cheual.
Ferragus qui estoit tout orgueilleux des despouilles qu'il auoit
conquises, & qui croyoit ne treuuer iamais rien d'inuincible,
commanda qu'on luy amenast son Coursier. Quand il fut en
selle, il mit en son poing vne lance aussi grosse que le mast d'vn
nauire, & puis ayant marché iusques au bout de l'vn des deux
Ponts, il attendit le Paladin ; mais auant que coucher son bois,
il luy dit tout haut ces paroles : Quitte bien tost ces armes que
tu portes, & descens promptement de ton Cheual : ou bien
fais ton conte de sentir la poincte de ma lance. Sarrasin (respond le Comte) il y a long temps que ie te cognois. Si ie crai-
gnois les brauades d'vn vanteur Espagnol, j'aurois pris vn autre
chemin. Mais c'est aux femmes, & aux lasches courages, que
tu les dois adresser, & non pas à moy qui fais aussi peu de conte
de tes paroles insolentes, que Borée d'vn voile qui s'oppose à
son souffle. Il n'y a qu'vn mot : Si tu ne me rens tout mainte-
tenant mon Casque, que tu me retiens comme vn larron, &
que neantmoins tu dis par tout auoir gaigné sur moy, ie suis
resolu non seulement de te l'oster : mais encores de te leuer des
Espaules ceste orgueilleuse, & folle teste. Lors que cet Espagnol, qui auoit accoustumé de brauer, & non d'estre ainsi

gourmandé, ouyt fes menaces, fes yeux deuindrent plus rouges que deux charbons de feu. Il grinçoit les dents de rage,&
mordoit fes leures. N'ayant pas le pouuoir de refpondre,il mit
fa groffe lance en l'arreft, & vint fondre fur le Paladin auec
tant de tempefte, que la forte Tour branfloit comme f'il y eut
eu tremblement de terre. Roland venoit d'autre cofté pour
le rencontrer, & en courant la rumeur qu'il menoit eftoit fi
grande, qu'elle ne peut eftre comparable qu'aux Efclufes du
Nil, qui rendent fourds, tous ceux qui f'en approchent. Ie referue à vous defcrire en l'autre Auenture, le plus horrible, &
le plus cruel combat que le Soleil ait iamais veu.

Fin de la huitiéme Auenture.

ARGVMENT.

Description de l'horrible & espouuantable combat du Comte Roland,& de Ferragus. Ils se combattent deux iours entiers sans s'offencer. Au troisiéme iour Roland tue Ferragus,& le baptise deuant qu'il rende l'esprit. Roger & Marfise treuuent Leon, qui se plaint dans vne forest. Ils retournent à la Court de Charlemagne,où le mariage de Leon & de Marfise s'accomplit. Nous apprenons en ceste Auenture par la fin Chrestienne de Ferragus, que la grace de Dieu est incomprehensible. Roger en disposant Marfise à aymer Leon, nous tesmoigne les deuoirs d'vn vray amy.

AVENTVRE IX.

QVI pourra donner à ma plume le sçauoir de bien descrire le plus cruel & le plus horrible cõbat qui se lira jamais? Ie voy desia deux Espées qui font trembler le Ciel, & la Terre. Ie voy deux courages qui n'ont jamais veu la peur que sur le front de leurs ennemis. La fureur, la rage,& le desespoir qui se peuuent remarquer aux duëls que vous aués leus cy deuãt, ne sont que rozes,& que violettes,si l'on les compare à cestuy cy. Toute la valeur, & toute la proüesse du Monde, sont prestes de se combattre. Le Soleil ne vid, ny ne verra jamais tant de fierté.

Les deux lances des deux Guerriers perçerent leurs escus, & leurs cuiraces: mais non pas leur chair qui estoit inuulnerable. Les Esclats qui sembloient des Oiseaux monterent jusques à la region de la Lune, & tomberent tous allumés en terre. Le Paladin,& le Sarrasin se rencontrerent d'Escu,de corps & de teste si furieusement, que ce choc rendit vn son si espouuantable,qu'on doutera de ce que j'escris. Mais le bon Archeuesque Turpin, qui n'a pas accoustumé de mentir, me seruira

toufiours

touſiours de caution. Il nous raconte en ces Chroniques, que
ſi la Mer, la Terre, le Ciel, & tous les Elemens tomboient dans
le plus profond des Abiſmes, ils ne meneroient pas plus de
bruit; non pas meſmes quand on y joindroit les cris & les hur-
lemens de tous ceux qui y habitent. Les Cheuaux ne pouuant
ſupporter ceſte dure atteinte, allerent à terre. Bridedor pourtant n'eut autre mal: au lieu que le Cheual du Payen, qui eſtoit
eſtimé l'vn des meilleurs Courſiers du Monde, ſe creua. Les
Maiſtres ſe treuuerent bien toſt ſur pieds, & ayants mis la main
à l'eſpée, ils commencerent vne eſtrange batterie. Lors qu'ils
hauſſoient leurs eſpées, elles ſembloient deux eſclairs: & quãd
ils les deſchargeoient, c'eſtoit des coups de tonnerre. Le Sarraſin frappa auec tant de furie le Comte Roland, ſur la creſte
de ſon caſque, que l'ayant ouuert comme vne eſcorce, il luy fit
donner du menton à l'eſtomac. Le Comte pour luy rendre le
change, jetta ſon Eſcu à terre (car auſſi bien ne luy ſeruoit il
que d'ornement) & ayant pris Durandal à deux mains, il en atteignit Ferragus auec tãt de violéce, qu'il luy mit en deux pieces ſon Eſcu, & luy ouurit encores la cuirace, ſans tirer vne ſeule goutte de ſang. Le Comte qui de ce coup qu'il venoit de
ruer de toute ſa force, croyoit de mettre en pieces le Sarraſin,
fut tout eſtonné quand il vid Durandal bondir toute luiſante
& claire, ſur la chair de ſon Ennemy. S'il eſt eſbahi, il ne faut
pas douter que le Payen ne le ſoit autant pour le moins. Il voit
qu'il fend & qu'il ouure les armes du Paladin, ſans qu'il entame
ſa chair, qui eſt plus dure qu'vn Diamant. Comme ils ſe rendent la meſure fort égale, & qu'ils font rezõner les valons prochains de leurs coups eſpouuantables, vn Cheualier arriue,
qui ſe met à contempler ce furieux combat. Si quelcun me
demande qu'il eſt, je vous apprens que c'eſt l'amoureux Richardet, frere du Seigneur de Montauban, qui ſ'eſt deſrobé depuis peu de jours de la Court de l'Empereur pour aller en
Eſpagne deguiſé, afin d'y voir ſon beau Soleil. Ie parle de
Fleur-d'eſpine, fille du Roy Marſille, pour laquelle il courut le
peril dont Roger le tira, ainſi que l'hiſtoire du Furieux vous
l'apprend. Quand ce jeune Guerrier eut long temps conſideré ce duël horrible, il jugea dans ſon ame qu'il n'eſtoit pas poſ-

fible de treuuer au monde deux Cheualiers fi vaillants, fi forts,
fi courageux, ny fi égaux. Et defireux de voir l'iffuë de cet horrible combat, il marcha plus auant, & s'approcha de la Tour,
en intention d'apprendre le nom des Guerriers. Toutesfois il
n'eut pas befoing de s'informer du nom de l'vn d'eux: car il recognut Bridedor qui paffoit à cofté dans cefte Ifle. Et pour
l'autre il fe douta bien que c'eftoit Ferragus, par ce que defia il
auoit ouy parler du paffage des deux Ponts qu'il gardoit. Mais
comme Richardet s'approchoit de la Tour, fans qu'aucun luy
donnaft empefchement, il vid à cofté gauche vn corps de logis fuperbement bafti. Deux belles Dames eftoient aux fene-
ftres. Elles regardoient par de grands treillis d'or, ce qui fuc-
cederoit du combat de ces deux Superbes. Richardet ayant
jetté l'œil plus fixement fur ces deux Beautés, recognut incontinent fon bel Aftre. S'il fut joyeux de cefte rencontre, j'en
laiffe le iugement à ceux qui font empeftrés dans les filets de
l'Amour, & qui ont fouffert long temps les rigueurs d'vne abfence. Tandis qu'il rumine en fon Efprit comme il pourra parler à elle, Roland & Ferragus continuent à fe marteller fi furieufement, qu'ils femblent deux forgerons de Vulcan. La
pluye, ny la grefle ne tombent point fi efpais, que leurs coups
qui defcendent dru & menu fur leurs cafques, & fur leurs cuiraces. Le foudre ne fond point auec tant de viteffe, lors qu'il
brife le fommet de quelque roche. Defia ils auoient combattu fans fe laffer, ny fans fe repofer jufques au poinct que les cheuaux du Soleil eftoient prefts de fe plonger dans l'Ocean. Le
Ciel commençoit à fe couurir d'ombrages, lors que les deux
Guerriers fe reculerent deux ou trois pas, & que le Paladin tint
ce difcours au Payen: C'eft aux voleurs, & aux traiftres à combattre de nuit: par ce qu'ils ont peur que leurs actions peu
loüables ne foient cognuës. Si tu veux, nous remettrons la partie à demain, & acheuerons de vuider noftre different. Ce que
tu voudras (repart Ferragus) tu me treuueras toufiours preft à
te reçeuoir, foit de nuit, foit de jour, à cheual, ou à pied, armé,
ou defarmé. Cependant fi tu veux venir loger dans cefte Tour
que tu vois, la querelle que nous auons n'empefchera pas que
tu n'y fois auffi bien traitté que moy mefme. Le Paladin le

remercia de ſa courtoiſie, & luy dit qu'il iroit loger au Chaſteau, de l'vn de ſes amis, eſloigné de quelques deux petites
lieuës. Toutesfois le Prince de Caſtille ſçeut ſi bien prier le
Comte d'Angers, qu'il ne peut le refuſer. Ils ſen vont donques tous deux vers la Tour, auſſi paiſiblemēt que ſils eſtoient
freres. O grande franchiſe des Guerriers du temps paſſé. Il
n'y auoit partie en tout leur corps qui ne ſe reſſentiſt des horribles coups qu'ils ſeſtoient dōnés : L'vn adoroit Chriſt, & l'autre Mahommet : & tous deux auoient touſiours eſté Riuaux,
& enuieux chacun de la gloire de l'autre, & neantmoins ils ſen
vont loger enſemble ſans aucune défiance. Tandis qu'ils en-
trent dans la ſalle de la Tour, Richardet, qui ne void plus l'E-
ſtoille qui le conduit en la mer des Amoureux, pique ſon Cheual vers la foreſt prochaine, & loge dans la Cabane de quelques Bergers, attendant que le jour vienne, pour reuenir au
meſme lieu, afin de voir le ſuccés de ceſte Auenture, & eſperāt
de parler à ſa Deeſſe. Aprés que Roland, & Ferragus eurent
ſouppé, le Comte qui ſe ſentoit obligé à Ferragus pour ſa courtoiſie, eut bien voulu treuuer quelque expedient, qui peuſt les
accorder, ſans prejudice de ſon honneur : mais pluſtoſt il deſiroit de reduire à la vraye foy vn ſi vaillant homme, ne ſe ſou-
ciant gueres de ſon caſque, pourueu qu'il peuſt ſauuer l'ame de
ce Guerrier. C'eſt pourquoy il eſtoit tout penſif, & comme en
vne grande inquietude. Ferragus qui le vid réuer de la ſorte,
luy tint ce langage : Roland, il ſemble que tu apprehendes deſ-
ja de mourir demain de mon eſpée. Si tu regrettes ainſi la perte inéuitable de ta vie, je ſuis content de te laiſſer viure : mais
auſſi il faut que deſormais que tu te deliberes de viure dans
quelque deſert, ou dans quelque Cloiſtre, indigne de conuer-
ſer parmy ceux qui preferent l'honneur à vne choſe freſle &
caduque.

Payen (repart le Comte en le regardāt & en ſouſriant amerement) ſi tu n'eſtois Eſpagnol je pourrois m'offenſer de tes paroles. Tu prens origine d'vne Nation qui a touſiours plus de
diſcours, que d'effect. Ie ne dis pas que tu ne ſois fort vaillant,
& peut eſtre plus que je ne ſçaurois dire. Toutesfois tu as tousjours du leuain d'Eſpagne, qui t'eſleue, & qui te porte au de là

des bornes de la modeftie. Mais je ne m'en eftonne pas beaucoup, puis que tu fers vn Maiftre qui par fa prefomption fut
precipité au profond des abifmes, lors qu'il croyoit f'affoir au
throfne de l'Eternelle gloire, & en chaffer fon Createur. Ferragus, il faut que tu fçaches que ton faux Mahommet, fils du
fuperbe Lucifer te conduit à perdition, fi tu ne tafches de te
fauuer dans le Nauire de la vraye Eglife. Iefus Chrift y eft
toufiours fur le tillac, les bras ouuerts, & attendant quelcun
pour le receuoir. Hors de luy, il n'y a point de falut. Eftimes
tu que je fois fi denaturé, qu'ayant recognu quelque chofe de
bon dans ton ame, je ne fois induit à fonger de te tirer du peril
où tu feras bien toft precipité? Roland vouloit pourfuiure, &
inftruire le Sarrafin des principaux myfteres de noftre foy:
mais l'heure de fa recognoiffance n'eftoit point encores venuë. Auffi il interrompit le Paladin, par ces paroles: Ie te con-
feille (dit il) de referuer ces difcours pour les prefcher demain
dans la fale enfumée de Pluton. Il n'y a point de doute que ie
ne t'y enuoye demain, fi tu ne t'aydes mieux de l'efpée que de
la langue. N'en parlons plus, & allons nous repofer. Ce difant il fe leua de table, & le Comte fut conduit en vne chambre bien parée, où il dormit iufques au poinct du iour, qu'il fe
leua en furfaut, demanda fes armes, & fortit de la Tour, à l'heure mefme que Ferragus eftoit preft de l'aller attendre fur le
pré, ayant neantmoins commandé à ceux qui le feruoient de
le laiffer dormir autant qu'il voudroit. Ils d'efieunerent tous
deux enfemble, & puis fe rendirent au lieu de l'affignation.

La Riuiere qui couroit fous les deux Ponts, eftoit claire &
nette auant que les deux Guerriers commençaffent à f'attaquer; & foudain qu'ils defchargerent leurs coups ordinaires,
elle deuint toute trouble, & toute obfcure. Les beftes fauuages qui eftoient forties de leurs cauernes, pour aller à leur pafture, f'enfuyoient de peur, & rentroient dans leurs terriers,
penfans que le Ciel tombaft. Turpin dit (& qui le voudra croire le croira) que tous les Demons d'Enfer, craignants leur rui-
ne, coururent pour reparer le lac d'Auerne. Ferragus faifoit
toufiours tomber fa foudroyante Efpée fur la tefte du Paladin:
& Roland luy tiroit des Eftocades, auffi roides qu'vne bale de

canon,& des reuers qui luy ouuroiët la cuirace,& dépeçoient
toutes les mailles de son haubert. Tantost l'vn donnoit des genoux à terre : & tantost l'autre estoit contraint de s'appuyer des
bras. Vne fois Ferragus prit son Espée à deux mains , &
croyant fendre le Comte jusques aux hanches, l'atteignit auec
tant de violence à la cime de son casque desia tout ouuert,que
Roland vid tant d'estoilles, qu'elles luy osterent presques la
veuë. Neantmoins il rua à mesme temps de Durandal vn si
horrible reuers sur l'armet qui fut iadis au vaillât Almont, que
Ferragus châcela d'vn costé & d'autre, comme vn homme qui
est yure, & son casque se delaça & cheut à terre. C'estoit la
plus grande horreur qui se verra iamais, de les voir ainsi acharnés. Toutes leurs armes estoient depecées : & tous leurs ha-
bits decouppés, de sorte qu'on leur voyoit la chair nuë en plusieurs parties de leur corps. Richardet qui s'estoit rendu,com-
me le iour precedent,en ce mesme lieu,ne sçauoit que dire,ny
que penser : & il prioit incessamment Dieu pour son cousin.
En fin Ferragus desesperé de venir à bout du Comte,jetta son
espée à terre, & se rua sur luy auec plus de promptitude qu'vn
esclair. Il l'estraignit de ses bras forts & nerueux, croyant de
faire de luy ce que fit iadis Hercule d'Anthée : mais Roland,
qui auoit aussi quitté Durandal le reçeut, en resolution de faire le mesme exploict. Ils se saisirent donques bras dessus, &
bras dessous , & en fin après s'estre bien trauaillés sans se pouuoir abbattre , ils se treuuerent si recreus, qu'ils furent contraints de se reculer vn peu,& de s'assoir sur l'herbe. Ils ne tar-
derent pourtant gueres de courir à leurs bonnes Espées,& puis
à continuer leur rage de telle sorte , que ma plume ne sçauroit
plus descrire tant d'horreur. Et comme l'orgueil, le courroux
& la fureur croissoit tousiours, ils auoient perdu la lumiere de
leurs yeux, encores qu'ils fussent plus ardents que deux flambeaux. Vne fumée espesse sortoit de leur nés, & de leur bouche,si ardente qu'elle sembloit d'vne fournaise. Toutesfois la
Nuit qui sema sa robbe estoille pour la seconde fois, les força
encores d'interrompre leur combat desesperé. Roland ne
voulut plus aller loger dans la Tour,par ce qu'il auoit desia fait
serment en son ame, qu'il n'abandonneroit jamais le camp de

R iij

la bataille, qu'il n'euſt occis, ou vaincu le Payen. S'eſtant donques tiré à part, il ſalla coucher ſous vn Cicomore, planté aux
bords de la riuiere, où il reſolut de paſſer la nuit. Ferragus y fit
apporter des viures, & tous deux ſoupperent de fort bon appetit, & apres ſe coucherent quelques cinq ou ſix pas l'vn de l'autre. Le Ciel eſtoit ſans nuages, & la Lune, qui ſe leua bien toſt
aprés, eſclairoit les ombres de la Nuit. Le Paladin, qui eut dó-
né ſa vie pour ſauuer l'ame de l'Eſpagnol, ne pouuoit dormir.
Quand il eſtoit au combat il eſtoit plus fier qu'vn lion : mais
hors de la bataille il eſtoit plus doux qu'vne pucelle. Ferragus
pareillement eſtoit le plus ſuperbe Eſpagnol qui fut iamais:
neantmoins l'eſtime qu'il faiſoit de la valeur du Comte, le rendoit plus courtois que de couſtume, ſi bien qu'il ſe mit à deui-
ſer auec luy de pluſieurs dignes choſes, conuenables à leur grã-
deur. Roland faiſoit touſiours tomber ces diſcours ſur la puiſ-
ſance, ſur la ſageſſe, & ſur la Miſericorde du Createur de l'V-
niuers. Il parloit du Soleil, de la Lune, des Eſtoilles, & de ce
beau lambris que la main du Toutpuiſſant à ſi bien façonné.
Il diſoit de l'homme, la perfection, & le defaut, & puis la repa-
ration du genre humain, que le Fils de la Vierge auoit faite.
Et comme il vouloit paſſer outre, & monſtrer au Payen la fauſ-
ſeté de ſa creance, Ferragus briſa ſon diſcours plein de pieté:
Ie voy bien, Roland (ce dit il) que tu veux encores diſcourir
de la foy. Tu as deſia peu cognoiſtre mon intention, ſi bien que
tous les diſcours que tu proferés, ſont comme de la pouſſiere
que les vents emportent en l'air. Et puis je n'ay jamais eſtudié.
J'aſſommay le premier Precepteur que ma mere Lanfuſe me
donna pour m'inſtruire. Cela eſpouuanta tellement les autres, qu'il n'y eut Pedant qui m'oſaſt approcher. La chaſſe,
l'exercice des armes, & les cheuaux eſtoient en ma plus tendre
jeuneſſe tous mes eſbats. Auſſi il me ſemble qu'vn ieune Prince doit pluſtoſt employer les heures à des choſes ſi vertueuſes,
qui donnent de la force & du courage, qu'a demeurer tout vn
jour dans vn eſtude, à réuer ſur vn Paſſage d'vn Autheur eſtro-
pié de ceruelle, & tout plein de galimatiás. Le ſçauoir eſt bon
pour vn Docteur, & l'eſpée pour vn Cheualier. Roland luy
vouloit repliquer, afin de luy faire voir combien les lettres ſont

neceffaires aux armes : mais le Sarrafin ne le voulut point ef-
couter. Quand le Comte d'Angers apperçeut la brutalité de
cet Efpagnol, il fe mit à difcourir d'autres chofes : & de propos
en propos ils vindrent à parler de leur combat, & Roland dit
au Payen qu'il feftonnoit de ce que fon Efpée qui tailloit fi
bien, n'auoit iamais peu depuis deux iours qu'ils combattoient,
entamer fa chair. Ferragus, qui n'eftoit pas moins efbahi de ce
que la fienne n'auoit nullement offenfé le Comte, refpondit,
qu'il eftoit inuulnerable, & que c'eftoit perdre fa peine, que de
penfer le vaincre. Tes efforts ne font pas moins inutiles (dit
Roland) puis que je ne puis aufli eftre bleffé de fer. Mais (repart Ferragus) encores as tu quelque partie en ton corps qui
n'eft point faée. Il eft vray (dit Roland) je puis eftre bleffé en
vn endroiſt : & je crois que tu en es de mefme. Si tu me veux
dire ton fecret : je te diray le mien. Ce n'eft pas en intention
de m'en preualoir : car je m'imagine que tu ne marches point
fans y auoir remedié. C'eft feulement vn defir curieux, qui
poffede ordinairement l'ame de tout le monde. Puis que tu
me promets (refpond Ferragus) de m'apprendre la partie de
ton corps qui peut eftre bleffée, tu fçauras la mienne. Sçachés
donques que quand ma mere Lanfufe fe deliura de moy, Dragontine qui luy feruit de fage femme, me prit & m'alla trem-
per tout nud dans le fleuue d'Auerne, de forte que ma peau eft
depuis aufli dure qu'vn Diamant : & par ce que l'on m'auoit
mis du cotton, & du linge au lieu d'où l'enfant tire fon premier
aliment : je veux dire au nombril, & que l'eau infernale n'y
toucha point, cefte partie eft demeurée fenfible, & foible comme celle des autres hommes. Or ie t'ay dit ce qui eft de mon
affaire ; c'eft à toy maintenant à m'apprendre la tienne. Lors
que Violente d'Angers ma mere (dit Roland) m'enfanta, trois
Pucelles qui ont autrefois fouffert Martyre fous le cruel Empereur Decius, affifterent à ma naiffance, & aprés m'auoir ba-
ptifé de leur propre main, me donnerent, au nom de la Tref-
fainte Trinité, la vertu de ne pouuoir eftre bleffé que fous la
plante des pieds. C'eft tout ce que ie peux dire maintenant de
mon fait, pour contenter ta curiofité, & pour m'aquitter de ma
promeffe. Mais ie te prie dormons vn peu. Ie fens que le Som-

meil commence à preſſer mes paupieres. Ie n'ay pas moins enuie de dormir que toy (replique Ferragus) toutesfois ie n'oſois
t'en parler le premier. Ils ſe tournerent donques le dos, & ſ'en-
dormirent d'vn ſommeil ſi profond, qu'il eſtoit plus de huit
heures auant qu'ils ſ'éueillaſſent, au grand eſtonnement des
Dames, qui eſtoient deſia aux feneſtres pour voir la fin de cet
eſpouuantable duël, & qui penſoient qu'ils eſtoient tous deux
morts. Le premier qui ſ'éueilla fut Ferragus tout en ſurſaut:
car il faiſoit vn ſonge qui le mettoit en vne grande inquietude. Le bruit qu'il fit en ſ'éueillant, fit leuer incontinent ſur
pieds le Comte d'Angers, demy éueillé, & demy endormy, &
mettre la main à Durandal: car il eut peur tout à la fois de
quelque trahiſon. L'Eſpagnol tira pareillement ſon Eſpée, &
alors ils recommencerent à faire retentir horriblemét de leurs
coups, les foreſts, les coſtaux, & les arbres d'alentour, qui trembloient, & craquetoient en leurs racines. Maintenant Ferragus prend ſon Eſpée à deux mains, & croid fendre Roland, en
deſpit de ſa fatalité, juſques à la ceinture: mais ſon Eſpée re-
bondit en haut auſſi claire, & auſſi polie qu'auparauant. Le
Comte le frappe de meſme de toute ſa force, auec les deux
mains, & ce coup qui eut fendu l'enclumé des Ciclopes, eſt
deſchargé inutilement. O Dieu du Ciel (diſoit Roland à part
ſoy) ayés pitié de celuy qui a touſiours combattu ſous voſtre
Enſeigne, & ne permettés pas que je ſuccóbe ſous l'effort de ce
meſchant Sarraſin. Si Roland adreſſe ſes humbles prieres au
Monarque du Ciel, Ferragus deſpite entre ſes dents Mahommet, & commence à douter de ſa creance. Il deuint tranſporté de tant de fureur, & de rage que ſon viſage eſtoit capable de
faire mourir de peur tout autre Cheualier que le valeureux
Comte, dans l'ame duquel la crainte ne treuua iamais de retraitte. Ferragus enragé, comme ie viens de vous dire, tira vn
ſi eſpouuantable reuers entre la teſte & le col du Comte, qu'il
fut contraint de ſ'agenouiller. Le Sarraſin redoubla le coup,
& l'atteignit ſur le ſommet de la teſte auec tant de furie, que
Roland ne pouuant ſupporter ceſte eſpouuantable tempeſte,
mit les deux mains à terre pour ſe ſouſtenir. Neantmoins il ſe
releua, ſi terrible, ſi fier, & ſi redoutable, que Ferragus meſmes,
qui

qui n'eut pas craint le Dieu Mars, & qui n'auoit jamais cognu
la Peur que de nom, en fut tout espouuanté. Nous ne pou-
uons euiter nos destins. Nos jours sont contés dés l'Eternité,
& c'est en vain que l'on veut preuenir ce qui doit arriuer. La
fin du Payen estoit venuë. Il falloit qu'il payast à la Nature ce
que tous les Mortels luy doiuent. Roland en inuoquant le
Ciel, & le conjurant de renforcer sa main, tira vne Estocade,
justement au milieu des sept plastrons d'acier, que Ferragus
portoit au deuat de son nombril, & Durandal fut poussée auec
tant de force, qu'elle excede tout ce qu'on en peut croire.
L'Espée perça les sept plastrons, & tout le corps, de sorte qu'elle parut plus d'vn pied au de là du dos. Ce coup fit plus de rumeur qu'vn coup de tonnerre, & le vaillant Ferragus cheut à
la renuerse tout passe, & desfiguré, & prest à rendre l'ame, & à
l'heure mesme le Palais enchanté, la Tour, & le lieu où estoient
Doralice & Fleur-d'espine disparurent, & elles se treuuerent
au milieu d'vn pré : neantmoins si effrayées qu'elles ne peurent
reprendre d'vne heure leurs Esprits. Il en aduint autant à Richardet, & à tous ceux qui estoient proches d'vne lieuë des
deux Ponts. Cependant le valeureux Paladin qui vid tomber
Ferragus à la renuerse, & jettat vn ruisseau de sang de sa playe,
s'approcha de luy pour le releuer la larme à l'œil, bien marry de
l'auoir mis en tel estat. Mais Ferragus qui sentoit sa mort prochaine, luy dit ces paroles : Genereux Comte, je crois en ton
Dieu. Ie te conjure par sa passion de me baptiser promptement auant que ie perde du tout la parole. Au moins si tu m'as
priué de la vie mortelle, tasche de me donner la vie de l'ame.
I'espere de la posseder, quoy que mes peschés soient extremes,
puis que la misericorde de ce grand Dieu est infinie. Roland
ayant ouy vne si sainte resolution, prit soudain le casque d'Almont, qui estoit sur le pré, & courant à la riuiere, le remplit
d'eau, & puis sans autre delay baptiza le plus vaillant Sarrasin
que le Soleil verra iamais. Il rendit incontinent l'esprit au
grand regret de Roland, qui le baisoit à tous coups, & versoit
sur sa face vn ruisseau de larmes. Neantmoins le regret de sa
mort fut adoucy, par le concert des Anges, & des Esprits bienheureux, qui chantoient melodieusement en l'air, quand ils

S

emporterent l'ame de ce valeureux Cheualier, au sejour de la gloire immortelle. La douleur que ie ressens de la mort d'vn si vaillant Homme, fera que ie quitteray ce discours, pour reprendre le bon Roger, & la forte Marfise, qui courent aprés Leon.

ROGER.

Roger & Marfise coururent sur les traces de Leon, & entrerent dans vne forest obscure, où ce jeune Prince s'estoit rendu en intention d'y finir miserablement ses jours, pour expier le crime qu'il croyoit auoir commis en combattant sa Maistresse. Aussi quand il fut dans le bois il en chercha le plus espais, & le plus solitaire, & puis ayant mis pied à terre, & osté la bride & la selle à son bon Cheual, il luy tint ce discours, côme s'il eut parlé à quelque ame raisonnable. O mon Battolde (disoit il) que n'ay-je le pouuoir des Immortels, pour te donner vn salaire égal à ton merite? Ie t'aurois bien tost colloqué parmy les feux du firmament, si i'auois autant de credit enuers les Dieux, comme eut iadis le frere d'Helene. Mais puis que ce bien m'est interdit, ie te souhaitte vn Maistre plus heureux que moy, qui ne puis desormais te desirer d'autre meilleure fortune. Acheuant ce langage le dolent s'assit au pied d'vn chesne, là où accusant son desastre, il appelloit la Mort, triste recours des miserables, comme celle de qui il esperoit sa seule guerison. Mais cependant qu'il lamente & qu'il plaint sa disgrace, Roger, & sa seur le cherchent par la forest. Ils vont d'vn costé, & d'autre le reste de ce iour, & encores vne partie du lendemain, & en fin rencontrent vne fort belle Damoiselle, qui les saluë. Roger luy demande si elle n'a point veu vn Cheualier, qui porte des armes dorées. Ie l'ay veritablement rencontré (dit elle) & je voudrois bien ne l'auoir jamais veu, puis que sa veuë m'a renduë si affligée, & si dolente, que mon cœur se fend de pitié, quand il me resouuient de son Auenture. Pour Dieu, belle Damoiselle (repart Roger) dites nous ce que vous en sçaués, & ne nous tenés plus en suspens. Ie ne puis (replique ceste Dame) vous en dire autre chose, sinon qu'il n'est gueres esloigné d'icy, en vn lieu escarté de ce bois, couché sous vn arbre, là où il se lamente si pitoyablemét, qu'il n'y a Tygre d'Hyrcanie qui n'en fust touché de compassion. Il a tousiours le nom

d'vne Marfife à la bouche, & fe plaint fans ceffe de l'auoir of-
fenfée. Or ie m'eftonne de la rigueur de celle qu'il nomme,&
qu'il adore,fuiuant que fes difcours le tefmoignent: puis qu'vn
fi beau Cheualier, & fi fidele me femble meriter vne autre recompenfe, fans que ie parle de fa qualité: car à ce que i'ay peu
comprendre par fes mefmes paroles, il eft fils de l'Empereur de
Grece. Si Roger fut eftonné de ce que la Damoifelle luy reci-
toit, j'en laiffe le iugement à ceux qui liront cefte hiftoire, par
ce qu'il f'eftoit point encores apperçeu de l'extréme amour
que Leon pottoit à fa feur. Mais la belle Marfife, qui depuis
que les Fées donnerent leurs benedictions au fils de Conftantin,ainfi que vous aués leu ey deffus, fentoit fon ame fe confu-
mer peu à peu d'vn feu qui ne f'efteint iamais, deuint toute
rouge de honte, oyant ce propos. Si elle eut ofté fon Cafque,
l'on eut bien toft defcouuert fon émotion. Tandis Roger qui
auoit appris à fes defpens le defefpoir des Amoureux, & qui ne
fongeoit qu'a rendre la pareille à fon cher Amy, conjure cefte
Damoifelle de le conduire promptement au lieu où ce Prince
brufle les arbres de fes cuifants foufpirs, & elle ne fe monftre
point retiue à luy accorder fa priere. Ils n'eurent gueres marché que cefte Damoifelle f'arrefta,& dit à Roger : Voyés vous
ces arbres touffus à cofté gauche : C'eft là que vous treuuerés
le Cheualier. Cependant vous m'excuferés fi ie ne vay plus
auant. Vne affaire me preffe de vous fauffer compagnie. Ce
difant elle tourne la bride de fon Paleffroy, & laiffe Roger &
Marfife, qui cheminerent vers le lieu qu'elle venoit de leur
monftrer. Quand ils en furent affés prés, ils attacherent leurs
Cheuaux au pied d'vn fapin, & le plus coyement qu'ils peurent, ils f'approcherent de l'arbre où le Cheualier eftoit couché. Il n'eftoit pas befoin de cheminer auec fi peu de bruit,
par ce que Leon eftoit tellement attaché à fes imaginations, &
fi preffé de fa douleur,qu'il auoit perdu l'ouye pour toute autre
chofe : O *Deftins impitoyables* (ce difoit il) *qui me forcés*
d'aymer la plus digne Princeffe que la Nature ait iamais pro-
duite : falloit il que m'ayant donné la temerité de l'aymer, &
refufé le merite de la poffeder, je fuffe encores fi malheureux

que de l'offenser, & de mettre peine à oster la vie à celle de qui la mienne tire son aliment. Disant ces paroles il se tournoit d'vn costé & d'autre, auec vne si deplorable contenance, que Roger, qui l'aymoit à l'égal de son ame, se jetta en pleurant au col de sa chere seur, & luy dit que si elle auoit desir de conseruer la vie de son Frere, qu'elle sauuast celle de ce gentil Cheualier. Que leur trame estoit indiuisible, & que par consequent il falloit qu'elle creut, qu'en faisant mourir Leon, elle priueroit aussi Roger de vie : & donneroit subject à sa Bradamante, & à tous ceux de leur race de fuyr son regard ; comme celuy d'vn mortel Basilic. Roger accompagnoit ces douces, & pitoyables paroles de tant de pleurs, que Marfise, qui jusques à l'heure auoit mesprisé tout le monde, & qui n'auoit iamais pleuré en sa vie, fut contrainte d'amollir son cœur, & de verser vne abondance de larmes. En fin après auoir tiré vn cuisant souspir du profond de son sein, elle respõdit à son Frere : Qu'elle se disposeroit à suiure son Conseil : Que sa volonté seroit tousiours conforme, à la sienne, puis qu'il luy tenoit lieu de Pere, & qu'il surpassoit tous les mortels en prudence, aussi bien qu'en valeur. Roger oyant la douce response de ceste superbe Reyne, l'embrassa encores plus estroitement, & la remercia de l'amour qu'elle luy tesmoignoit. Et puis sans s'arrester plus long temps, il courut vers Leon, & l'ayant serré de ses bras, luy tint ce discours : Mon cher Leon, est-il possible que tu ayes ton Roger si proche de toy, & que tu ne le baizes point ? A ces mots Leon leua la teste en sursaut, & voyant Roger, il l'embrassa tout estonné de le voir en ce lieu. Néantmoins en sanglottant, il luy tint ce langage interrompu : Le jour que je te treuuay dans vne forest deserte, au mesme estat où tu me treuues maintenant reduit, je portois auec moy le remede de ton mal. La guerison en estoit facile, puis que ton merite, t'aqueroit iustement celle que tu possedes maintenant. Mais ma playe est incurable, puis que mes deffauts m'accusent de presomption, & ne me promettent que la mort, digne salaire de ma ieune audace. Il faut que ie te confesse ores, que je suis prest de mourir, ce que ie ne t'ay iamais voulu descouurir, pendant que j'auois encores à viure quelques jours. Ta seur Mar-

fife, qui eſt ſi celebre, qu'il ſuffit de la nommer ſeulement, puis
que ce n'eſt point eſtre viuât, que d'ignorer ſes qualités, eſt celle qui me bruſle, qui me conſume, & qui me reduit en ceſte extremité. Ie ne me plains neantmoins d'elle. Ie n'accuſe que
ma temerité, & crois que ma Mort me tient lieu de ſalaire. Il
vouloit pourſuiure, quand Roger qui ſe ſentoit fendre le cœur
de pitié, & qui ne pouuoit plus voir ſouffrir vn ſi cher amy, luy
dit tout haut, en le tenant touſiours embraſſé : I'ay auec moy
le remede de ton mal, auſſi bien que tu auois iadis celuy de
mon deſeſpoir. Voila Marfiſe qui n'eſt pas ſi cruelle que tu t'i-
magines. Au nom de ceſte valeureuſe Reyne, Leon ietta les
yeux au delà de Roger, & voyant ceſte Diuine Beauté, qui
auoit oſté ſon caſque, & qui s'approchoit auec vne face riante,
tout eſperdu, & comme hors de ſoy meſme, il ſe leua, & ayant
tiré ſon eſpée hors du fourreau, il la prit par la poincte, & ſe iettant aux pieds de ſa Deeſſe, la luy tendit, en proferant ces paroles : O valeureuſe guerriere, qui marchés pompeuſe de mille
palmes depuis le bout de l'Orient, juſques aux Pyrenées, vengés maintenant l'outrage que ce malheureux vous a fait : &
n'excuſés point ſon ignorance, puis que voſtre valeur ne peut
eſtre ignorée, en quelque part qu'elle s'exerce. Percés ce cœur,
& n'eſpargnés pas voſtre belle image qui y eſt ſi viuement em-
prainte, puis qu'il eſt indigne de la loger. Marfiſe, en riant prit
l'eſpée de Leon, & puis luy reſpondit en ces termes : Valeureux Prince ie prens ce glaiue, non pour executer ce dont vous
me requeres. Ce n'eſt que pour vous le remettre au coſté, ainſi à genoux que vous eſtes, par ce que je vous fais mon Cheualier, & veux qu'en ceſte qualité vous l'employés deſormais
pour mon ſeruice. Acheuant ce diſcours la belle Reyne luy remit l'eſpée au fourreau, & releua Leon, qui eſtoit ſi tranſporté
de joye, qu'il ne peut faire autre choſe que prendre ſes mains
victorieuſes, & les luy baiſer mille fois. Ie n'aurois iamais fait
ſi je m'arreſtois à vous deſcrire toutes les particularités de ceſte
nouuelle alliance. I'en laiſſe la charge à vne plume plus delicate, & vous dis ſeulement, qu'aprés vne infinité de careſſes, &
de compliments, ils remonterent tous trois à Cheual, ſortirent
de la foreſt, & ſe rendirent à la fontaine où Bradamante, & ſon

frere Guidon, auec Vlanie les attendoient. Quand Guidon
cognut que celuy qui l'auoit secouru côtre les trois Roys estoit
Leon de Grece, il courut vers luy les bras ouuerts, & le Prince
pareillement luy tesmoigna la joye qu'il reçeuoit de sa presence. Mais ce ne fut rien au prix du contentemét de Bradamante, lors que Roger l'ayant tirée à part, luy apprit tout ce qui s'e-
stoit passé dans la forest entre Leon & Marfise, & l'enuie qu'il
auoit d'accomplir ce mariage. En fin Roger, Leon, & les deux
Guerrieres prindrent congé de Guidon le Sauuage, qui arriua
dans vn mois en l'Isle d'Island, où il espousa Clorinde, ainsi que
les Chroniques de Turpin en font foy: & les autres se rendirent dans peu de iours à la Court, au mesme temps que Roland
y venoit aussi d'arriuer. Le valeureux Comte aprés auoir fait
embausmer le corps du vaillât Ferragus, le fit mettre dans vne
caisse d'acier, qu'il laissa au pouuoir de Fleur-d'espine, laquelle
faisoit des plaintes qui estoient capables de fendre les rochers.
Toutesfois elle appaisa son duël aucunemét, par la douce presence de son cher Richardet, qui l'accompagna iusques aux
monts qui seruent de barriere aux deux plus puissants Royaumes de l'Europe.

L'Empereur Charlemagne reçeut le plus grand contentement qui se peut ressentir, au retour de son Neueu, de Roger,
de Leon, de Marfise & de Bradamante. Toute la Court en
estoit folle d'aise, & le peuple en fit des feux de joye. Mais la
resiouissance fut bien plus grande, lors que Roger ayant prié
l'Empereur de vouloir mettre la main à l'accomplissement du
mariage de Leon, & de Marfise, les Nopces s'en firent, auec la
pompe, la grandeur, & la magnificence conuenable au Fils du
plus grand Monarque de l'Orient, & à la plus belle, à la plus sage, & à la plus vaillante Princesse de l'Vniuers. Aussi ce fut le
plus digne, le plus grand, & le plus renommé Empereur qui ait
iamais gouuerné l'Empire Romain qui les fit. Mais je reserue
pour l'autre Chant ce que j'ay à vous en dire.

Fin de la neufiéme Auenture.

ARGVMENT.

Accomplissement du Mariage de Leon & de Marfise. Les Fées tiennent vn Conseil, & se plaignent à leur Roy De-mogorgon, des affronts qu'elles ont receuës des Paladins de France. Alcine est deputée pour en faire la Vengeance. Elle fait entrer l'Enuie dans le corps de Ganelon, qui est jetté par vne tourmente de Mer au païs de Gloricie, qui l'enuoye à Al-cine. La Fée l'instruit de ce qu'il doit faire, & luy donne vn Anneau, où vn Esprit nommé Vertunne, qui se change en plu-sieurs formes, est enchassé. Ceste Auenture nous represente par les Fées le desir de Vengeance qui ne meurt jamais en l'a-me des courages malicieux, & principalement des Femmes. Ganelon nous monstre, qu'il n'y a meschanceté au Monde que l'Enuie ne face commettre.

AVENTVRE X.

LES arbres qui en Hyuer sont dépouillés de leurs feuilles, se renouuellent au Printemps, & se char-gent de fleurs, & de fruits : mais si tost que l'Hy-uer de nostre aage est arriué, il ne faut pas que nous esperions de refleurir, ny d'estre plus ver-doyants. Mes Dames, que vous sert d'estre belles, & gentiles, & aussi luisantes que le Soleil, si vous demeurés enfermées dãs vn logis, & si vostre beauté se tient cachée entre des murailles. Les perles, les diamants, & les joyaux precieux sont exposés à la veuë du monde, & chacun les souhaitte, & les desire : au lieu que l'on ne prise point ce que l'on ne void pas. Marfise auoit resolu de viure sans essayer les plaisirs qui se recueillent d'vn doux embrassement, & elle change maintenant de volonté, par ce qu'elle se represente, que si chacune suiuoit son exemple, le Monde retourneroit à fa premiere confufion.

Charlemagne voulant que l'on rendit aux Nopces du fils de Conftantin les deuoirs où la Nature nous oblige, fit aduertir fon Pere de cefte digne alliance. Le bon Vieillard joyeux d'vne fi bonne nouuelle, dépefcha incontinent fes Ambaffadeurs, qui authoriferent le mariage. On y joufta, on y danfa, on y courut la bague durant vn mois, tant la nuit que le iour, & en cet exercice Leon gaigna toufiours le prix. Le belle Dame qui n'auoit pas accouftumé de manger de cefte viande, faifoit au commencement difficulté d'en goufter : mais elle y prit aprés vn tel gouft, qu'elle donna au monde vn fruit le plus digne de fon fiecle. Tandis que la maifon de Clairmont & de Mongraine font au comble de leur contentement, les traiftres de Mayence creuent de defpit, & de rage, & voudroient bien troubler cefte publique joye. Aprés que la fefte eft finie, Leon & fon Efpoufe : Roger, & fa Bradamante prenent congé de Charlemagne, & fen vont l'vn en Bulgarie reçeuoir la coronne qu'on luy a defia preparée, & l'autre en Grece prendre le fceptre Imperial que fon Pere luy refigne. Ils y pafferent quelques années auec tous les plaifirs que l'on peut fouhaitter aux Mortels, pendant que le perfide Ganelon tramoit en leur abfence vne toile de fang & de larmes. Ie vous veux reciter comment.

Entre la Scythie, & les Indes eft vne montagne, qui de fon chef voifine les eftoilles. Elle eft enuironnée de fondrieres, & d'horribles precipices qui la rendent inacceffible. Au plus haut de ce mont audacieux il y a vn Temple le plus beau, le plus riche, & le plus grand qui foit en tout le refte du monde. Il a cent toifes de hauteur, & deux cents de largeur, & de longueur en fa forme quarrée. Cent Colonnes d'Efmeraudes, & foixante & dix pilaftres de Turquoifes le fouftiennent. Les Colonnes font carelées moitié d'or, & moitié d'azur : les bazes & les chapiteaux de mefme, & les archiraues d'argent & d'azur. Les frizes font auffi d'argent, & les corniches d'azur, & tout autour l'on y void des baluftres de diamants & de perles. Au refte il eft clos d'vne trippe muraille d'efcarboucle, enrichie de colomnes de Rubis, d'ordre Corinthe. Ceux qui ont
escrit

escrit les histoires des merueilles, racontent que Demogorgon
y tient vne Assemblée generale de cinq en cinq ans, & qu'a-
lors toutes ses Fées s'y rendent de toutes les contrées du Monde. Les vnes y viennent d'Espagne dans des nauires de verre,
que les Demons soufflent en l'air, & poussent auec plus de roideur, que ne vole vn traict decoché de la main d'vn puissant
Archer. Les autres y viennent des Indes, portées dans des
chariots de plume de Perroquet, tirés par des Esprits en forme
de Coursiers qui deuancent les Vents en leur course : Les autres y abordent des contrées où court le Nil auec des aisles au
dos comme Dedale : Et les autres montées sur des Pegases y
courent de la Pologne, de la Moscouie, de la noire, & de la blä-
che Russie, & de toutes les Prouinces de la Tartarie, & principalement du desert de Lop, où leurs Sabbaths ordinaires se
tiennent. Quand leur Roy Demogorgon y preside, il est assis
sur vn throsne Royal, tout composé d'vne fine Iacinthe, & les
Fées sont tout à l'entour assises en des chaires d'yuoire. Elles y
viennent les mieux parées, & le plus pompeusement vestuës
qu'elles peuuent, afin d'y paroistre à l'enuy l'vne de l'autre.
C'est là que le Conseil se tient de se venger des torts que les
Hommes leur font, & dont elles forment des plaintes à leur
Prince. Il n'y eut que Morgain la Fée, qui s'y rendit toute la
derniere, montée sur vn vieil Bouc tout vilain, & tout puant.
Elle portoit la mesme robbe, & auoit ses cheueux espars en la
forte que Roland la mit, lors qu'il la fit jurer par son Roy, de ne
luy faire iamais aucun outrage, & qu'il luy osta le beau Ziliant
qu'elle aymoit plus que soy mesme. Sa face estoit toute cras-
seuse, & negligée, & ses yeux estoient tous rouges, tous lar-
moyants, & tous plombés. Au lieu de prendre sa place ordinaire, elle s'alla assoir à vn coing, toute morne, & toute pensiue,
après auoir fait vne grande reuerence, les yeux baissés à terre.
Toute la Compagnie fut toute émeuë voyant l'vne des principales Fées ainsi affligée. Demogorgon mesme touché de cõ-
passion, en voulut sçauoir le subject : mais elle en souspirant ne
disoit mot : si bien que sa sœur Alcine se leua debout, & après
auoir ietté ses regards d'vn costé & d'autre, elle prit pour elle
la parole, & tint ce langage.

Ne vous eſtonnez pas (ô grand Roy, & Nymphes honora-
bles) du ſilence de ma ſœur. Elle ne peut parler, ny demander
vengeance de l'affront qu'on luy a fait, parce que le ſerment
qu'vn temeraire a extorqué d'elle, l'empeſche de ſe plaindre.
Mais neantmoins, quoy qu'elle ne puiſſe implorer la juſtice
d'vn ſi grand outrage, nous ne deuons pourtant laiſſer de la ſecourir, puis que nos loys inuiolables veulent que nous ſoyons
participantes au bien & au mal de nos Compagnes. Il n'eſt pas
beſoing que ie vous recite particulierement toutes les offenſes que Roland, neueu de Charlemagne, a faites à Morgain.
Quiconque n'a point ouy parler du threſor de ma ſœur, & du
Geant que ce Paladin luy tua au lac enchanté, & du rauiſſe-
ment qu'il fit, puis aprés du beau Ziliant eſt du tout priué d'o-
reilles. En fin aprés l'auoir priſe, trompée, mocquée, & ſacca-
gée, il luy a tiré le ſerment que ie vous diſois : & toutes ces in-
jures nous eſtant communes, pourrons nous bien viure, & ne
nous venger point? Si nous ſouffrons ceſte offenſe outre la
foibleſſe de courage que nous teſmoignerons, ne donnerons
nous pas ſubject à chacun d'attenter deſormais ſur noſtre Empire, & de nous traitter encores plus indignement? Et ſi nous
nous vengeons, outre le plaiſir que nous aurons d'offenſer celuy qui nous a offenſé, ne deſtournerons nous pas loin de nous
les inſolences que d'autres pourroient commettre? Ainſi parloit Alcine, taſchant d'animer les Fées à prendre la querelle de
Morgain, comme vne choſe commune. Cependant elle faiſoit
par meſme moyen tomber tacitemét en jeu les outrages qu'elle auoit receus de Roger. Et elle ne pouuoit ſ'en plaindre ouuertement, par ce que Logiſtile, qui luy auoit donné le moyen
d'eſchapper de ſes mains eſtoit preſente, & par conſequent il
eut fallu qu'elle l'euſt priſe à partie, côtre les loys & les ordon-
nances des Fées, qui defendent de ne parler en ce lieu d'aucune querelle qu'elles ayent.

 À peine eut elle acheué ſon diſcours, que Dragontine ſe leua, & puis en voix dolente requit pareillement à Demogorgon vengeance du Paladin Roland. Elle regrettoit encores
la deſtruction de ſon beau jardin: Autant en faiſoit Falerine,
qui forgea Balizarde, pour faire mourir le Comte: accompa-

gnée de Siluanelle, d'Aquiline, de Montane, & des deux Fées,
la Brune & la Blanche, qui nourrirent les deux fils de Gismon-
de. Ie parle de Griffon, & d'Aquilant, fils du Marquis de Vienne. Il n'y eut en fin presques Fée qui n'eust quelque plainte à
faire. L'vne se plaignoit du Comte, l'autre du Seigneur de
Montauban : l'autre d'Astolfe, de Dudon, & de son Pere : &
l'autre d'Oliuier, & de Charlemagne mesme. Que s'il en resta
quelques vnes qui n'eussent pas subject d'accuser les Paladins,
elles ne laissoient pas de compatir aux douleurs des autres , &
de crier tout haut, *Vengeance, vengeance* : & de souhaitter la ruïne du Comte d'Angers, horsmis Morgain, qui pour le serment
qu'elle auoit fait tenoit ses regards fichés à terre, & ne disoit
mot. Aprés que Demogorgon, Prince sage, & bien aduisé
eut ouy en plain conseil toutes ces plaintes, il commanda que
chacune s'assist en sa place accoustumée, & puis profera ces paroles : S'il est ainsi que l'injure faite à l'vne de ceste Compagnie, touche toutes également : si l'offense est generale, je veux
que la vengeance soit aussi generale. Il me plaist que l'on ruïne, que l'on perde, & que l'on extermine toute la Nation de
France, & tout l'Empire. I'ordonne que la ville de Paris soit
reduite à si peu de chose, qu'on aye de la peine à treuuer le lieu
où elle fut bastie. Mais comme la ville de Rome durant vn
danger eminent, auoit accoustumé d'eslire vn homme à qui elle donnoit tout pouuoir absolu, tât pour les affaires de la guerre, que pour les finances : je veux encores qu'on attribue toute
puissance à Alcine, pour proceder en ceste entreprise, ainsi qu'il
luy semblera estre plus expedient, & que par mesme moyen
toutes contribuent, & l'assistent lors qu'elle le commandera.
L'Arrest du Prince Demogorgon ayant esté appreuué, & les
jours qu'on destine à ceste Assemblée estans finis, Demogorgon monta sur son Mouton ordinaire, auec lequel il trauerse
les Prouinces & les Mers, & chaque Fée retourna au lieu de sa
demeure. Cependant Alcine apres auoir beaucoup ruminé
dans son ame, quelle voye elle prendra pour donner commencement à ce grand dessein, & long temps balancé d'vn costé &
d'autre, elle treuue en fin qu'il faut que par le moyen de l'Enuie elle vienne à bout de son entreprise. Le traistre Ganelon,

& ceux de Mayence auoient efté iadis en faueur à la Court.
Charlemagne autrefois ne voyoit, ne parloit, & ne refpiroit
que par eux. Mais fi toft que Roland, & que Renaud eurent
tefmoigné leur valeur, & leur courage contre Almont, contre
Mambrin, & contre Marfille, ils leur ofterent de leur credit, &
aquirent la bienueillance du Peuple, de forte que le malheureux Ganelon, qui fe paiffoit de vent & de fumée, eftoit vn des
malcontens : & haiffoit generalement toute la braue Nobleffe de la Court, par ce qu'il ne voyoit pas vn Baron qui ne fe fut
pouffé, fans implorer l'affiftance de ceux de Poiétiers. Toutesfois il fçauoit fi bien diffimuler fa trahifon, & auoit de fi douces paroles, que qui n'eut cognu ce Renard, il luy eut offert
des chandeles. Alcine jugeant que cefte ame damnée eftoit
propre à luy feruir de tifon pour allumer vn grand embrazement, delibera d'aller au fejour de l'Enuie. Parmy les monts
ÉS CRI-
ION DV
IOVR DE
NVIE.
inacceffibles d'Imaue, qui femblent fouftenir le Ciel de leurs
Efpaules, & qui font toufiours paués de glace & de neige, eft
vne baffe & obfcure valée. Là eft vne noire cauerne, horri-
blement profonde, qui mene tout droiét aux Enfers. Les autres voyes qui font en nombre de fix, font toutes tortuës, comme celle de l'Auerne, & du Tenare : mais cefte cy eft toute
droiéte, & large. Alcine s'y eftant laiffé couler, arriua à la porte ferrée, qu'elle frappa à grands coups de marteau. La porte
qui eftoit à demy rongée de vers, mena vn bruit efpouuantable, & alors l'Enuie qui aualoit vne vipere, leua la tefte, & enuoya vn de fes Miniftres pour voir qui frappoit à la porte.
Quád l'Enuie fçeut que c'eftoit Alcine, elle marcha à pas lents
vers la Fée, dont le nom eft venerable dans ces lieux detefta-
bles. Mais fi toft qu'il la vid parée d'vne robbe de foye, enrichie de clincant, & de perles, elle luy jetta vn regard de trauers, & tefmoigna foudain que fon cœur ne pouuoit fouffrir
qu'a regret vne telle veuë. Ce Monftre eft plus paffe que la
feuille d'vne roze fleftrie : fes yeux font louches, & hideux : fon
vifage eft fec comme du bois que l'on a long temps expofé aux
rayons du Soleil, & fa bouche ne rid iamais, que quád elle void
quelcun en mifere, en perte, & en infamie. Ses dents font longues, noires, & demy pourries : O Reyne des plus inuincibles

Monarques (luy dit Alcine) qui as triomphé de la gloire des
Assyriens & des Perses : domté l'orgueil des Macedoniens, &
foulé aux pieds Rome la superbe, il est temps que tu destruises
l'Empire des François, autrement l'on dira que tu n'as plus de
pouuoir. Tu ne dois point souffrir qu'vne Nation, qui prend
son origine des bannis de Troye : qui a esté iadis chassée des
peuples, & confinée tantost vers les Paluds Meotides, & tantost aux lieux plus mesprisés de la Germanie, & qui maintenãt
s'est accreuë aux despens de ses voisins, gouuerne maintenant
toute l'Europe, & seme les Fleurs de liz par tout le Monde. Le
Ciel a prescrit aux hommes des bornes, & des limites. Si les
Mortels auoient le pouuoir de les passer, ils voudroient puis
apres luy faire la guerre. Il faut que celuy qui est paruenu au
poinct limité, decline puis apres. Charlemagne l'a maintenant
atteint, & est prest d'aller au de là des bornes, si tu n'y prens garde. Ce n'est rien que la gloire que tu as aquise en ruinant les
quatre Monarchies, si ores tu ne brises les cornes de ceste
grandeur insolente.

Alcine luy tint plusieurs autres semblables discours, & luy
descouurit les moyens dont elle se deuoit seruir, en rongeant le
cœur rempli de fraude & de ruze du Comte Ganelon, & luy
promit de son costé d'y contribuer toute son industrie pour allumer ce courage perfide. L'Enuie promit à la Fée de mettre
bien tost la main à l'œuure, & de venir à bout en peu de iours
de ceste entreprise. Elle assembla donques incontinent tous
ces Ministres. Les vns incitent les Grands aux remuemens :
les autres font mutiner les Peuples. Les vns soufflent aux oreilles des Courtisans : les autres allument de jalousie les ames des
Amoureux. Les vns poussent les Moines contre leurs Prieurs
& leurs Abbés : & les autres, qui sont en plus grand nombre
tentent & seduisent les Femmes. Quand l'Enuie eut rengé
comme en bataille toutes ces bonnes bestes, elle prit les plus
noirs, les plus sales, & les plus venimeux de ses serpents, & puis
vola legeremét en France. Elle y arriua sur le poinct que l'Aurore prend le dernier baizer de son Tithon, & qu'elle saute de
sa couche, pour aller mettre la bride aux Coursiers du Soleil.
Les Songes sont alors moins menteurs : & elle s'approche du

lict du Comte Ganelon, & luy reprefente vne belle & grande
Place. Charlemagne eftoit affis au milieu fur vn throfne d'y-
uoire, & à fon cofté l'on voyoit Roland, Renaud, Roger, Dudon, Aftolfe, & tous ceux de la maifon de Clairmont, & de
Mongraine, coronnés de palme, & de laurier. Tout le Peuple
jettoit de grands cris de joye, & les publioit pour les Libera-
teurs, & les Reftaurateurs de la France, & du Saint Empire.
Aprés il luy eftoit aduis que toute la multitude fe tournoit à
luy, & à ceux de Mayence, & les nommoit tout haut des lafches,
des poltrons, & des traiftres : & difoit que la braue race de
Clairmont eftoit autant digne de loüange, que celle de Poictiers eftoit couuerte de honte & d'infamie. Durant cefte vi-
fion l'Enuie luy toucha de fa main plus froide que de la glace,
le cœur, & luy fit couler dans le profond de fes entrailles, toute
la fureur, & toute la rage qu'elle auoit apportée de fa cauerne.
Elle luy laiffa au cofté gauche vn de fes ferpens plus venimeux:
luy en mit vn autre dans l'oreille, & vn autre dans les yeux, afin
que fes penfées, fes regards & fa veuë fuffent deformais fes
bourreaux. Ganelon feftant éueillé, & fe reprefentant ce qu'il
auoit veu en fonge, eftoit tout eftôné, & neantmoins il croyoit
que cefte vifion eftoit veritable, & que Dieu auoit permis qu'il
la veid, afin de mettre remede à ces prefages. Il n'eut depuis
aucun repos, & ce venin fecret infecta toute fon ame. Il ne faifoit que foufpirer tant la nuit comme le iour, & luy fembloit
que le Roy de France careffoit vn chacun, & refpandoit fes li-
beralités fur tout le monde, horfmis fur ceux de Mayence. Le
Royaume jouiffoit alors d'vn paifible repos. L'on ne craignoit
plus d'orage du cofté des Pyrenées : car le Roy Marfille aprés
tant de pertes, & principalement aprés la mort de Ferragus,
qui eftoit la Colomne de fon Eftat, auoit plus de peur, que de
defir de faire la Guerre. Mais Ganelon bourrellé d'Enuie,
efpere neantmoins d'exciter tant de tempefte, dans peu de
iours, que la France ne fubfiftera güeres fans faire naufrage. Il
a refolu d'aller en Lombardie, pour animer Didier côtre l'Empereur : car il fçait que ce Prince a reçeu quelque ombrage.
Aprés il fait eftat de faire foufleuer le Soudan d'Egypte, & Norandin Roy de Syrie, & les pouffer à la conquefte de la Iudée.

Or cet homme deteftable croid de pouuoir facilement venir à
bout de fon deffein, fous pretexte d'vn voyage, qu'il publie defja de vouloir faire, en la Terre fainte, par deuotion. Et ce qui
le fit hafter à mettre en execution fa perfidie, fut le gouuerne-
ment de la Gafcogne, que l'Empereur donna à Renaud, & celuy de Brabant que Roland eut : & la confirmation de celuy
de Prouence, qui fut donnée à Bradamante, laquelle depuis
quelques iours eftoit venuë en Court, auec l'Imperatrice Mar-
file, à qui Charlemagne rendoit tout l'hôneur qui fe peut imaginer. Le Traiftre s'imaginant donques de voir defia l'accompliffement du Songe, fit équipper vn vaiffeau, où il s'embarqua
auec quelques vns de fa race, auffi gens de bien que luy, à vn
port, qui eft au deffus de Nice. Il vid la forte place de Mona-
co, où Rodomont laiffa des marques eternelles, de valeur & de
cruauté. Il paffa le cap de Final, & fans s'arrefter à Genes, il alla defcendre au port de Venus. Le lendemain il fe remit dans
fon Nauire, en intention d'aller premierement à Rome, pour
y vifiter fainctement les Eglifes des Princes des Apoftres : &
puis de paffer par la Marque d'Ancone, & de fe rendre à vne
ville maritime, où pour lors Didier fe tenoit, pour apres de là
prendre la route de Leuant. Mais vn vent qui vint tout à coup
fouffler entre le Maiftral, & la Tramontane, emporta fon Vaiffeau entre l'Orient & le Midy, l'efpace de fix iours auec tant
de violence, que les Mariniers croyoient eftre perdus. En fin
ils furent jettés en vn lieu eftrange, pluftoft par force, que par
deffein. Le riuage eftoit plaifant & delicieux. On voyoit, vne
petite lieuë au de là vn bois de palmes & de cyprés, au trauers
duquel couroit vn ruiffeau auffi net qu'vn criftal, bordé d'vn
cofté & d'autre d'aubefpins fleuris & de rozes blanches, & vermeilles. Au delà de ce bofquet on voyoit vn chemin qui menoit vers vn coftau planté de cedres odoriferants, bien arran-
gés, & artiftement difpofés de la main d'vn curieux jardinier.
Ils eftoient fi bien fournis de feuilles & de branches, que les
rayons du Soleil n'y pouuoient penetrer. Au plus haut de la
Colline paroift vn magnifique Palais en forme de Temple, &
bafti fur vn rectangle. Ses murailles font toutes de bronze doré, & fouftenuës par de grãds pilaftres de ferpentine, & par plu-

fieurs colomnes d'argent. Au milieu du baftiment fefleue vn
Dome de ferpentine & d'azur, fait à cinquante faces ouuertes,
dont les bords font dorés & argentés, & les foufbaffements
remplis de feftons, & de coronnes de palmes & de lauriers.
Ganelon qui eftoit curieux de voir des chofes nouuelles prit
quelques vns de ceux de fa fuitte, & eftant paruenu dans ce
bois agreable eftoit tout raui d'entendre vne douce Mufique,
qui procedant de ce beau Palais rempliffoit tout ce lieu, & fe
marioit à la douce voix de mille petits Oifeaux de diuers plumages, qui voletoient de branche en branche, & faifoient vn
agreable concert. Mais il n'eut gueres cheminé dans ce lieu
de delices qu'vne belle Compagnie de Dames montées fur de
haquenées blanches, & fuiuies de quelques Efcuyers, montez
fur de grands Courfiers richement enharnachés, pafferent auprés de luy, & en paffant le conuierét par toutes fortes de prieres de vouloir venir loger à ce beau Palais. Il accepta l'inuit,&
fe mit en chemin auec elles. Et durant le temps qu'ils em-
ployerent pour arriuer à cefte pompeufe demeure, vne des plus
apparentes Dames de la Trouppe, apprit à Ganelon, que ce
Chafteau appartenoit à la Fée Gloricie, qui y tient vne Court
auffi grande,& auffi magnifique que celle d'Alcine. Que toutesfois elle n'eft point malfaifante comme l'autre, ny comme fa
fœur Morgain. Que chacun y peut venir librement, & puis
f'en retourner aprés y auoir receu toutes fortes de courtoifies.
Que pour ce fubject il y a toufiours des perfonnes aux paffages,
qui conuient ceux que la Fortune amene en ce lieu, & les forcent par leurs douces prieres d'y venir faire bonne chere : fans
regarder f'ils font riches, ou pauures : jeunes ou vieux : Monarques, ou laboureux : & par ce moyen elle gaigne les cœurs,&
oblige tout le Môde. Quãd Ganelõ fut prés du Chafteau, Gloricie accõpagnée de cent Dames, capables de brufler de leurs
yeux les marbres, vint au deuant de luy, & l'ayant pris par la
main, le fit entrer par vn grand Portail, qui auoit à cofté deux
grandes Statuës d'or, lefquelles tenoient à la main vne trompette qu'elles mirent en bouche, & en fonnerent harmonieu-
fement à l'entrée de ce Traiftre. La Fée careffoit tout le Monde : mais elle tefmoignoit ouuertement que la venuë du Comte de

te de Poictiers luy estoit plus agreable que toute autre chose.
Elle sçauoit qu'il n'estoit pas la arriué sans la conduitte d'Alcine, & s'estant treuuée au Conseil general, elle n'ignoroit pas
que la ruïne de tous les Paladins auoit esté jurée, horsmis de
ceux de Mayence. C'est pourquoy aprés qu'elle luy eut fait
bonne chere, Gloricie le fit prendre durant son premier sommeil, & puis le fit mettre lié, & bien attaché auec tous ses Compagnons dans vn Nauire, où vne Damoiselle, en cheueux Espars, entra pareillement. Aprés qu'elle eut fait quelques cercles, tiré la langue vn demy pied de la bouche, & proferé des
paroles que ie ne veux point reciter, le vaisseau quitta de luy
mesme le riuage, & puis se mit à courir sur les plaines azurées,
auec tát de legereté, qu'en moins de rien on le perdit de veuë.
Le Traistre Ganelon, & ses Compagnós, qui auoient les mains
& les pieds liez comme des brigands, trembloient de peur, &
ne sçauoient que penser d'vne si estrange Auenture. Le Nauire laissa Ptolemaide, Berenice, & toute l'Afrique, & puis l'Ara-
bie, & la mer Erithrée, & ayant mis derriere la Perse, vogua entre l'Orient, & la Tramontane, & alla au de là du païs des Seri-
cans. Ils ne perdoient iamais de veuë la terre, de sorte que ceux
qui les voyoient du riuage, tous estonnez consideroient ce Nauire qui couroit si legerement sur les Ondes. Et comme il y a
tousiours des fols qui parlent sans iugement des choses qu'ils
ne peuuent comprendre, les vns disoient que c'estoit la barque
de Charon, qui prenoit la route du Cocyte, chargée d'ames
damnées: & les autres juroient que c'estoit la sainte Nauire,
qui peut estre vouloit monter au Ciel, par le commendement
de saint Pierre, de peur qu'elle ne fut submergée dans les eaux
de l'execrable Symonie. Quelques vns amenoient d'autres
raisons si friuoles, & si éloignées de la verité, qu'elles ne valent
pas la peine d'estre icy inserées. En fin ce Vaisseau arriua en
l'Isle d'Alcine. Il n'est pas besoin de vous la descrire: puis que
vous en auez la description, en l'histoire du Furieux, quand elle parle de Roger, qui fut emporté de l'Hypogriffe. Incontinent que la Messagere de Gloricie y eut pris port, elle descendit à terre, & alla promptement aduertir Alcine de la venuë
du Comte Ganelon. La Fée commanda qu'on menast ce Trai-

ſtre, & ſes Compagnons, dans vne forte Tour, & le ſoir meſme elle le fit venir à elle, & ſ'informa de luy de l'Eſtat de France, & de ce qui ſ'y eſtoit paſſé depuis quelques années : Elle luy demanda ſi Charlemagne n'auoit point de nouueau deſſein : ſi Roland eſtoit deuenu ſage, & qu'eſt-ce que faiſoit Roger depuis qu'il eſtoit marié. Or en nommant Roger, elle ne peut ſ'empeſcher de ſouſpirer, & de larmoyer, de ſorte que Ganelon, qui eſtoit plus fin, & plus cauteleux que ne fut iamais Vliſſe, recognut incontinent qu'elle ne vouloit gueres de bien à Roger. Cela luy donna du courage à parler librement des affaires de la France, & à teſmoigner l'enuie qu'il auoit conceuë contre tous les Paladins. Et voyant qu'Alcine prenoit plaiſir à ce qu'il en diſoit, il luy tint ce langage : Madame ſi vous auez en haine tous ceux qui ſont de la Court de Charlemagne, vous me haïrez encores, puis que mes terres ſont aſſiſes au milieu de la France. Mais ſi vous haïſſez ſeulement ceux qui ſont amis de ce Tyran, vous auez du ſubiect de m'aymer. Ie l'abhorre plus que la peſte ; & ſi iamais quelcun eut occaſion de rechercher à ſe venger de ſon Aduerſaire, il m'a fait tant d'affronts, que ie ne ſeray iamais las de ſonger à ſa ruïne. C'eſt le plus meſchant, le plus infame, & le plus ingrat Prince qui ait iamais porté coronne. Au lieu de fauoriſer, & d'honorer noſtre race, qui eſt la plus illuſtre de toutes celles que le Soleil puiſſe voir ſous l'vn & l'autre Pole, il l'a meſpriſe, il l'a recule, & l'a baffoüé, & eſleue en honneur ie ne ſçay quels meurtriers, & quels voleurs. Iugés ſi ma douleur n'eſt pas iuſte, quand il faut que ie voye, moy qui ſuis François, des Eſtrangers qui gouuernent l'Empire Romain. Vn Naymes de Bauiere, vn Oger de Danemarc, & ce larron de Gaſcogne : ie parle de Renaud, qui a mille fois merité la corde, pour les voleries qu'il a commiſes ſur les marchands qu'il deſtrouſſe tous les iours auprés de Montauban, où il tient vne garniſon de Voleurs. Et que diray-je de ce Brabançon de Roland, qui, ſans auoir égard à l'honneur que ie luy ay fait d'eſpouſer ſa Mere, m'a porté cent fois l'eſpée à la gorge, & m'a fait bannir deux ou trois fois de la Court ? Mais ay-ie ſubiect d'aymer ce Roger, dont vous me parliez tantoſt ? Helas ! ce fuitif, & coquin de Troyen n'a-il pas mis à mort mon

frere Bertolas,& mon neueu Pinabel? En fin,Madame,si vous
auez desir que l'Empire Romain s'accroisse de plus en plus : si
vous le voulez voir de iour en iour plus fleurissant,ie vous con-
seille de m'enfermer moy & mes Compagnõs, qui sont la fleur
de la maison de Mayence, dans vne perpetuelle prison. Et si
vous souhaittez sa perte,& recherchez sa ruïne,employés nous
en ceste affaire. Nous auõs des Villes fortes,& des Chasteaux
imprenables en France, où nous ferons tousiours entrer ceux
que vous voudrez,& par mesme moyen conduirons vostre dessein,à la fin de vos desirs.

C'est ainsi que parloit le traistre Ganelon à la meschante
Alcine,& luy promettoit encores de luy liurer entre les mains
Roland, & Roger. Elle prenoit vn singulier plaisir, oyant de
quelle rage ce perfide proferoit ces paroles , & sentoit vne ioye
incomparable,voyant l'operation que faisoit en son ame le Venin que l'Enuie luy auoit soufflé. Alcine aprés l'auoir conjuré
de persister constamment en la haine qu'il portoit aux Paladins de France,tira de luy ceste promesse,qu'il luy fit,auec des
serments horribles : Qu'il s'efforçeroit incessamment de luy
liurer Roland & Roger,pieds & poings liez, & que par mesme
moyen outre l'or, l'argent, & les pierreries, elle n'oublieroit de
cõtribuer pour l'effect de ce dessein, toutes sortes de charmes,
& de sortileges qui surpasseroient la Nature. Ce fait,elle commanda qu'on le deliast, ensemble ses Compagnons, & qu'on
les traittast le plus honorablement que l'on pourroit. Alcine
fit plusieurs presents auComte de Mayence,& principalement
elle luy donna vn Anneau, où il y auoit vn Esprit enchassé, en
forme de pierre de couleur changeant. Cet Esprit se nomme　VERTV
Vertune, lequel se change en toutes les formes que l'on veut :　NE.
en homme, en femme, en beste à quatre pieds, en oiseau, en
poisson,en arbre,en rocher,en fontaine, & en estang. Cependant, afin que Maugis l'Enchanteur n'assiste point de sa science noire les Paladins, Alcine rend muets tous les Esprits qui
font leur demeure aux Enfers, sur Terre, dans la Mer : en
l'Air, & parmy les feuilles des arbres. Elle en reserue seulement quelques vns pour s'en seruir : & ces Esprits non seulement ne sont pas François, ny Italiens : mais d'vn païs si estran-

ge, qu'il n'eſt au monde Magicien qui les cognoiſſe.

Quand la Fée eut cramé auec ce Perfide la ruïne de Charlemagne, & de tous ſes amis, & qu'elle eut fait vn monde de
promeſſes, & repeu de mille vaines eſperances Ganelon, &
ceux qui l'accompagnoient, elle leur donna congé & les fit entrer dans vn Nauire fourny de toutes choſes neceſſaires. Vn
Vent le ſouffla puis aprés auec tant de roideur, qu'en moins de
quatorze heures ils ſe treuuerent au deſſous d'Alexandrie. Le
Soldan d'Egygte cognoiſſoit Ganelon, & fut extrêmement aiſe de ſa venue, lors que le Traiſtre luy enuoya demander ſauf
conduit pour prédre port en ſes terres. Le Comte de Poiɛtiers
demeura quelques iours auec luy, traittant des moyens qu'on
deuoit tenir pour enuahir la Terre ſainte, qui pour lors eſtoit
priuée de ſon Gouuerneur. Ie dis de Sanſonnet de la Meque,
lequel retourna à la Court de Charlemagne, auec le Comte
Roland, aprés qu'ils eurent deſtruiɛt Biſerte. Ganelon ayant
pris congé du Soldan, ſe remit dans le Nauire d'Alcine, & le
lendemain prit port à Rimini, où il treuua Didier Roy des Lô-
bards, qui auoit deſia dreſſé vne grande armée naualle, & vne
autre qui couuroit tous les champs de Veronne, en intention
de ſe faire Roy des Romains. Mais auparauant il auoit reſolu
d'aller attendre auprés de Milan, Roland, que Charlemagne
auoit fait ſon Lieutenant general au de là des Monts, & de luy
donner la bataille. Ganelon traitta auec luy de pluſieurs deſſeins qu'il auoit en l'âme, pour la ruïne de l'Empire, & aprés
ayant pris le chemin de Trente, entra en l'Allemagne, & ſe rendit à Mayence, faiſant courir le bruit qu'il reuenoit de la Terre
ſainte, où il eſtoit allé en deuotion, pour viſiter le Saint ſepulchre. Pour faire du bon Valet, il prit quelques iours aprés le
chemin de Paris, où il fut reçeu de Charlemagne auec vn fort
bon viſage : car l'Empereur aymoit ce traiſtre, qui auoit eſpouſé ſa ſœur, mere de Roland, & vefue de Milon d'Angers. Mais
à ſon arriuée il fit bien du menage.

Le Comte Roland auoit deſia taillé en pieces trente mille
hommes du Roy des Lombards, & auoit contraint ce Prince
de ſe retirer dans Breſce, forte place de Lombardie, quand on
porta les nouuelles à l'Empereur, que le Comte de Guienne

nommé Vnalde, rauageoit toute la Gafcogne, & mettoit tout
à feu & à fang. A l'heure mefme qu'vn Courrier l'informoit
de ces infolences, vn autre arriua de Vienne, & apprit à l'Empereur que Cordoran Roy de Bohème auoit mis vne grãde armée en campagne, & qu'il brufloit & faccageoit toutes les villes, & les villages de l'Empire. La Court fut toute troublée de
ces nouuelles, & la ville de Paris, qui à peine refpiroit de tant
de fecouffes, qu'elle & toute la France auoient reçeuës par les
Mores, eft bien eftonnée de ces nouueaux accidents. Le bon
Empereur fait faire des ieufnes, des oraifons, & des procefiiõs,
& aprés qu'il a imploré l'affiftance du Ciel, il donne commiffion à Renaud de Montauban de leuer vne groffe armée, afin
de f'oppofer aux deffeins d'Vnalde, & pour reprimer fa felonnie. Et puis luy auec vne autre armée paffe en Allemagne, accompagné de Naymes, d'Oger, de Richard de Normandie, du
traiftre Ganelon, & du fidele Turpin. Il mit en déroute de
premier abbord Tanfille, Lieutenant general de Cormoran, &
puis marcha vers Prague, en intention de l'affieger. Cependãt
Ganelon aduertit le Roy de Boheme de tout ce qui fe delibere au Confeil d'Eftat, de forte que Cormoran fuiuant les in-
ftructions de ce Traiftre, dépefche vn Heraut d'armes à Charlemagne, afin de l'arrefter auant qu'il foit plus proche de Prague. Ce Heraut eftant prefenté à l'Empereur, luy tint ce difcours: *Magnanime Empereur, quiconque a cognoiffance de
la gloire qui allume voftre ame, ne jugera jamais que l'Auari-
ce vous face entrer à main armée dans la Boheme. Mon Roy
ne peut croire auffi que la fin de voftre victoire foit de luy ofter
la vie: mais feulement d'auoir l'honneur de le vaincre. Mais
quel honneur pouués vous aquerir en le furmontant, fi vous le
combattés auec tant d'auantage, que d'auoir dix hommes contre vn feul? Miltiades, & Themiftocles font renommés, par
ce qu'auec vne poignée de gens ils ont mis en déroute vne infinité de milliers de Regiments. Iamais on n'a leu que ce foit
vne action loüable, & vn exploict glorieux de vaincre auec*

V iij

vn grand nombre d'hommes, vn petit nombre. C'eſt pourquoy
ſi vous priſez la renommée qui fait viure aprés le treſpas, laiſ-
ſeZ à part tout auantage, & puis eſſayés de nous vaincre par
la valeur. Mon Roy vous offre le combat d'vn ſeul contre vn
ſeul: de deux contre deux: de quatre: de dix, de vingt, & de
cent contre cent. Si le Ciel le fauoriſe de la victoire, vous luy
payerés les dommages qu'il a ſoufferts, & tous les frais de la
guerre, & retournerés en France, auec promeſſe que vous luy
ferés pour vous, & pour vos ſucceſſeurs, que les François ne
luy demanderont rien de cent ans. Et ſ'il eſt vaincu, vous luy
impoſerés telle Loy, que vous voudrés. Or le bon Paſteur, ex-
poſe librement ſa vie pour ſon Trouppeau. Si vous eſtes auſſi
bon Roy que l'on vous publie, vous haZarderés voſtre vie, ou
de quelque peu d'autres, afin que tant de peuple ne periſſe.

Charlemagne ne voulut point reſpondre à l'heure meſme à
ce Heraut. Il luy commanda ſeulement d'attendre juſques au
lendemain, qu'il le dépeſcheroit. Cependant il fait aſſembler
ſon Conſeil, pour deliberer ſur ceſte affaire. Turpin fut d'aduis qu'on deuoit accepter le combat de dix contre dix, ſans
plus attendre, offrant d'eſtre l'vn des combattans. Naymes,
Oger, Richard de Normandie, & Berengaire furent de meſme opinion. Ganelon ſe leua puis aprés, & dit : Qu'il eſtoit
bien d'aduis qu'on deuoit accepter le combat : mais qu'on ne
deuoit nullement le commencer, que premierement Roland,
& Renaud, Oliuier, & ſes deux fils, où Roger n'y fuſſent. Eſti-
més vous (diſoit Ganelon) que les Ennemis ſoient ſi ſots, de
nous deffier de la ſorte, ſans eſtre bien aſſeurez d'auoir de mauuais garçons pour venir à bout des noſtres ? Si noſtre Empereur ne ſ'en meſloit, l'on pourroit tenter le hazard : mais puis
qu'il y vèut expoſer ſa vie, ie ne conſentiray iamais qu'on accorde le combat, en l'abſence de Roland, & de Renaud. Ce
n'eſt pas que ie ne ſçache bien qu'il y a icy de vaillants hommes : Neantmoins il ſ'agit icy d'vne choſe trop precieuſe, qui
eſt la perſonne de noſtre grand Empereur, que nous ne pou-

uons plus dignement accópagner que de ceux qui font la fleur
de toute la Cheualerie du monde. Voila les plus belles raifons
du monde en apparence: mais le Traiftre auoit vn deffein tout
contraire à ce qu'on en penfoit. Son aduis fut fuiui, & l'on ren-
uoya le Heraut, auec promeffe de faire refponfe à fon Maiftre
dans vn mois, durant lequel temps on faifoit eftat de faire venir le Comte, & le Seigneur de Montauban : l'vn d'Italie, &
l'autre de Gafcogne. Tandis il y eut furfeance d'armes, d'vn
cofté & d'autre, au grand preiudice de Charlemagne : par ce
que Cormorant fit fortifier de gens & de viures la ville de Pra-
gné, & fut fecouru d'vne grande armée que le Roy de Hon-
grie luy enuoya. Ganelon pour brouiller encores plus les affaires, & ruïner fes ennemis, par fes ennemis mefmes, fit bien
encores pis. Alcine, ainfi que ie vous ay dit cy deffus, luy donna
vn Anneau, où vn Efprit nommé Vertunne, qui prenoit toutes formes eftoit enchaffé. Roland auoit vn Efcuyer nommé
Teringe. Il l'auoit nourry des fa plus tendre jeuneffe, & cet
Efcuyer eftoit fi bien aymé de fon Maiftre, qu'il luy fioit entierement tous fes fecrets. Vertunne prit la forme de Teringe, &
efcriuit deux lettres, que Ganelon luy dicta de fa propre bouche. L'vne eftoit de la part de Charlemagne, & l'autre de Roland. Et en toutes deux cet Efprit auoit fi bien contrefait
l'Efcriture de l'vn & de l'autre, que depuis & apres que la trahifon fut defcouuerte, l'Empereur, & fon Neueu, n'oferent jurer de ne les auoir point efcrites. Quand les lettres furét ache-
uées, le faux Teringe fe tranfporta le foir mefme en Gafcogne,
& treuua Renaud à Condom, où il auoit ramaffé toutes fes
forces, afin de donner la bataille à Vnalde. Si toft que le Prince de Montauban apperçeut l'Efcuyer de fon coufin, il reçeut
vne joye extreme, & jugeant que Teringe ne venoit pas fans
quelque grande occafion, il le tira à part, & luy demanda des
nouuelles de fon Maiftre, & fi le bruit qui couroit, d'auoir taillé en pieces l'armée du Roy des Lombards eftoit veritable.
L'Efprit luy en apprit tout le fuccés, & puis luy prefenta la lettre contrefaite de Roland. Ie vous reciteray vne autrefois le
refte de cefte belle hiftoire.

Fin de la dixiéme Auenture.

ARGVMENT.

Renaud par les artifices & les sortileges de Ganelon se re-
belle contre Charlemagne, qui quitte l'entreprise de la Bohe-
me, & s'en retourne en France. Roland abandonne pareille-
ment la Lombardie, & va contre Renaud. Ganelon faict
mourir Roger par trahison, & se saisit de Marseille, & de Bra-
damante, laquelle est secouruë par Roland. Maugis descou-
ure les menées de Ganelon, & en aduertit Charlemagne. La
Paix se fait, & le Traistre s'enfuit à Mayence. Roland im-
petre sa grace, & Renaud auec ses freres s'en vont en deuo-
tion à la Terre sainte. Ganelon, & Charlemagne nous repre-
sentent en ceste Auenture, combien vn Prince est subject à se
laisser tromper aux mauuais conseils d'vn Traistre. Renaud
nous monstre que la colere nous fait quelque fois passer les bor-
nes de la raison : & Roland qui apres tant d'offenses receuës
de la maison de Mayence, au lieu de s'en venger, l'assiste en sa
misere : nous fait voir qu'vne ame genereuse & Chrestienne
n'est jamais lasse de bien faire : non pas mesmes à ses propres
Ennemis.

AVENTVRE XI.

EXECRABLE desir d'estre grand, à quoy ne pous-
ses tu l'ame des Mortels ? Ceste passion est la plus
violéte de toutes. Chacun souhaitte de paroistre
eminent sur les autres, & iamais nul n'est si grand
qu'il n'espere de l'estre encores dauantage. Toutesfois quãd ce desir possede vne belle ame, il produit de loüables effects : par ce que la Vertu luy sert de guide, & l'on ne se
laisse point emporter hors des limites de la raison. Mais s'il arriue

riue qu'vn homme de nature peruerſe en ſoit poſſedé, il ne
faut pas qu'on attende autre choſe de ce cœur perfide, que ca-
lomnies, que tromperies, que trahiſons, que meurtres, & qu'in-
famies. Ganelon, qui ne ſe contente pas d'eſtre le premier à la
Court, & d'auoir l'oreille de Charlemagne, voudroit encores
eſtre plus grand que le Roy. Auſſi il eſpere par le moyen de
ſes trahiſons d'oſter à ſon Prince les colonnes de ſon Eſtat, &
puis à luy meſme la vie, & ſemparer du Royaume.

Vous liſiés ſur la fin de l'Auenture precedente, que Renaud
prit la fauſſe lettre de ſon couſin Roland, & l'ouurit pour apprendre ce qu'elle contenoit. Maintenãt vous deuez ſçauoir,
que lors qu'il commençoit à la lire, Vertunne deſguiſé en Teringe, tira de ſon ſein vne autre lettre que Charlemagne eſcri-
uoit à ſon Neueu, & dit à Renaud ces paroles : Voſtre Couſin
m'a donné charge expreſſement de vous donner encores ceſte
lettre. Renaud la prend, regarde le deſſus, & recognoiſt l'eſcri-
ture, & le cachet de l'Empereur. Quand il a leu celle de Roland, il ouure encores celle de Charlemagne : & y treuue que
l'Empereur donne aduis à ſon Neueu, qu'il ſe repent extrémement d'auoir mis vne ſi puiſſante armée entre les mains du ſuperbe fils d'Aymon. Qu'il craint qu'aprés auoir vaincu Vnalde, il ne ſempare de la Gaſcogne, & ne face ligue auec Marſille. C'eſt pourquoy il eſt reſolu de le rappeler, ou par amour,
ou par force, & donner le gouuernemẽt de ſon armée à vn autre. Que toutesfois il veut premierement proceder en ceſte
action par la voye de paix, ſous pretexte de le faire venir pour
eſtre vn des dix qui doiuent combattre Cordoran & neuf autres : Et par ce moyen il commande à Roland de luy en eſcrire, afin qu'il ſe diſpoſe à ſe rendre en Boheme, ſi toſt qu'il aura
reçeu ſa lettre. Quand Renaud liſoit ces choſes, il perdoit de
colere toute patience. Ses yeux eſtoient rouges comme du
feu. Il mordoit ſes leures de fureur, & frappant du pied la terre, il gemiſſoit & eſtoit plus émeu que les flots de la mer cou-
roucée. Le faux Teringe pour l'enflammer dauantage au cou-
roux & à la vengeance, luy dit encores ces paroles : Voſtre couſin reſſent vne douleur inſupportable dans ſon ame, de ce que
le Roy vous veut traitter auec tant d'indignité. Il a le cœur

X

ferré d'angoiſſe de ce que doutant de voſtre fidelité, il croid aux perſuaſions d'vn Traiſtre, pluſtoſt qu'aux grandes preuues que vous luy aués ſi ſouuent teſmoignées. Mais c'eſt la couſtu. me des Ingrats, & des Auares: qui pour ne recompenſer point ceux à qui ils ſont obligés, taſchét de ſen defaire, en inuentant des choſes qui ne furent jamais, & en leur donnant ſubjeɛt de commettre quelque legere faute, afin qu'elle ſerue puis aprés de pretexte pour couurir la memoire de tous les biens faits paſ-ſés. Mon Maiſtre vous ayme, & ne peut ſupporter qu'on tra-me ainſi voſtre perte. Et il ne doute pas, qu'aprés qu'on ſe ſera defait de vous, on ne luy en face autant, à l'inſtigation de ce meſchant traiſtre Ganelon. Si donques vous deſirés de con-ſeruer voſtre honneur, & voſtre vie, le Comte Roland vous ad-uiſe, que vous faciés promptement accord auec Vnalde, & que joignant vos forces auec les ſiennes, vous luy declariés guerre ouuerte, afin qu'il ſçache à ſes deſpens ſi la malheureuſe race de Mayence, ſera capable de l'aſſiſter contre la valeur de ceux de Clairmont. Cependant il vous aſſiſtera ſecretement, & puis quand les affaires ſeront en beau train, il ſe declarera ouuerte-ment, ſans craindre perſonne. Renaud eſtoit en vn tel excez de colere, que le cauteleux Eſprit attiſoit touſiours, qu'il auoit vne fois reſolu, de ſe liguer le lendemain meſmes auec Vnalde, & de faire marcher ſes regimens contre ſon Empereur. Neant-moins il attendit, que le Roy luy mandaſt de venir pour eſtre vn des dix Combattás, & qu'il enuoyaſt vn autre pour luy ſuc-ceder. Vertunne deguiſé en Turinge, prit congé le ſoir meſme de Renaud, & dans vn moment ſe rendit au lieu où eſtoit Ga-ñelon, à qui il apprit tout ce qu'il auoit executé. Le Traiſtre voulut battre le fer tandis qu'il eſtoit chaud; ſi bien que le len-demain il conſeilla à Charlemagne, de rappeller Renaud, & d'enuoyer Naymes Duc de Bauieres, pour commander à l'ar-mée de Gaſcogne, durant l'abſence du fils d'Aymon. Or Ga-ñelon, qui haïſſoit Naymes, luy fit expreſſement donner ceſte charge, afin que Renaud, qui eſtoit prompt & ſubjeɛt à ſ'émou-uoir, le fit pendre ſur le champ, pour faire deſpit à Charlema-gne. Le Duc partit le meſme jour, & ſe rendit dans cinq jours en Gaſcogne. Lors que Renaud ſçeut ſa venuë, ce fut alors

qu'il ne creut que trop la fraude de Charlemagne. Il aſſembla
tous les chefs de l'armée, & les meilleurs ſoldats, & leur leut les
lettres que l'Empereur auoit eſcrites à ſon Neueu : les conjurant de le vouloir aſſiſter contre ceux qui tramoient la ruïne
de ſa maiſon. Renaud eſtoit aymé, plus qu'on ne ſçauroit croire, des gens de guerre : de ſorte qu'il ne fallut vſer de grandes
perſuaſions pour animer chacun à expoſer ſa vie pour leur
Chef. Et principalement quand on ſçeut que Roland ſeroit
de la partie. Il ne s'en fallut gueres que le Seigneur de Mõtau-
ban ne tiraſt Flamberge, & ne miſt à mort le Duc de Bauieres,
ſi toſt qu'il l'apperçeut. Il ſe mit pourtant à l'appeller traiſter,
& à publier tout haut Charlemagne pour le plus ingrat vilain
qui fut au monde. Quand Naymes, qui ne ſouffroit pas volontiers l'offence qu'on faiſoit à ſon honneur, ouyt que Renaud
l'appelloit traiſtre, il ne peut s'empeſcher de luy dire qu'il men-
toit, de ſorte que ce fut vn grand miracle, de ce que Renaud
ne le mit point à mort. Il le voulut pourtant frapper : mais ſon
frere Alard, qui eſtoit ſage & diſcret le retint. Il commanda
pourtant qu'on le mit en priſon, & le menaça de donner ſon
corps pour paſture aux Corbeaux. Renaud auoit deſia ſecretement parlementé auec Vnalde, & ils auoient reſolu de joindre leurs forces, & de tailler de la beſoigne à Charlemagne.
Mais incontinent aprés la venuë de Naymes, ils firent flotter
au vent leurs enſeignes, & prindrent le chemin de Limoges,
auec deſſein d'aller tout droiĉt à Paris. Ganelon qui fut ad-
uerti par ſon Eſprit de leur entrepriſe, ne manqua pas de la faire incontinent ſçauoir à Charlemagne. Ce fut alors que le
meſchant deſlia ſa langue, & qu'il conta à l'Empereur toute la
vie de Renaud, depuis l'heure de ſa naiſſance. C'eſt maintenant (diſoit il) ô grand Roy, que vous pouuez recognoiſtre
ceux qui vous ſont fideles. Vous auez touſiours fait trop d'e-
ſtat de cet inſolent, & ſi lors qu'il tua voſtre Neueu d'vn coup
d'Eſchiquier, vous l'euſſiés puny, comme il meritoit, vous ne ſe-
riés pas maintenant aux peines, où vous eſtes reduit. Il ſemble
que ceſte race eſt fatale à voſtre Coronne. Vous deuez vous
reſſouuenir encores des affronts que ſon Oncle Bœuues vous
fit autrefois, & du meurtre qu'il commit en la perſonne d'vn

autre de vos Neueus, qui fut cruellement massacré à Aigremont. Et y a tel offense que vous n'ayés reçeuë de cet Enchanteur Maugis ? Toutes ces raisons animoient le courage de
Charlemagne, qui neantmoins ne pouuoit pas bien croire la
rebellion de Renaud. Mais quand vn Courrier luy en apprit
la verité, & la prison du Duc Naymes, il assembla son Conseil,
qui fut d'aduis, qu'il estoit bien plus expedient d'aller esteindre l'embrazement de la maison, que d'en allumer vn en vne
Prouince estrangere. Charlemagne fut donc contraint de
quitter l'entreprise de Boheme, & encores celle de Lombardie : car il donna aduis à son Neueu Roland, à Oliuier, à Griffon, & à son frere Aquilant, ensemble à Dudon, & à Sansonnet, qui auoient accompagné le Comte en Italie, de la rebellion de Renaud : les conjurant de reuenir aussi tost auec toutes leurs forces, afin de s'opposer à la felonnie du Fils d'Aymon.
Ces nouuelles estonnerent le Comte d'Angers, qui ne pouuoit
s'imaginer que son Cousin fist vne telle bresche à sa reputation.
Cependant pour obeïr à son Oncle il repassa les Monts, auec
son armée, & se rendit dans peu de iours en Sauoye.

    Ganelon qui nageoit d'aise, voyant que sa trahison s'ache-
minoit à vne si bonne fin, estoit pressé tous les iours de Vertunne, de la part d'Alcine, pour faire mourir Roger. Le valeureux
Prince, faisoit seiour pour lors en Bulgarie auec sa sœur Marfise, qui estoit reuenuë de France, & qui s'en retournoit à Con-
stantinople. Elle voulut voir en passant son Frere, & luy rendre vne lettre que sa Bradamante luy escriuoit. Vertunne prit
la forme d'Hypalque, & se treuua le lendemain que Marfise
prit congé de Roger, en vn Chasteau basti aux bords de la Sa-
ue, où le Roy qui venoit d'accompagner l'Imperatrice, cou-
choit. Si tost que la feincte Hypalque se presenta à Roger, il
s'émeut tout, & luy demanda des nouuelles de sa Bradamante.
Elle tira à part son Roy, & puis luy conta le besoin que son Espouse auoit de sa presence. Que Charlemagne oubliant les
biens faits qu'il auoit reçeus de la maison de Clairmont, & se
laissant emporter aux flateries de Ganelon, auoit banny de sa
Court Renaud, & taschoit de le perdre. Elle luy dit plusieurs
autres choses qui disposerent incontinent ce bon Prince à par-

tir le lendemain, monté fur fon Frontin & armé des armes du
Troyen Hector ; celles mefmes que Mandricard gaigna iadis
'au Chafteau de la Fée de Syrie. Vertunne qui auoit pris la forme d'Hypalque, racontoit en chemin à Roger l'ingratitude de
Charlemagne, & le deffein qu'il auoit pris de le perdre. Ce
qu'il euft executé, par les menées du traiftre Ganelon, fi Roland
n'en euft aduerty fon Coufin. En fin ce malheureux Efprit
fçeut fi bien reprefenter au Roy de Bulgarie l'eftat où les affaires eftoient reduittes, qu'il brufloit d'impatience d'eftre bien
toft à Marfeille, pour deliberer auec Bradamante, comment ils
pourroient, fans prejudice de leur honneur fecourir le bon Renaud. Ils firent tant par leurs iournées, qu'ayants trauerfé toutes les Allemagnes, ils paruindrent aux confins de Lorraine, où
ils logerent en vn Chafteau qui appartenoit à vn courtois Gentilhomme. Comme Roger fut couché, Vertunne prit vne fiole qu'il portoit toufiours fur luy, remplie d'vne eau d'admirable vertu. Cefte eau eft d'vne petite fontaine qui coule en vn
valon defert & incognu des Monts, d'où le Nil prend fa fource. Elle a cefte vertu d'amollir l'acier, le cuiure, & le fer, fans
qu'il y paroiffe, & de les rendre auffi foibles que l'efcorce d'vn
arbre. Mais particulierement les armes enchantées perdent
leur force, & leur valeur fi toft qu'elles font frottées de cefte liqueur. Vertunne, difie, entra inuifiblement dans la chambre,
où le Paladin dormoit, & frotta de cefte eau le cafque, la cuirace, & l'efcu, qui firent fuer autrefois tous les Cyclopes de Vulcan. Il en fit autant à l'efpée que Falerine forgea, au declin de
la Lune, & à cheueux efpars, en proferant des paroles qui arre-
ftent le mouuement du Ciel, & font cheminer la Terre. Quãd
il eut acheué de faire ce qui eftoit de fon intention, il fe rendit
en vn moment à Paris, où eftoit Ganelon, qui auoit fi bien char-
mé l'Empereur, qu'il auoit reçeu commiffion expreffe de luy
de f'aller rendre maiftre de Marfeille, & de fe faifir de la perfonne de Bradamante. L'Efprit éueilla Ganelon, qui eftoit
couché dans fon lict, & luy apprit comme il menoit Roger, &
que le temps de la vengeance eftoit proche, f'il auoit le courage de faire mourir ce Prince. Il dit encores au Comte de Poictiers, qu'il ne falloit point auoir peur de l'Efpée de Roger, par

X iij,

ce qu'il l'auoit renduë auſſi freſle que du verre, & ſes armes plus
faciles à eſtre tranchées que du carton. Quand le perfide ouyt
ceſte nouuelle, il ſauta du lict tout tranſporté de joye, & ayant
reſolu auec Vertunne, qu'il conduiroit Roger juſques à la foreſt où Pinabel fut tué, il enuoya ſoudain vn homme au logis
d'Anſelme de Hauteriue, à Fouques de Morillon, & à pluſieurs
autres de ſes Parens, afin qu'ils ſe rendiſſent incontinent chez
luy, pour vne affaire qui les touchoit tous également. Eſtans
aſſemblés, Ganelon leur recita l'entrepriſe de Vertunne. Que
l'occaſion ſe preſentoit d'appaiſer les Manes de Bertolas & de
Pinabel, ſans danger, & ſans beaucoup de peine, puis que le
Meurtrier ne ſe pourroit aider de ſes armes. Ganelon n'eut
pas beſoing d'vſer de longs diſcours pour animer ces perfides à
commettre vne des plus laſches trahiſons que le Soleil verra
iamais. Vous auès leu en l'hiſtoire du Furieux, que lors que
Marfiſe eut fait dépouiller de ſes belles robbes la ſuperbe Maiſtreſſe de Pinabel, pour en parer la meſchante vieille Gabrine,
la couſtume d'oſter les armes à tous les Cheualiers, & les robbes à toutes les Dames, fut dés le jour meſme introduitte.
Vous ſçauez que Roger oſta ceſte couſtume en abbattát auec
l'excez de la lumiere de l'Eſcu d'Athlant, les Cheualiers qui la
maintenoient : & que Bradamante mit à mort cependant Pinabel, qui quelques mois auparauant l'auoit jettée dans vne
profonde cauerne. Or par ce que les Traiſtres de Mayence
ſçeurent depuis que Roger auoit mis à terre Sanſonnet & ſes
Compagnons, ils creurent qu'il eſtoit le Meurtrier de Pinabel,
de ſorte qu'ils veulent maintenant venger ſa mort, & celle encores de Bertolas, qui fut tué, quand Roger deliura Maugis, &
Viuian, que Lanfuſe eſtoit preſte de vendre à beaux deniers
contans à ceux de Mayence. Ils ramaſſent donques tous leurs
Parens & leurs amis, & puis en nombre de quatre cents, ils ſe
rendent en peu de iours au Chaſteau de Montferrant, qui eſt
ſitué ſur vn coſtau, proche de ceſte foreſt, dont ie vous parlois
tantoſt. Tandis Vertunne ſe treuue auant que le iour paroiſ-
ſe, au lieu où Roger repoſe. Ceſte feincte Hypalque le preſſe
d'vſer de diligence, & tous deux, aprés auoir remercié leur ho-
ſte de ſa courtoiſie, cheminent à grandes journées, & font tant

qu'ils arriuent au lieu funeste, & detestable. O qu'il est impossible d'éuiter ce que le Ciel a ordonné des Mortels! Ce n'est
qu'vn flot inconstant, qu'vn bransle perpetuel, & qu'vne feuille de roze que la vie de l'homme. Vn matin void naistre &
mourir la felicité du Môde, aussi bien que les plus belles fleurs.
Ha! gentil Cheualier, qui cours si libremét à ta mort, destour-
ne tes pas, & prens vn autre chemin. O belle & amoureuse
Bradamante, & vous genereuse Marfise, où estes vous, ores
que l'on mene à la boucherie vostre Roger? Qui sera la plume capable d'exprimer la douleur que vostre ame ressentira,
quand vous apprendrés la déplorable Auenture d'vn si cher
Espoux, & d'vn si cher frere? Quelle horrible vengeance exer-
cerés vous sur ces Traistres. Il me semble desia que ie vois le
sang couler à grands flots, par les ruës de Poictiers, & fumer les
fortes Tours de Mayence. O Parques impitoyables vous de-
uiés accorder à ce Prince vne plus longue trame : mais il semble que le Ciel prene plaisir à defaire ses ouurages plus par-
faits, ou plustost de les retirer afin de s'en parer luy mesme,
après les auoir monstrés au monde en forme d'esclair, à qui naistre & mourir, luire & s'esteindre est vne mesme chose. Ainsi,
ô malheur! ô sanglante journée! ô destinées impitoyables ve-
nés vous de rauir, par la plus funeste, la plus lamentable, & la
plus estrange Auenture qui se lira iamais, le plus beau, le plus
courtois, le plus sage, & le plus vaillant Cheualier qui naistra
de long temps de la braue race de Godefroy & de Roger? Genereuse Princesse, ie iuge de la douleur de Bradamante, & de
Marfise, par la vostre. Et neantmoins vous aués plus de subj-
ject de vous consoler que vos Parentes : puis que si l'on conte
la vie de l'Hôme par la valeur, plustost que par les années, mon
cher Maistre vostre valeureux Frere en si peu d'aagé que le
Ciel luy à voulu accorder, a effacé la gloire dë tous les Guerriers de l'Antiquité, & aquis cela sur Roger, que le Ciel luy
mesme l'a raui de sa main, sans permettre qu'aucun des Mortels triomphast de sa vie.

   Si tost que Roger fut paruenu à l'entrée de la forest, où le
mauuais Demon le conduisoit, quatre cens Traistres tous bien
montez, & bien armés sortirent de leur embusche, & la lance

en l'arreſt ſe mirent à fondre ſur luy. Roger les voyant venir, & ſe fiant à ſa valeur accouſtumée, & à ſes bonnes armes, coucha pareillement ſon bois, qui auoit eſté frotté auſſi bien que l'eſ- pée. Mais il ſe rompit comme de l'Eſtule ſeche, & il fut à meſ- me temps percé d'outre en outre de dix ou douze lances. Son ſang à longs filets changea ſoudain en pourpre l'or de ſes ar- mes, &ſon courage qui iuſques alors auoit touſiours paru in- uincible, s'eſtonna, lors qu'il ſe ſentit percé comme vn crible. Rugiſſant neātmoins de fureur comme vn Lion, il mit la main à Balizarde, & en frappa ſur la cime du caſque d'Anſelme de Hauteriue : mais ceſte Eſpée qui eſtoit auparauant ſi bonne, ſe mit en tant de pieces, qu'il ne luy en reſta que la poignée. O Dieu du Ciel (ce dit il alors en eſleuant les yeux) ayez pitié de voſtre fidele ſeruiteur, qui eſt preſt de lier les voiles, & de pren- dre port. Les Traiſtres cependant ſont autour de luy, comme des Veneurs à l'entour d'vn Sanglier. L'vn luy donne vn coup d'eſpieu : l'autre vn coup d'eſpée : & l'autre vn coup de pique. Le valeureux Paladin auant que mourir, atteint auec tant de force la teſte de Fouques de Morillon, que bien que les gardes de l'Eſpée ſe briſent, ce Traiſtre ne laiſſe pas de tomber mort à terre, ayant la ceruelle à la bouche. Il prit encores par le col Anſelme de Hauteriue, & il l'euſt ſans doute eſtranglé, ſi Fron- tin, que les Traiſtres auoient percé en mille parts, auſſi bien que ſon Maiſtre, ne fuſt tombé a coſté tout mort, & tout ſan- glant. Roger reçeut à l'heure tant de coups, que ſa belle ame ayant quitté ſa douce demeure, ſe ietta entre les bras d'vne le- gion d'Anges qui l'attendoient, afin de l'emporter au ſeiour des bienheureux. Lors qu'il eut rendu l'Eſprit le traiſtre Ga- nelon, qui regardoit de loin ce ſanglant ſpectacle, s'approcha tout paſſe, & tout effrayé comme vn criminel que l'on mene pendre, & fit promptement faire vne profonde foſſe dans la fo- reſt, & au lieu meſme où Bradamante tua Pinabel. L'on y mit Roger, & puis on y ietta Frontin, afin de mieux cacher le meur- tre. Incontinent que ceſte horrible meſchanceté fut accom- plie, tous ces perfides ſe retirerent à Montferrant, où ils enſe- uelirent Fouques de Morillon, le plus deſloyal, & le plus exe- crable Cheualier de la maiſon de Mayence. Tandis Ganelon,

vou-

voulant s'ayder de la faueur que la Fortune luy offroit, prit la
fleur des meilleurs Cheualiers de sa trouppe, & auec la Commiffion de Charlemagne s'en alla au port de Maguelonne, où
il faisoit tenir deux Gallions tous prests, pour s'en seruir, lors
qu'il en seroit besoing. Il s'y mit dedans auec deux cens hommes, & puis fit donner les rames à l'eau, & voguer vers Marseille. Le Ciel estoit clair & serain, & Vertunne qui auoit pris la
forme de Roger, paroissoit sur le tillac du premier des Gallions
armé de toutes pieces, horsmis la teste. Lors qu'ils descouuri-
rent Marseille, ils se mirent à voguer tout doucement vers le
port. Les Trompettes qui sonnoient dans les vaisseaux, faisoient retentir les riuages, & attiroient sur le bord le peuple,
qui couroit en foule pour recognoistre les deux Gallions. Bradamante mesme, suiuie de quelques Cheualiers, parut au riuage, & quand elle apperçeut de loing l'Aigle blanc, & les armes dorées, semblables à celles du Fils de Priam, & qu'elle vid
encores le visage de son cher Espoux, toute folle de plaisir, elle
sauta incontinent dans vn Esquif, qu'elle mesme fit voguer
vers les Gallions. Soudain qu'elle les eut approchés, la Belle
qui estoit ce jour là vestuë en femme, & desarmée, se jetta d'vn
saut dans le premier des Vaisseaux, & courut les bras ouuerts
pour en serrer estroictement celuy qu'elle croyoit estre Roger. Vertunne la reçeut, & l'embrassa pareillement : mais de
telle sorte qu'elle demeura prise, & au pouuoir de ses cruels
ennemis qui la lierent incontinent de grosses chesnes. Elle
voulut se defendre, lors qu'elle recognut la trahison : mais que
pouuoit elle faire toute seule, & sans armes contre tant d'hommes ? Le Peuple de Marseille qui aymoit ceste Dame, autant
peut estre qu'il cherit le grand Duc son Neueu qui le gouuerne auiourd'huy, courut incontinent aux armes, & se disposa
aussi tost de la secourir. Le son des cloches retentissoit de tous
costés, & la rumeur s'accroissoit de plus en plus, lors que Ganelon entra dans le port, & monstra la Commission qu'il auoit de
l'Empereur : protestant au Viguier & aux Consuls de les prendre eux mesmes à partie, en cas qu'ils manqueroient d'obeïr
au mandement de Charles. Ces Magistrats ayants recognu
la Commission, ne sçeurent que dire, & furent contraints la

Y

larme à l'œil, de laiſſer au pouuoir de ce meſchant Comte de
Mayence, leur aymable Princeſſe. Le Perfide ſans entrer dans
la ville & depeur que le peuple ne luy rauiſt ſa proye, monta
ſoudain à cheual auec ſa Trouppe, & auec ſa priſonniere, qu'il
faiſoit mener ſur vn meſchant rouſſin. La Dame tenoit les
yeux fichés à terre, ayant le cœur ſi gros de colere, qu'à peine
pouuoit elle reſpirer. Nous la laiſſerons en ceſte affliction, &
vous dirõs bien toſt comme elle fut ſecouruë : mais il faut que
je vous recite premierement ce que fit le Comte Roland, lors
qu'il eut paſſé le mont Geneure, & qu'il fut paruenu auec ſon
armée auprés d'Auignon.

OLAND.   Roland ayant reçeu les lettres que l'Empereur ſon Oncle
luy auoit eſcrites, eſtoit auſſi eſtonné de la rebelliõ de ſon
Couſin Renaud, que quand il ſe treuua tout nud, & lié de mille cordes, apres qu'Aſtolfe luy eut remis ſon bon ſens. Il ne
pouuoit ſ'imaginer comment il eſtoit poſſible qu'vn Cygne
fuſt deuenu Courbeau, & bruſloit d'impatience de le rencontrer, pour le renger au trein de la raiſon, & de ſon deuoir. Quãd
il eut paſſé la Montagne qui eſt au deſſus de Briançon, il commanda à Baudouyn ſon frere, fils de Ganelon : mais plus fidele
que ſon Pere, de mener l'armée juſques à Tholoſe, où il le treu-
ueroit : & que ſ'il falloit attaquer ou ſe defendre, durant le chemin, qu'il ne fiſt rien ſans le conſeil de ſon Oncle le Marquis de
Vienne. Le Comte pour n'eſtre point cognu, monta cependant vn autre Cheual, & prit vn Eſcu, où les armes eſcartelées
de blanc & de rouge n'eſtoient point depeintes. Deſia il auoit
paſſé Carpentras, & eſtoit paruenu aux bords de la riuiere qui
procede de la fontaine admirable de Vaucluſe, quand il deſ-
couurit vne grãde trouppe de Cheualiers en nombre de quelque deux cents. C'eſtoit le traiſtre Ganelon qui menoit la
Dame de Dordonne priſonniere, comme nous vous diſions cy
deſſus. Cent Cheualiers marchoient premierement en flotte,
& Ganelon à la teſte : & puis venoit Bradamante liée de groſſes cheiſnes, & neantmoins armée de toutes pieces, horſmis la
teſte ; car le traiſtre la vouloit faire voir en cet equippage par
tout les lieux où il paſſoit, croyant auoir aquis autant de gloire
qu'Hercule, & que Thezée en aquirent iadis, lors qu'ils eurent

furmonté les Reynes des Amazones. Aprés venoient les autres cent Cheualiers auec vne contenance fuperbe, & dedai-
gneufe. Roland qui f'eftoit arrefté,& qui cõfideroit ces hommes,recognut de premier abbord Ganelon,& puis vid fa Coufine qui meritoit vn autre traittement. Il pria l'vn de la Trouppe de luy apprendre où eft-ce qu'on menoit cefte Dame, &
l'autre luy dit qu'on la menoit à Páris, fuiuant la commiffion
qu'en auoit le Comte de Mayence: & en fin luy raconta en
peu de mots fa prife, & celle de la ville de Marfeille. Encores
que le valeureux Comte d'Angers vid bien qu'il offençeroit
Charlemagne,f'il deliuroit Bradamante: toutesfois la force du
fang qui ne peut mentir,& la haine qu'il portoit à fon beau Pere, & à toute fa race, luy fit mettre fous les pieds tous ces deuoirs, & toutes ces confiderations contraires, de forte que f'e-
ftant vn peu efcarté, à la trauerfé, & ayant piqué fon Cheual,
qui en peu de temps deuáça cefte trouppe, il tourna puis aprés
la bride, & à grande courfe vint fondre fur Ganelon, & fur ces
Cheualiers. Il ouurit dans peu de temps cefte trouppe,de mefme que fait vn coup de Canon,quand fa balle meurtriere rencontre quelque Regiment de Caualerie. Ganelon fut le premier qui fentit la roideur de fa lance. Bien qu'il portaft des armes enchaintées qu'Alcine luy auoit données: toutesfois le
coup fut fi furieux, que la lance, qui fe mit en pieces, le ietta à
terre fi violemment, qu'il demeura plus d'vne heure, fans remuer ny pied,ny main. Roland fans f'amufer à luy,mit la main
à Durandal,& fit voler à l'inftant mefme, bras & teftes, & fendit quelques fois homme & cheual d'vn feul coup. Toute la
trouppe, auoit fondu fur luy au commencement, & penfoit
l'engloutir auffi toft,le voyant ainfi feul: mais en peu de temps
chacun commença à fe retirer, & puis à jouër des talons, fans
que l'amy attendift fon amy, pour prendre auec luy la fuitte.
Les coups horribles que defchargeoit Roland,qui faifoit auffi
peu d'eftime de ces traiftres, que fait vn Loup d'vn trouppeau
de brebis, feroient prefques incroyables, fi le bon Turpin ne
les auoit inferés dans fa belle Chronique.Vous fçauez que c'e-
ftoit vn homme qui ne mentit iamais : fi bien que vous pouuez
croire, que de dix coups Roland couppa par le faux du corps

trente & cinq de ces Mayençois, & en fendit iufques à la felle
plus de vingt. Il en eftropia pour le moins vne trentaine. En
fin la Campagne luy demeura en moins d'vn quart d'heure. Il
ne fe mit point en peine de pourfuiure cefte canaille, puis qu'il
eftoit venu à bout de fon entreprife. La premiere chofe qu'il
fit ce fut d'aller délier la Dame, & puis de defpouiller le Traiftre, qui n'auoit point encores reptis fes fentiments. Roland
voulut que Bradamante farmaft des armes du Comte de
Mayence, & aprés auoir lié ce perfide, des mefme chaifnes
dont la fille d'Aymon eftoit auparauant attachée, il prit congé
d'elle, fans fe vouloir iamais donner à cognoiftre, quoy qu'elle
l'en priaft extrémement, & tournant la bride de fon Cheual,
f'efloigna à grande hafte de ce lieu, laiffant Bradamante toute
eftonnée de fa courtoifie, & de fa valeur. Quand Bradamante
fe vid ainfi deliée, & armée de toutes pieces, & qu'elle eut mô-
té fur le bon Cheual du traiftre Ganelon, elle n'eut pas craint
Charlemagne, ny toute fon armée. La valeureufe Dame vouloit vne fois partir de ce lieu, croyant que le Traiftre fuft mort,
lors qu'elle vid venir Sinibalde. C'eftoit vn Efcuyer que fon
coufin Maugis auoit nourry depuis fa plus tendre ieuneffe, iufques au iour qu'il le donna à Bradamante. Ce ieune Gentilhomme reuenoit de la chaffe du faucon, quand Ganelon prit
fa Maiftreffe, & il auoit fuiui cefte trouppe de loing, pour voir
ce qu'ils en feroient. Si toft qu'il apperçeut que Bradamante
auoit recouuré la liberté, il courut vers elle, tout tranfporté de
ioye, & la Dame fut fort aife de fa venuë : par ce qu'à mefme
temps le Comte de Mayence ouurit les yeux, & commençoit
à reprédre fes Efprits, & elle auoit refolu de le mener à Montauban, pour le traitter fuiuant fon merite. La Dame de Dordonne mit pied à terre, & aprés auoir dit mille iniures à Ganelon, qui eftoit bien eftonné de fe voir entre les mains de fon
Ennemie, elle luy couppa les deux oreilles, & luy bailla cent
coups de bafton, & puis le fit môter fur le mefme rouffin qu'elle montoit auparauant. O que fi elle euft fçeu la mort de fon
Roger, quelle rigueur & quelle cruauté euft elle exercée fur
cet execrable. Il n'y a point de doute qu'elle ne luy euft foudain arraché le cœur, & qu'elle ne l'euft de rage aualé tout

chaud, & tout fanglant. Le Traiftre auoit vne belle cheifne
d'or au col,&vn anneau precieux au doigt,enfemble de beaux
& de riches pendants à fon cofté. Bradamante les luy ofta, &
donna le tout à Sinibalde, lequel mit au doigt la bague, fans
fçauoir la vertu qui eftoit en elle, ny dequoy elle feruoit. La
Dame paffa le Rhofne puis aprés au deffous d'Auignon, &
marcha par le Languedoc, en refolution de fe rëdre en Gafcogne, où elle croyoit treuuer fon frere Renaud. Cependant elle faifoit comme le Renard, qui emporte la Poule, ou comme
le Loup, lors qu'il a raui quelque brebis. Ils fuyét par des lieux
deferts,& par des buiffons efcartés : & elle s'efloignoit des Villes & des lieux clos le plus qu'elle pouuoit, de peur qu'on ne
luy oftaft fa proye. Elle fe repofoit de iour,& puis marchoit de
nuit auec la plus grande diligence du monde : car elle brufloit
d'impatience de joindre fon Frere, par ce qu'elle craignoit
qu'on ne le prift en trahifon,de mefme qu'on l'auoit prife. Cependant Ganelon eftoit comme vne befte fauuage, qui fe fen-
tant enfermée,court de ça,& de là: monte en haut,& defcend
en bas,& ne treuue point d'iffuë pour fortir. Il voyoit qu'on le
menoit à la mort : de forte qu'il recherchoit tous les moyens
qu'il pouuoit pour efchapper des mains de fes Ennemis. Auffi
ne pouuoit il pas manquer d'eftre pendu, auffi bien qu'il fut tiré puis aprés à quatre Cheuaux, & demembré tout vif, lors
qu'il eut commis la trahifon de Rõceuaux,ainfi que nous verrons en la fuitte de cefte Hiftoire : mais Alcine qui fut aduer-
tie par fes Efprits de fa difgrace, & craignant que le deffein de
faire mourir Roland ne s'accomplift point, eut moyen de faire
aduertir vn fien neueu nommé le Loup, qui eftoit fils de Bertolas, & qui fe tenoit à Bayonne de la prife de fon Oncle. Ce
Loup plus cruel que la befte dont il portoit le nom : mais plus
timide qu'vn Agneau,fortit de Bayonne auec cent Cheualiers
bien armez,& s'en va attendre Bradamante au paffage. Alors
qu'ils affaillirent la valeureufe Dame, elle auoit enuoyé Sinibalde à la prochaine ville, pour acheter des viures, & elle l'attendoit en vn chemin efcarté,fous vn Alizier. Le Traiftre neueu de Ganelon, qui eftoit conduit par vn des Miniftres d'Alcine,qui auoit pris la forme d'vn Efcuyer, treuua la Dame affi-

se à l'ombre sous cet arbre. Si tost qu'elle ouyt le bruit que les
cheuaux menoient en marchant au grãd trot,elle laça son casque, & puis sans mettre le pied à l'estrieu, sauta legerement à
cheual. Le Loup qui auoit fait deux bandes de sa trouppe :
commanda à cinquante de ses Cheualiers d'attaquer Bradamante,& aux autres cinquante d'aller destacher son Oncle. Il
vint donques auec cinquante Cheualiers assaillir la fille d'Aymon, qui en criant tout haut : *Traistres, je vous feray tous mourir* :
rencontra le Loup auquel elle faussa l'Escu,& la cuirace,& luy
fit sortir le bout de sa lance trois pieds au de là du dos. Elle mit
puis aprés la main à l'espée, & fit tant d'armes, que le plus hardy de la trouppe n'osoit l'attendre. Cependant les autres cinquante Cheualiers deliérent Ganelon, & le voulurent armer
de toutes pieces : mais il ne voulut iamais retarder si long
temps, de peur de manquer à se sauuer. Il monta sur vn bon
Cheual, & puis gaigna au pied le plus legerement qu'il peut,
& se rendit en peu de temps à Bayonne. Tandis Bradamante,
qui sembloit vne Furie qui sort des Enfers, tuoit & renuersoit
tout ce qu'elle rencontroit. Les hauberts,& les casques ne re-
sistoient non plus à ses durs, & à ses pesants coups, qu'eussent
fait des rozeaux. Quelque part que son espée tombe,il se faut
resoudre à la mort, ou à vne cruelle blessure. Elle en diuise
quelque fois par le faux du corps, de sorte que les jambes de-
meurent encores à la selle,& quelque fois elle en fend iusques
à la ceinture. Ces malheureux voyans le peu de moyen qu'ils
auoient d'offenser vne si dangereuse Amazonne,& de peur de
ne rester tous mors sur le Champ,prindrent la fuitte,& s'escar-
terent comme vne trouppe de Pigeons, à qui le Milan donne
la chasse. Apres que la Dame les eut poursuiuis vne demy
lieuë,elle retourna vers le lieu,où elle auoit laissé Ganelon, &
fut bien faschée de ce qu'il luy estoit eschappé. Toutesfois elle se consola,quãd elle vid à terre mort & estendu le Loup son
Neueu, qu'elle recognut au Lion d'argent qu'il portoit peint
en son Escu. C'estoit le plus meschant, & le plus perfide de
ceux de Mayence,aprés son Oncle Ganelon,& s'il eust vescu,il
n'y a point de doute qu'il n'eust surpassé en toutes sortes de vi-
ces,toute sa race. Comme elle venoit de faire ceste execution,

Sinibalde arriua, & tous deux prindrent le chemin d'Aigremont, qui n'eftoit qu'a deux iournées de ce lieu, penfans y treuuer le Duc Maugis. Ie laiſſeray maintenant Bradamante, &
reprendray le difcours du Comte Roland, qui a pris le chemin
de Gafcogne, penfant y treuuer fon coufin Renaud.

 Le Comte, après auoir deliuré Bradamante, paſſa le Rhof- ROLAND.
ne, & laiſſa Arles à cofté gauche. Il vid Montpellier, Befiers,
& Carcaſſonne; & treuua au pays des Albigeois vn Courrier,
qui marchoit en hafte. Le Comte l'arrefta, & luy demanda
des nouuelles, & d'où eft-ce qu'il venoit. Ie viens (dit le Courrier) de Tholofe, où l'Empereur Charlemagne m'auoit commandé d'aller, & maintenant ie m'en vais en Sauoye, où i'efpere treuuer le Comte Roland, auquel j'apporte des lettres de la
part de fon Oncle. Lors que Roland ouyt ce que ce Courrier
difoit, il luy dit: *Ie fuis le Comte*: & delaça fon Cafque, afin de
fe faire mieux cognoiftre. Le Courrier l'ayant recognu, mit incontinent pied à terre, & apres luy auoir baifé la botte, tira de
fon fein vn pacquet. Roland l'ouurit, & apprit tant par les lettres que Charlemagne luy efcriuoit, que par celles d'Oger, &
de Richard de Normandie, les rauages que Renaud faifoit en
Poiƈtou, bruflant & faccageant auec Vnalde tout ce qu'il rencontroit, fans efpargner mefme les maifons de fes amis. C'eft
pourquoy l'Empereur commandoit à fon Neueu, de mener
contre luy du cofté du Limofin l'armée, qui eftoit reuenuë d'I-
talie; & que cependant il viendroit du cofté de la Touraine,
pour reprimer l'infolence de ce temeraire, qui auoit traitté le
plus indignement du Monde, fon grand amy & fon parent le
Duc Naymes de Bauieres. Aprés que Roland eut leu plufieurs fois ces lettres, il cognut bien que fon coufin Renaud
faifoit la guerre à bon efcient, & qu'il feroit bien malaifé de le
reduire par amour à fon deuoir. Cela luy fit rompre l'entreprife de l'aller treuuer: puis que mefmes il n'eftoit plus en Gafcogne, & qu'il falloit craindre qu'en retardant dauantage de mener côtre luy fon armée, on ne le blafmaft de quelque intelligé-
ce. Il rebrouſſa donques chemin, & f'arrefta à Carcaſſonne,
attendant l'arriuée de Baudouyn, & de tous fes regiments. Il
eut deux ou trois jours après nouuelles, côme fon armée auoit

logé deux lieuës auprés de Besiers : de sorte qu'il monta à cheual, & après auoir donné responfe au Courrier, il alla reprendre ses gens, qui tesmoignerent vne grande resiouissance à son
retour. Nous le laisserons prendre le chemin de Limoges, &
dirons ce que faisoit en ce temps le frere de Viuian.

MAVGIS. Maugis estoit en son Chasteau d'Aigremont, lors que son
Cousin Renaud l'aduertit de l'ingratitude de Charles, & du
mauuais dessein qu'il auoit de le perdre auec toute sa race. Il
luy enuoya vne coppie de la fausse lettre que l'Empereur escriuoit à Roland, & luy fit sçauoir comme le Comte l'assisteroit
secretement, & puis se joindroit à luy, par ce que Charlemagne en vouloit generalement à toute la maison de Clairmont,
pour fauoriser ceux de Mayence. Maugis estonné de ces sou-
daines émotions, & comme sage & prudent s'il en fut iamais,
ne croyant pas legerement que le Comte quittast iamais le
parti de son Oncle, voulut sçauoir de ses Esprits la verité de
ceste affaire. Il fit plusieurs cercles, & plusieurs estrages mou-
uemens, que je ne veux point icy exprimer, ny moins encores
les paroles qu'il profera, qui font trembler tous les Enfers, &
arrachent du Ciel la Lune. Mais tous ces characteres, & toutes ces paroles magiques ne luy feruirent de rien. Alcine auoit
fermé la bouche à tous les Demons, horsmis à Vertunne, qui
estoit enfermé dans vne bague, & quelques autres, qui estoiét
sans doute du Monde qu'on a descouuert nouuellement.
Quand Maugis eut reiteré par trois fois ses conjurations, &
qu'il cognut que toute la peine qu'il prenoit estoit inutile, il se
resolut d'aller en vne horrible Cauerne, qui est au milieu d'v-
ne des plus hautes Montagnes d'Auuergne, où il auoit accoustumé d'appeler les Esprits damnés, lors qu'il vouloit venir à
bout de quelque chose d'importance. Soudain qu'il y fut dedans il traça vn cercle capable de s'enfermer les bras espanduz
& les jambes en croix. Apres il se couurit d'vn grand Penta-
cle, & puis prit son liure, qu'Angelique luy rendit, lors qu'elle
estoit amoureuse de Renaud, ainsi que l'histoire de l'Amoureux en fait foy. Ce liure qui estoit tout rempli de characteres,
& qui apprenoit la maniere de faire sortir les Demôs du creux
d'Enfer, fut long temps fueilleté par Maugis: mais il ne fit non
plus

plus dans cet Antre , que dans le chasteau d'Aigremont. Les
Anges malheureux dont il auoit accoustumé de se seruir , &
principalement Draguinasse, Malegriffe, & Falsette, n'auoient
plus d'oreilles pour l'entendre , ny de bouche pour parler. Iamais les anciens Idolastres ne furent plus estonnez , lors que la
voix de leurs Oracles vint à cesser , que le neueu du Duc Aymon estoit émerueillé de ce Silence. Or comme il desespe-
roit de venir à bout de son entreprise, Sinibalde l'Escuyer qu'il
auoit donné à sa cousine Bradamante, entra dans ceste Cauerne. Quand luy & la fille d'Aymon ne le treuuerent point ny à
Montauban, ny à Aigremont, cet Escuyer se douta incōtinent
qu'il estoit dans cet Antre , où il auoit souuent accompagné
son Maistre. Il s'y achemina donques promptement, & s'y rendit dans trois iours, & en y entrant il treuua que Maugis faisoit
sa troisiesme & derniere conjuration, croyant de vaincre, & de
surmonter l'obstination de ces Anges damnez , par la force de
l'horreur des menaces , & des mots qui sont capables de faire
trembler le Royaume de Pluton, & d'arracher Beelzebub , &
Leuiathan des cachots plus profōds. Aussi à peine eut il proferé ces nōs horribles, & ces paroles execrables que toute la mō-
taigne fut couuerte de voix estranges & espouuantables, mais
neātmoins toutes cōfuses, & nō intelligibles. Vous sçauez que
Sinibalde osta vn anneau à Ganelon, où Vertunne qui se chan-
geoit en plusieurs formes estoit enfermé. Et cet Esprit qu'Alcine n'auoit point rendu muet, se treuuant conjuré comme les
autres, fut forcé de parler, & d'apprendre à Maugis les ruses, &
les trahisons de Ganelon, touchant la fausse lettre que Charlemagne escriuoit à son neueu Rolād, & celle encores du Comte au Seigneur de Montauban. En fin il luy recita d'vn bout à
l'autre ce qu'il auoit fait, apres auoir pris la forme de Teringe :
mais il ne luy dit rien de la mort de Roger, d'autant que Maugis ne s'enquit point de luy. Le frere de Viuian fut extrémement estonné, & aise tout ensemble , quand cet Esprit luy eut
descouuert vn secret qu'il n'auoit peu sçauoir d'aucun autre.
Et pour esteindre de bonne heure l'embrazement qui estoit
prest de s'espandre par toute la France, il se fit porter le iour
mesme par les Demons (qui luy obeïrent soudain que la ruze

Z

d'Alcine fut defcouuerte) à la ville d'Orleans, où l'Empereur recueilloit toutes fes trouppes, afin d'aller au deuant du fils d'Aymon, qui rauageoit tout le Poictou. Charlemagne eut au commencement peur que Maugis ne fuft là venu pour luy jouër quelque tour de fon meftier : mais le fils du Duc d'Aigremont le tira bien toft de cefte apprehenfion, lors qu'il luy recita deuãt tous la trahifon de Ganelon : le voyage qu'il auoit fait en l'Ifle d'Alcine, fous pretexte d'aller en la Terre fainte, fes menées auec le Soldan d'Egypte, & auec le Roy des Lombards : les intelligences de luy & de Cordoran, & en fin les lettres fauffes de l'Empereur, efcrites à fon Neueu. Or Maugis reprefentoit fi bien les chofes, & alleguoit tant de circonftances, qu'il n'y eut nul des Affiftans qui n'adjouftaft foy à fon dire. Mais l'on fut encores bien plus induit à le croire, quand Maugis promit à l'Empereur de luy remettre entre les mains les lettres qui auoient donné fubject à fon Coufin Renaud de fe rebeller. Charlemagne tout confus d'vne telle mefchanceté, & recognoiffant, bien que tard, fa trop grande credulité, dépefcha foudain vn Courrier à Renaud, auec lettres qui contenoient ce que fon coufin Maugis luy auoit appris, & qui le purgeoient de ce que les artifices du Comte de Mayence auoient imprimé dans fon ame. Il efcriuit pareillement à fon Neueu Roland, par vn autre Courrier, & l'informa de toutes ces menées, luy commandant de parlementer auec Renaud, afin de f'inftruire mieux de cefte trahifon. Ces Courriers arriuerent bien à propos aux deux armées. Il y auoit defia bië eu du fang refpandu, & il y en euft eu encores dauantage, ainfi que Turpin l'efcrit.

Roland auoit toufiours aymé Renaud autant que fon propre frere : mais il eftoit maintenant contraint de quitter fon amitié, voyant le peu de conte qu'il faifoit de fon Prince. Il tacha par tous les moyens qu'il peut imaginer, de le renger au train de la raifon : & il ne luy fut iamais poffible d'adoucir fon courroux : par ce que Renaud croyoit que ce que fon coufin en faifoit, n'eftoit que diffimulation, & pour couurir leur commune entreprife. Auffi quand Roland f'approcha auec fon armée de celle des Ennemis, le fils d'Aymon affeuré de ce que

Vertunne deguisé en Teringe luy auoit dit, ne se soucia point
d'assoir son camp en vn lieu auantageux, encores qu'il seston-
nast fort, de ce que depuis le depart de Teringe, il n'auoit point
eu aucun aduertissement du Comte d'Angers. Toutesfois il
n'entroit point en deffiance de ce costé là, & iamais il ne se mit
en peine de fermer les passages, bien que pour couurir l'accord
qu'il s'imaginoit auoir passé auec le fils de Milon, il pourueut à
ce qui seruoit pour mettre en ordonnance son armée. Cependant le Comte qui ignoroit la trahison du Mayençois, faisoit
marcher ses trouppes en bon ordre, & n'oublioit rien du deuoir d'vn grand, & d'vn vertueux chef d'armée. Quand il fut
prés il se saisit de tous les passages, pour empescher que l'Ennemy ne peust recouurer des viures : & fit pendre, ou trencher la
teste à tous les soldats qu'il peut attrapper. Il fit encores publier que l'Empereur donnoit grace à tous les rebelles qui abã-
donneroient Renaud, & cent mille francs à quiconque le tue-
roit, ou luy apporteroit sa teste. Ces procedures du Côte Roland, firent en fin recognoistre au fils d'Aymon, qu'il n'auoit
pas enuie d'estre des rebelles. Ce fut alors qu'il s'aduisa, bien
qu'vn peu trop tard, de son imprudence. Et pour y remedier il
fit sortir finement son armée hors des trenchées, & la diuisa en
quatre bandes. Il bailla la premiere au Duc Vnolde, laquelle
estoit presques composée de Gascons, & de Bearnois. L'autre
estoit menée par Aldigier d'Aigremont, où il y auoit de bons
gendarmes, & de bons soldats de Rouërgue, & du Quercy. La
troisiesme marchoit sous la conduitte de Viuian, qui auoit des
trouppes hardies, & valeureuses de Rions, de Clermont, & des
montagnes d'Auuergne. Renaud accompagné de ses freres
Alard, & Guichard menoit la quatriesme bande, qu'on auoit
ramassée du Xainctonge, du Perigord, & de l'Angoumois, &
laquelle marchoit en asseurance sous la conduitte d'vn si valeureux Guerrier. Or le fils d'Aymon qui sçauoit des ruses de
guerre plus que n'en sçeurent iamais ny Cesar, ny Sertorius, ny
Hannibal, pour reparer la faute qu'il auoit commise en laissant
approcher si librement le Comte d'Angers, choisit encores de
tous les regimens vn certain nombre des meilleurs gendarmes, ausquels il joignit deux cens des Cheualiers qu'il entrete-

noit toufiours, en temps de paix, & en téps de guerre à Montauban, & qui eftoient plus affeurés que les Myrmidons d'Vliffe, & puis il les bailla à fon frere Richardet, luy commandant
de battre la campagne, & d'empefcher que ceux du Pays ne
leur couruffent fus, & ne luy fiffent vn mauuais party. Quand
il eut rengé toutes fes trouppes il fe planta au deuant de celles
du Comte, & luy prefenta la bataille. Roland auoit difpofé
fes bandes en triangle. L'aifle droicte eftoit menée par Oliuier & par fes deux fils : La gauche par Dudon, & par Sanfonnet, & luy eftoit au milieu. Les enfans perdus commencerent
l'efcarmouche, qui fut fort furieufe : & puis l'on vint à baiffer
les lâces, & à coucher les piques, & alors il fembla qu'on coup-
paft par le pied la foreft d'Hercinie, & que tous les arbres qui y
font, fuffent renuerfez. Le bruit que le choc de fes deux fu-
rieufes armées fit retentir, eft juftement comparable à celuy
que l'Italie entendit, quand la montagne qui accable Tifée,
fut feparée de l'Apennin. Defia la campagne eftoit arrozée de
fang, & les deux plus vaillants Guerriers du monde, après auoir
rompu leur lance, faifoient tant d'armes l'vn auec Flamberge,
& l'autre auec Durandal, qu'ils ouuroient les bataillons comme fait le Milan vne trouppe de colombes. Malheureux font
ceux qui attendent leurs coups, heureux qui les peuuent euiter. Renaud voyant le dómage que Durandal fait à fes trouppes, croid que s'il peut efcarter Roland, il pourra aifement ob-
tenir la victoire : & le Comte d'Angers eftime qu'en efloignât
Flamberge, il viendra facilement à bout de fes Ennemis. C'eft
pourquoy ils fe cherchent, & fe treuuent, & puis fe deffient.
Quelque part que les deux Paladins fans pair, f'auancent ou fe
reculent, chacun fe retire, & f'enfuit, de mefme que font les
grenouilles, qui abandonnent promptement le riuage ver-
doyant, & fe jettent dans l'eau, lors qu'elles entédent que quelcun f'approche d'elles. Les deux Coufins, prenent l'vn vne lance de Heftre, & l'autre d'Ormeau, & puis viennent à fe rencontrer auec plus de viteffe qu'vne fagette qui vole en l'air. Leurs
lances qui ne peurent percer leurs hauberts, qui eftoient de
trop fine trempe, volerent en mille efclats, jufques aux nuës, &
ils fe choquerent de leurs cafques enchantés fi rudement, que

lo son qui en proceda fut comme d'vne grosse cloche. Bridedor se treuua vn peu plus foible que Bayard, de sorte qu'il dôna
de la crouppe en terre, & toutesfois il se releua plus legeremêt
qu'vn Daim. Ayants fourny leur carriere, ils mirent la main à
l'espée, & Renaud, qui estoit possedé de rage, croyant que Roland l'eut trahi, deschargeoit les plus horribles coups que l'on
sçauroit descrire, & appelloit à haute voix, Traistre le Cheualier d'Angers. Lors que Roland, qui estoit presques estourdy
des atteintes que Renaud luy ruoit, ouyt qu'on l'accusoit de
trahison, la fureur le saisit, & auec Durandal il rendit bien tost
à Renaud son change, en luy disant, qu'il auoit menty. Le courroux, & l'orgueil venant à croistre, ils redoublerêt leurs coups,
& Renaud ne cessoit de nommer Traistre son Cousin, & plus
meschant que le plus perfide de Mayence. Le Comte estoit
tout estonné de ce langage, si bien qu'il recula quatre, ou cinq
pas, & puis demanda au Seigneur de Montauban, pourquoy il
l'appelloit Traistre. Mais Renaud que l'excés de la colere rendoit tout transporté, ne luy pouuoit respondre qu'auec confu-
sion, en alleguant tantost Charlemagne, & tantost Teringe, &
disant qu'il n'estoit pas besoing d'instruire d'vne chose, celuy
qui en estoit l'autheur. Ie n'entens rien à tout ce que tu dis
(repart alors Roland) si tu ne t'expliques mieux que tu ne fais.
C'est pourquoy cesse de me charger, & voyons vn peu quel
subject tu as de m'appeller Traistre. Cependant la meslée
estoit si fiere, & le bruit qui procedoit des deux camps, si grand
& si horrible, qu'il fut impossible aux deux Cousins de s'entendre. Et parce qu'auec ceste incommodité la Nuit s'approchoit
ils furent d'accord qu'ils feroient retirer leurs trouppes dans
leur camp, & que le lendemain ils se treuueroient tous deux
en campagne, pour tesmoigner l'espée à la main qui estoit traistre. Ils se separerent donques l'vn de l'autre, & firent sonner
la retraitte, sans auoir gaigné aucun auantage en ceste bataille,
horsmis que Richardet emmena plusieurs prisonniers, & fit venir vne grande quantité de viures au camp de son Frere. Mais
à peine chacun se retiroit sous son Enseigne que les Courriers
arriuent. L'vn parle à Renaud, & luy rend les lettres de Charles, & l'autre à Roland, qui soudain s'en court au camp de son.

Coufin. Renaud luy fit voir fa lettre, dont le Comte fit plufieurs fois le figne de la croix, voyant vne telle merueille. L'E-
fprit auoit fi bié imité fon Efcriture, qu'il n'euft ofé jurer, ne l'a-
uoir point faite. Quãd ils eurent en fin recognu la trahifon de
Ganelon, chacun la fit publier à fon camp, & alors les deux armées fe ioignirent en vne, auec mille cris de joye, fuiuis de mille embraffemens. Les deux Coufins partirent le lendemain à
la pointe du iour, accompagnez de leurs plus chers amis, & fe
rendirent en peu de temps à Tours, où Charlemagne les attendoit. Renaud mit vn genouil à terre, & baifa les mains de fon
Prince, qui le releua la larme à l'œil, & l'embraffa fort amou-
reufement. L'Empereur le tira puis aprés à part auec Roland,
& auec fes autres Pairs, & Renaud luy fit voir la fauffe lettre
qu'il auoit efcrite à fon Neueu en Lombardie. Charlemagne
confideroit l'efcriture, & plus il la regardoit, plus il la treuuoit
femblable à la fienne. En fin il fut arrefté qu'on apprehende-
deroit Ganelon, & qu'on luy feroit fon procés, comme à celuy
qui eftoit atteint & conuaincu de crime de leze Majefté au
premier chef. L'Empereur eut aduis qu'il f'eftoit retiré à
Mayence, & il dõna commiffion à Naymes, que Renaud auoit
defia mis en liberté, de l'aller affieger, & de l'auoir mort ou vif.
Voila comme ce grand orage, qui menaçoit la France de ruïne, fut appaifé foudainement contre l'attente d'vn chacun.
Renaud cependant ne voulut point delaiffer Vnalde au befoing. Il fit fa paix auec Charlemagne, qui luy donna toute fa-
tisfaction.

Tandis le peuple de Paris, & des villes prochaines qui appre-
hendoit defia les horreurs des calamitez paffées, faifoient luire
par tout les feux de ioye, & remercioit le Ciel de fa faueur ex-
traordinaïre. Chacun auoit plainct le bon Renaud, encores
qu'on ne peuft l'excufer de blafme, & maintenãt que l'on fçait
la trahifon de Ganelon, tout le monde crie contre ceux de
Mayence, & il n'y a petit ny grand qui ne defire de le voir brufler tout vif, ou bien demembrer par quatre cheuaux. Il n'y a
que la Comteffe Violente fon Efpoufe, qui fçachant que Naymes auec l'armée de Renaud eft preft d'aller affieger fon Mary, arrache fes cheueux, outrage fon fein, & accufe fon cruel

malheur. Ceſte grande Dame ſe proſterne aux pieds de l'Empereur ſon Frere, & taſche par ſes larmes d'adoucir ſon courroux, & d'impetrer la grace de ſon Mary. Mais Charlemagne jure par Saint Denys qu'elle perd ſa peine, & que toutes ſes ſupplications ſont inutiles. Quand elle void qu'elle ne gaigne rien de ce coſté là, elle ſe jette au col de ſon fils Roland, & le conjure auec tant de pleurs, qu'il croid que ce ſeroit eſtre trop denaturé que de refuſer vne ſi bonne Mere. Il ſe repreſente encores ſon Frere Baudouyn, fils de ce Perfide, qui eſt vn Cheualier, & veut ſil eſt poſſible empeſcher qu'il ne luy ſoit point reproché que ſon Pere ſoit mort de la main d'vn Bourreau. Il parle donques de ceſte affaire le iour meſme à ſon Couſin Renaud, & luy met en auant tout ce que nous venons de dire. Le bon fils d'Aymon dit au Comte qu'il en face comme il voudra, & que ſi quelque grand deſaſtre en arriue il ne ſ'en prene qu'a luy meſme : Le Prince de Montauban, qui eſtoit le plus ſage Cheualier de ſon ſiecle, croyoit à bon droiƈt que iamais ce Corbeau ne deuiendroit Cygne, & qu'il eſtoit impoſſible de luy faire changer de Nature. Roland qui auoit les meſmes cõſiderations, eſtoit pourtãt forcé, pour les raiſons que ie viens de vous dire, de rechercher le moyen de ſauuer la vie, à celuy qui bien toſt luy cauſera la mort. Mais qui pourroit euiter ce que les Deſtins ont ordonné des Mortels ? En fin le Comte demanda le jour meſme vn don à ſon Oncle, qui le luy oƈtroya librement, & ce don eſtoit la grace de Ganelon. Charlemagne qui euſt creu toute autre choſe pluſtoſt que ceſte requeſte, demeura tout eſtonné, & il euſt bien voulu reuoquer ſil euſt peu ſa parole. Quand il vid qu'il ne pouuoit rompre ſa promeſſe, la grace de Ganelon fut ſignée & ſellée, & vne abolition de tout ce qui ſ'eſtoit paſſé. Il reuint quelque temps aprés à la Court, auec vne grande perruque qu'il portoit pour cacher ſes oreilles couppées. L'Empereur penſant que ce perfide recognoiſtroit deformais ce que Roland auoit fait pour luy, aſſembla ſes Pairs, & ſes principaux Barons, qui accorderent ceux de Mayence auec ceux de Clairmont, & les vns & les autres iurerent de viure deformais bons amis. Ce fut, comme l'on dit, vn accord fourré : car Ganelon qui ne craignoit

ny le Ciel, ny la Terre, eſtoit de ceux qui font eſtat de tromper les hommes auec des ferments, comme l'on pipe les enfans
auec des oſſelets. Cependant que la France jouiſſoit d'vn pai-
ſible repos, & que deſia Cordoran auoit enuoyé ſes Ambaſſa-
deurs à Charlemagne, pour luy faire hommage de ſon Royaume de Boheme : & Didier pareillement les ſiens, pour ſe ſouſ-
mettre à la diſcretion de l'Empereur, & reparer les dommages
qu'il auoit faits aux terres du Pape, Renaud accompagné de
ſes Freres, prit congé de Charlemagne. Son Confeſſeur luy
auoit enjoint, pour expier tant de fang qu'il auoit eſpandu en
ceſte derniere guerre, & tant de rauages qu'il auoit faits, d'aller
en pelerinage à la Terre ſainte. L'Empereur fut extrémement
faſché de ce depart, de meſme que de celuy de Bradamante.
La Belle retourna en Bulgarie, croyant d'y treuuer ſon Roger,
qui loing des foucis mortels jouït deſia de la gloire des Anges.
Mais tandis que toute la Court regrette leur abſence, voicy
d'autres matieres de pleurs, & vne playe la plus ſanglante que
la France reçeura de long temps. Ie vais me preparer à vous
deſcrire ceſte pitoyable hiſtoire, pourueu que la douleur que
j'en reſſens, moy meſme, n'empeſche à ma plume d'acheuer
vne ſi funeſte Auenture.

Fin de l'vnziéme Auenture.

ARGVMENT.

Charlemagne auec son armée passe les Pyrenées, & arri-
ue à Ronceuaux. Il enuoye Ganelon à Marsille pour le som-
mer de se faire Chrestien, & de luy rendre hommage. Gane-
lon trame la detestable trahison qui fait mourir Oliuier, & ses
deux Fils, Richard de Normandie, & quelques autres Pairs
de France. Roland aprés auoir tué de sa main plus de cin-
quante mille Sarrasins, accablé de douleur, pour la perte d'O-
liuier & de ses deux Neueus, & s'estant rompu vne veine du
cœur en sonnant de son cor, rend l'Esprit. Vn bouffon du Roy
Marsille, nommé Bernard de Carpi, prend l'Escu & le Cas-
que du Comte, & rencontre l'Archeuesque Turpin, qui luy
baille les estriuieres, luy couppe les oreilles, & le traisne à la
queuë de son Cheual. La Vengeance que fait Charlemagne
sur Marsille, & sur Ganelon, qui est tiré à quatre cheuaux.
Ganelon nous apprend par toute ceste Auenture, qu'vne ame
meschante & perfide ne se surmonte jamais par aucun bien
fait. Charlemagne nous fait voir l'Inconstance de la Fortu-
ne, qui ne cesse de trauerser les plus gens de bien.

AVENTVRE XII.

FORTVNE peruerse & inconstante, qui estce
qui peut éuiter les secousses que tu donnes tous
les jours aux Mortels ? Tu te plais d'esleuer au
sommet de ta rouë des personnes, & puis tu les
fais tomber du feste au precipice. Et pour mon-
strer qu'il n'est point de felicité durable sous le cercle de la Lune, tu fais voir que l'heur, & le malheur sont presques inseara-
bles, & qu'ils s'entresuiuent comme les tenebres suiuent la lu-

miere, & la lumiere les tenebres. Charles ce grand Roy de
France, & le plus digne Empereur que le Soleil verra iamais, a
bien du subiect de t'accuser de legereté, & d'authoriser les
plaintes que ie dresse contre vne Deité si volage. Pour vne
goutte de douceur que tu luy as fait boire cy deuāt, tu luy fais
maintenant aualer vn torrent d'amertume. O que d'espines
pour vn bouton de roze! O que de branches de cyprés, pour
vne feuille de laurier!

Charlemagne n'eut pas plustost fait la Paix auec Renaud,
qu'il sembla que desormais il auoit arresté la Fortune dans des
filets, & que ceste Deesse inconstante auoit bruslé pour luy ses
aisles. Vnalde luy fit à mesme temps hommage de la Guienne: Cordoran de la Boheme, & Didier recognut les Aigles de
l'Empire. Il n'y auoit que Marsille Roy d'Espagne, & son frere Falcirond Roy de Castille, & pere du vaillant Ferragus, qui
auoient leué vne armée de deux cens mille hommes, laquelle
estoit toute preste de passer, comme l'on disoit, les Pyrenées, &
de fondre sur la Gascogne, & sur le Languedoc. Lanfuse qui
ne songeoit nuit & jour qu'a venger la mort de son cher fils, at-
tisoit ces courages felons, & leur promettoit que la ruïne de la
France estoit proche, suiuant que les Demons le luy appre-
noient. L'Empereur qui fut aduerty par des espions de leur
dessein, auoit encores pour lors sur pieds deux grosses armées:
Celle du Seigneur de Montauban, qui s'estoit vnie à celle que
le Comte Roland auoit menée d'Italie, & celle qui auoit passé
en Allemagne pour la conqueste de la Boheme. Or comme il
se vid si bien muni de Caualerie, & d'Infanterie, il ne voulut
point attendre que Marsille, Falcirond, ny Ballugant vinssent
exercer leurs rauages sur ses Prouinces. Il resolut de les aller
attendre aux pieds des Pyrenées: voire de conduire ses Regimens jusques aux portes de Pampelonne, & de passer outre, si
ces Infideles ne vouloient point embrasser la foy du Fils de
Dieu. Il partit donques de Paris, & marcha auec ses trouppes
guerrieres, & se rendit dans quinze jours auprés de Tholose.
Iamais on ne vid ensemble tant de valeureux Cheualiers. Les
douze Pairs, qui estoient Naymes, Roland, Oliuier, Oger, Ber-
trand, Emery, Ganelon, Turpin, Eberard de Mondidier, Be-

rengaire, le Duc Guerin, & Richard de Normandie l'accompagnoient. Griffon, & Aquilant, Aſtolfe, Salomon, Auole,
Auin, Auoire, & pluſieurs autres Paladins renômez y eſtoient
pareillement. Quand l'Empereur fut paruenu aux montagnes
qui portent le nom d'vne Nymphe Pyrene, qu'vne Lionne
cruelle deuora, ſans que les forces du grand Hercule, qui l'aymoit plus que luy meſme, fuſſent capables de la defendre, il
treuua en teſte Ballugant Roy de Leon, & Grandonio de Volterne, auec cent cinquante mille combattans, qui luy voulurêt
defendre le paſſage : Mais la valeur incomparable de Roland,
& des autres Paladins forcerent ces Infideles à ſe retirer, aprés
auoir perdu vingt mille hommes, qui furent taillés en pieces.
L'Empereur paſſa donques les barrieres de la France & de l'E-
ſpagne, & mena ſon armée ſans aucun empeſchement, iuſques
à Ronceuaux. Là il planta ſon camp, & puis fit aſſembler tous
les Pairs, & tous les Chefs, pour deliberer ſ'il deuoit aller treuuer Marſille, & luy donner la bataille, ou bien luy enuoyer premierement quelque hôme d'apparence, pour le ſommer d'embraſſer la Loy de Chriſt, & de luy faire hômage de ſon Royaume, ou bien de ſe reſoudre à receuoir plus de maux que luy &
Agramant ne firent iamais en France. L'on arreſta la derniere propoſition, & quâd il fut queſtion de choiſir quelcun pour
faire l'Ambaſſade, Roland dit tout haut qu'il n'y auoit homme
plus propre à l'executer que le Comte Ganelon. Le Prince
d'Angers penſoit honorer ſon beau Pere, en luy faiſant donner
ceſte charge, & le Perfide en jugea tout autrement. Il creut
que le Paladin faiſoit à deſſein, pour le perdre ; de ſorte que ſa
vieille haine venant à ſe renouueller, il jura dans ſon ame qu'il
prendroit maintenant vengeance de ſes Ennemis. Il partit
donques du camp, qui eſtoit prés de Ronceuaux, auec vn ſien
Neueu, fils d'Anſelme de Hauteriue, nommé Hugues de Melun, frere de Pinabel, & auſſi traiſtre que ſon Oncle. Lors qu'il
fut prés de Pampelonne, il s'arreſta à vn village, & eſcriuit au
Roy Marſille, que ſon Neueu luy diroit de bouche choſe qui
luy importoit grandement. Marſille leut ſa lettre, & ayant tiré
à part Hugues apprit de luy vne partie de l'intention du Traiſtre, ſi bien qu'il luy dit que ſon Oncle ſeroit bien reçeu de luy,

lors qu'il auroit l'honneur de le voir. Hugues fans retarder reuint au lieu où il auoit laiffé Ganelon , & tous deux f'achemi-
nerent à la Court de Marfille, qui les attendoit dans fon cabinet, en la compagnie de fon frere Falcirond , de Lanfufe , de
Ballugant, de Stordillan, de Baricond, & de Teffire. Lors que
le Traiftre arriua au Palais, on le fit entrer dans le cabinet auec
fon Neueu, & luy aprés auoir falué Marfille, & les autres Roys,
tint ce lágage : Charlemagne Empereur des Romains te mande (ô Roy Marfille) que tu ayés a renier Mahommet , & que
deformais tu tiennes de luy ton fceptre, & ta Coronne. Mais fi
tu veux me croire, tant f'en faut que tu quittes ta loy, & que
ton Royaume deuienne tributaire, que ie te rendray dans fix
mois paifible poffeffeur de toute la France : voire mefmes me
feray Sarrafin, pourueu que tu fuiues mon Confeil.

Marfille ayant ouy le difcours du traiftre Ganelon , fe leua
de fon throfne, & en l'embraffant le fit affoir à fon cofté, & puis
luy demanda comment eft ce qu'il accompliroit ce qu'il luy
promettoit. Il n'eft pas befoing (repart Ganelon) que ie te cele plus long temps la haine que ie porte à Roland. Mais fi i'ay
fubject de le haïr, tu n'as pas occafion non plus de l'aymer.
C'eft luy qui a fait mourir le vaillant Ferragus ton Neueu, &
tué plus de Sarrafins qu'il n'à de cheueux en tefte. Or fi tu me
veux ayder maintenant, i'ay moyen de le faire tomber dans tes
filets, fans qu'il en puiffe efchapper, & auec luy les plus vaillans
Paladins de Charlemagne. Quand luy & fes Compagnons feront morts, ie ne fais non plus de conte des autres que d'vn fe-
ftu. Roger, fi tu ne le fçais, a defia paffé par mes mains, & fon
beau Frere Renaud, qui pour expier les voleries qu'il a com-
mifes, eft allé faire le bigot en Iudée, ne peut qu'il ne tombe
dans mes embufches : car j'efcriray à Norandin Roy de Syrie,
& au Soldan d'Egypte, qui l'empefcheront bien de reuenir. Il
ne refte feulemét que de faire mourir le plus mauuais garçon.
Ta ruïne depend de fa vie, & ta fortune de fa mort.

Lanfufe qui eftoit attentiue aux paroles de Ganelon, & qui
auoit juré la deftruction de Charlemagne, & celle du Comte,
qui fit mourir fon Fils, dit foudain à Ganelon, que f'il venoit à
bout de ce qu'il affeuroit de pouuoir faire, on luy donneroit

pour fa part de la France, la Duché de Normandie, & la Comté de Champagne. C'eſt pourquoy, qu'il declaraſt librement l'ordre qu'il falloit tenir pour l'execution de leur commune vengeance, & qu'il ne doutaſt pas qu'elle & ſon Frere le Roy Marſille n'y contribuaſſent tous leurs moyens, voire leurs propres vies, ſ'il en eſtoit beſoing. Ie vous le diray (repart Ganelon) ſi vous prenés la peine de m'eſcouter. Sçachés que Charlemagne croid de leger à tout ce que ie luy propoſe: car i'ay vn charme ſi puiſſant ſur luy, que quoy qu'il reçoiue tous les iours de moy mille deplaiſirs, il ne peut pourtant ſ'empeſcher de m'aymer, & d'adjouſter foy à mes paroles. Lors que ie ſeray vers luy de retour, ie luy diray que le Roy Marſille eſt reſolu de luy rendre Pampelonne, & toute la Nauarre qu'il occupe ſur la France: qu'il luy veut donner deux cents des plus beaux genets d'Eſpagne: deux cents groſſes perles d'Orient: deux cens leuriers, & deux cens eſmerillons, & autant de faucons, auec deux cens mille marcs de fin or, pour les frais de la guerre: & puis le recognoiſtre pour ſon Seigneur, & ſe faire Baptiſer. Il n'y a point de doute qu'il ne ſoit bien aiſe de cet offre, & que ſoudain il ne face la paix. Cependant ie feray qu'il repaſſera les Monts, & que ſon Neueu Roland demeurera à Ronceuaux auec dix mille hômes, & Oliuier & ſes deux Fils, & auec cinq ou ſix des plus vaillants Pairs de France, pour attendre le Roy d'Eſpagne, afin de receuoir les preſens, & pour l'amener à Tholoſe, où le feint hommage ſe deura faire. Si toſt que l'Empereur ſera parti, vous viendrez de nuit auec deux cens mille hômes que vous auez tous preſts, & vous jetterez ſur Roland, & ſur ſa trouppe. Ils ne penſeront iamais à ceſte attaque, & par meſme moyen aurez bon marché de ceux, qui autrement deſoleront en peu de temps toute l'Eſpagne.

Ceſte trahiſon de Ganelon pleut extrémement à toute la Compagnie, & Marſille l'appreuua principalemét, par ce qu'il attendoit le iour meſme, Mattaliſte, qui luy amenoit cent mille combattans. Ce Sarraſin orgueilleux les auoit leuez de Tolede, de Callatraue, & de tous les lieux qui boiuent de l'eau du fleuue Gadiane: ſi bien que Marſille eſperoit, qu'ayant auec luy trois cens mille hommes, il viendroit facilement à bout de

dix mille, quand mefmes ils feroient tous d'acier. Voila donques comme cefte trahifon qui a tất coufté à la France, fut tra-
mée. C'eft icy le commencement des pleurs, & le fubject des
larmes. Ha! bon Roy Charlemagne fermez les oreilles à cefte Syreine tromperefſe, qui ſapproche de vous, afin de vous
endormir par fes belles paroles, & vous tirer le meilleur fang
de vos veines. O valeureux Comte Roland, faut il que pour
les pechez de la France, tu tombes entre les mains des Ennemis de la Croix,& par les embufches mefmes de celuy à qui tu
as fi fouuent donné la vie. O Paladin Renaud, ô Maugis qui
depuis peu de iours eftes allés aprés voftre Coufin, vers la Terre
fainte, que dirés vous, que ferés vous, quand à voftre retour
vous ne trouuerez plus le grand honneur de Clairmont, & la
fleur de vos amis? Ganelon ayant pris congé de Marfille, &
des autres Roys Infideles, reprit auec fon Neueu le chemin de
Ronceuaux, accompagné d'vn bouffon, nommé Bernard de
ERNARD
DE CARPI. Carpi, qui feruoit de valet de chambre au Roy Marfille. Le
Roy d'Efpagne le donna à Ganelon pour le cõduire auec plus
d'aſſeurance parmi tant de trouppes de foldats, qui remplif-
foient toute la campagne. Ce bouffon eftoit fils d'vn pefcheur
de Barcelonne, & Lanfufe qui le prit pour laquay, luy impofa
le furnom de Carpe, à caufe du meftier que faifoit fon Pere.
C'eft ce grand Cheualier de qui fe dit iffu, le Poëte des haran-
geres d'Efpagne, & à qui il fait tuer le valeureux Comte Roland,croyant de faire defpit à la France. Mais (ô Corneille de
Parnaffe) n'as tu pas honte d'auoir efcrit des fables plus ridicu-
les que celles d'Efope? Et puis que tu fais eftat d'abbreuuer
l'Efpagne de fornettes,ne deurois tu pas eftre au moins plus judicieux aux noms que tu dõnes à tes Heros? Il te falloit con-
trouuer quelque nom qui fift trembler de peur ceux qui lifeñt
tes comptes de vieille. Iamais Bernard ne fut autre que le nom
d'vn Moine. Et le furnom d'vne Carpe, n'eft il pas digne de
rizée? Ce bouffon donques, qui ſarmoit quelque fois de toutes pieces, & qui tenoit de l'humeur de Dom Quichot de la
Manche,à qui l'on bailloit tous les iours cent coups de bafton,
mena Ganelon au trauers des Regimens des Sarrafins, & mefme l'accompagna iufques à Ronceuaux: car l'humeur le prit

de voir la Court de l'Empereur. Si toſt que le Comte de
Mayence arriua au camp de Ronceuaux, il chemina vers le pauillon de Charlemagne, & ayant mis pied à terre, il ſe preſenta
à l'Empereur, qui luy demanda, ſoudain qu'il l'apperçeut, des
nouuelles de Marſille. Ganelon aprés auoir fait vne grande
reuerence, dit au Roy, qui alors eſtoit enuironné des plus grãds
Seigneurs de ſon armée : Que Marſille auoit enuie de ſe faire
Baptiſer : Qu'il luy enuoyoit de beaux cheuaux , & en grand
nombre : des chiens, & des oiſeaux de chaſſe : auec vne grande ſomme d'or & d'argent, & vne quantité de perles, & de pierreries. L'Empereur fut ſi aiſe de ces paroles, qu'il embraſſa, &
baiſa Ganelon fort amoureuſement , & apres luy demanda
qu'eſtoit il donques beſoin de faire. Sire (repart le Traiſtre) il
faut que tout maintenant vous commenciez à rebrouſſer chemin auec toute l'armée, & que vous vous rendiez le plus toſt
que vous pourrés à Tholoſe, où le Roy Marſille vous viendra
treuuer, auec ſix mille hommes ſeulement, pour accomplir ce
qu'il a promis. Cependãt vous laiſſerez voſtre neueu le Comte Roland auec dix mille hommes icy à Ronceuaux , pour receuoir les preſens que le Roy d'Eſpagne enuoye, & qui arriue-
ront icy ce ſoir meſme , & demain le Comte qui fera l'arriere,
garde ſe pourra ioindre à nous. Charlemagne creut le Traiſtre, & ſoudain l'on trouſſa bagage, & le iour meſme l'Empereur alla coucher trois lieuës loing de Ronceuaux, & Roland
demeura au camp, accompagné d'Oliuier ſon beau frere, de
Griffon, & d'Aquilant, de Richard Duc de Normandie, d'E-
berard de Mondidier, de Berangaire, & de Salomon Duc de
Bretagne, & de dix mille Cheualiers des plus vaillants de l'armée. Ils attendirent tout ce iour, ſans voir venir les preſens
du Roy Marſille, ſuiuãt que Ganelon auoit dit, & en fin furent
contraints de ſ'aller repoſer, aprés auoir fait collation. Mais
ſur la minuit Eberard de Mondidier, qui ſe doutoit de quelque trahiſon, & qui eſtoit ſorti à la campagne entendit vn grãd
trot de Caualerie, qui venoit vers eux, en diligence. La Lune
eſtoit claire, ſi bien qu'il entreuit les Sarraſins qui ſ'appro-
choient. Il retourna promptement au lieu où le Comte Roland, & ſes Compagnons repoſoient, & les aduertit des troup-

pes qu'il auoit defcouuertes, & leur dit qu'a leur fiere demar-
che, elles tefmoignoient vn mauuais deffein. Les Paladins f'ar-
merent incontinent, & Roland eftant forti hors de fon Pauillon, apperçeut la campagne toute conuerte de gendarmes.
Lors il prit le cor d'Almont, & le fit retentir fi hautement, que
tous fes gens coururent foudain aux armes, monterent à cheual, & fe rengerent auprés de luy. Oliuier fut d'aduis qu'on
deuoit enuoyer en diligence vn homme vers Charlemagne,
afin d'auoir du fecours : mais le Comte, qui ne faifoit non plus
d'eftat des Sarrafins, que fait le Loup aux montagnes d'Auuergne des moutons, & des cheures, luy dit, que fon Oncle fe mo-
queroit d'eux, fi fans auoir mis la main à l'efpée, ils imploroient
fon affiftance. Le Marquis de Vienne ayant ouy cefte raifon,
n'en parla plus : ains fe delibera de bien faire, de mefme que
tous les autres Paladins. Cependant Marfille auoit diuifé fon
armée, en quatre bandes, lefquelles enuironnoient de toutes
parts les Chreftiens. Ballugant venoit du cofté du Leuât auec
cinquante mille hommes : Falcirond auec autres cinquante
mille du cofté du Ponant : Stordillan, Mattalifte, & Teffire qui
auoient auec eux cent mille hommes marchoient du cofté du
Midy, & Marfille fuiui de Grandonie, de Serpentin, d'Ifolier,
& de cent mille autres Sarrafins, paroiffoit du cofté du Septentrion. Quand ils eurent enfermé Roland & les fiens, ils vindrent fondre fur eux, les lances baiffées, & les Chreftiens qui
eftoient affaillis par deuant, & par derriere, & par les flancs fe
defendirent genereufement. Le Comte Roland apres auoir
fait mourir de fa lance vne flotte de Cheualiers, tire Durandal
& fe fourre parmy les trouppes des Sarrafins, & met à mort tât
d'hommes, que le fang coule par tout où il paffe, comme vn
ruiffeau. Il fait voler teftes, bras, & jambes. Il fend les hommes & les cheuaux d'vn coup. Quand la fatalle efpée defcend,
il n'y a efcu, ny armet, ny cuirace qui refifte. Auffi chacun luy
fait place, & fuit au deuât de luy, comme font les lieures crain-
tifs au deuant d'vn courageux leurier. Oliuier & fes deux fils
Griffon & Aquilant, font auffi tant d'armes que la Renommée
publie encores leurs exploicts. Richard de Normandie, & Salomon Duc de Bretagne, auec Berengaire, & Eberard de Mô-
didier

didier font auſſi paroiſtre par leur valeur extreme, qu'ils ſont à
bon droiƈt mis au rang des Pairs, & des Paladins de France.
Mais que peuuent ils faire contre vne armée auſſi groſſe que
celle que Xerxes mena en Grece, & compoſée des plus vaillants Sarraſins du monde.   S'ils mettent en pieces les Infideles, Grandonio, Serpentin de l'Eſtoille, Iſolier, Ballugant, Stordillan, Falcirond, Teſſire, Mattaliſte mettent à mort les Chre-
ſtiens, & en font vne horrible boucherie. Marſille meſme, qui
eſtoit fort, & vigoureux, quoy que deſia homme d'aage, y faiƈt
mourir pluſieurs bons Cheualiers. La force du Comte d'Angers, comparable au foudre, ne peut cependant eſtre arreſtée
par vne ſi grande barriere d'hommes. Il paſſa au trauers des
cent mille hommes de Stordillan, & ſe fit faire vne pareille
voye, que fait vne mine & vne trainée de poudre à canon, quãd
on y met le feu.   Lors qu'il eut paſſé par deſſus le ventre de
mille Regimens, il pouuoit s'il euſt voulu ſe retirer ſans auoir
reçeu aucun dommage : mais l'amour qu'il portoit à ſes Compagnons, & particulierement à Oliuier, luy fit tourner la bride
& rentrer dans ceſte horrible foreſt de lances & de piques :
perçant, taillant, renuerſant, & foudroyant tout. Il fait tant
qu'il ſe rend au lieu où il treuue Oliuier, auec ces deux fils qui
ont fait des montagnes de morts, & des riuieres de ſang. Il ſe
joinƈt auec eux, & ramaſſe tous les autres Pairs, pendant que
de dix mille hommes qu'il auoit, à peine luy en reſte t'il deux
mille, lors que le Soleil commença à reſpandre ſes rayons en
noſtre Hemiſphere. Mais cependant il y auoit deſia plus de
cinquante mille hommes, des ennemis eſtendus à la campagne. Roland ſoigneux du ſalut de ſes amis, voyant la perte qu'il
auoit faite, fut contraint de ſe reſoudre à ſe retirer vers vne petite roche, qu'on voyoit paroiſtre à vn quart de lieuë de là. Il
prit donc ſon Cor, & l'ayant fait reſonner, il marcha vers ce rocher, ſuiui de ce petit nombre, auquel il ſeruoit de bouclier, ſe-
condé d'Oliuier, d'Aquilant, & de Griffon, & des autres Pairs,
dont la plus part eſtoient extrémement bleſſés. Il ne peuſt
pourtant ſi bien faire, qu'il ne perdiſt encores cinq cents de
ſes Cheualiers, & Berengaire, & Salomon de Bretagne, qui
moururent de la main de Grandonio, & de Serpentin, apres

B b

auoir fait de proüeffes incroyables,& tué chacun plus des mille hommes. Roland qui les vid tomber, entra en vn tel excés
de courroux, qu'il fe jetta fur Grandonio, & l'atteignit auec
tant de violence fur la crefte de fon armet, que Durandal le
fendit jufques au nombril. Non content de ce coup, il donna
vn fi horrible coup de poing fur le cafque enchanté de Serpentin, qu'il luy mit la ceruelle à la bouche : de forte que le frere
de Ferragus tomba mort à terre. Quand Falcirond vid fon fils
& fon Neueu priuez de vie, il fe ietta fur le Comte, comme vn
Chien enragé, & Marfille tout de mefme. Mais fon Neueu
Griffon donna vn tel coup d'efpée à Falcirond, qu'il le couppa
par la moitié du corps, pendant que le Comte d'Angers defchargea fur Marfille vn tel reuers, que fil l'euft atteint de plus
droict fil il l'euft fendu, & luy & fon Cheual. Cefte atteinte
neantmoins fût fi rude, qu'elle luy emporta l'oreille & la joüe,
& luy couppa vne main. Marfille jetta alors vn grand cry, & fe
laiffa tomber de fon Cheual. Alors plus de cent mille Cheualiers coururent pour le releuer, pendant que Roland, fon beau
frere, & fes deux neueus, auec les autres qui reftent, tuent tant
de Sarrafins qu'on auroit bien de la peine à les conter. Mais
cependant en cefte furieufe meflée les quinze cens Cheualiers Chreftiens qui reftoient, accablez du grand nombre, &
après feftre vengés de leurs ennemis, furent contraints de laiffer cefte vie, pour aller prendre poffeffion d'vne meilleure.
Lors que Roland void tous fes gens morts, horfmis Oliuier, fes
deux fils, Richard de Normandie, & Eberard de Mondidier, il
a le cœur fi ferré d'angoiffe, qu'à peine peut il refpirer. Toutesfois il fe retire auec eux, & gaigne la roche, par ce que fon beau
frere, & les deux autres Pairs font cruellement bleffez. Griffon, & Aquilant, à qui les deux Fées, la Blanche & la Brune
donnerent des armes enchantées, n'ont point refpâdu de fang
de leurs vaines: mais neantmoins ils ne laiffent pas d'eftre tous
froiffez, & ne fe peuuent prefque plus fouftenir. Si toft qu'ils
furent à la roche, toutes les quatre bandes fe recueillirent en
vne, & l'on vid plus de deux cents mille hommes à l'entour, re-
folus de ne partir de ce lieu, que le Comte Rolâd ne foit mort.
Le valeureux Prince fait fouuent des forties auec fes deux Ne-

ueus, fans toutesfois ofer efloigner l'entrée de la roche, de peur
que les Ennemis ne couppent la gorge aux bleffez.

Stordillan leur donnoit auec fes trouppes fouuent de la peine, & Aquilant luy fendit l'eftomac, & l'eftendit mort à terre.
Griffon bailla vne telle eftocade à Ifolier, qui fe iettoit fur A-
quilant pour venger fon Pere, qu'ayant percé fa cuirace, fon
Efpée parut vn pied au de là du dos. En fin les Payens n'ont
pas trop de fubject de rire. Tous leurs Princes font prefques
morts, & leur Roy mefme eft bleffé cruellement. Et de trois
cens mille qu'ils eftoient, il y en a defia plus de quatre vingts
mille, qui feruiront de pafture aux Corbeaux, & aux Loups.
Quand le Roy Marfille fut à fon Pauillon, il commáda à Mattalifte, & au geant Blanchardin, qui auoit recueilli les regimés
de Stordillan, de faire fonner la retraitte, & puis d'enfermer
auec des trenchées le Comte Roland, efperant d'en venir à
bout auec le temps. Cependant le Comte ayant treuué dans
cefte roche vne fecrete cauerne, prit Richard de Normandie,
& Eberard de Mondidier, qui venoient de rendre l'efprit, &
les porta dans cet Antre, afin que leurs corps ne tombaffent
point au pouuoir des Sarrafins. Griffon, & Aquilant prindrent
pareillement leur Pere, qui aprés auoir embraffé Roland dans
cefte grotte, & baifé fes deux Fils, fut delié de cefte prifon
mortelle, & les Anges qui auoient recueilli les ames de fes
Compagnons, & qui attendoient la fienne, pour la receuoir,
emporterent les bienheureux Efprits de ces Martyrs au torrent
des delices eternelles. Le Comte Roland & fes deux Neueus
furent tellemét affligez de la mort du valeureux Oliuier, qu'a-
pres luy auoir couuert le vifage de fa cotte d'armes, qui eftoit
toute fanglante, ils defcendirent de la roche, & ayants delié
leurs cheuaux, qui eftoient attachés à l'entrée, ils monterent
deffus, & puis l'efpée à la main, ils entrerent dans les regimens
de Marfille, & commencerent d'efcarter les rangs, comme le
foudre efcarte les Nuës qui l'enuironnent. Si iamais Roland
tefmoigna fon courage, & fa valeur qui n'eut ny n'aura iamais
de pareille : les Sarrafins, qui l'efpreuuerent à leurs defpens,
vous en diront des nouuelles. Il fendit Mattalifte jufques à
l'arçon de la felle, & d'vn reuers fit voler la moitié de la tefte, &

du cafque de Blanchardin. Aquilant, & Griffon, dignes neueus du Comte, feftoient vn peu efloignez de leur Oncle, &
auoient à combattre plus de cent mille hommes, qui eftoient
à l'entour d'eux. Griffon tua les deux fils de Madaras, Prince
de Malague, & de Seuille : Et fon frere Aquilant, fit mourir
Malzaris, & Margarin deux neueus de Balligant, qui auoient
ce iour là tué vne infinité de Chreftiens. Ils mirent encores à
mort plus de cinq cens autres,& ne ceſſerent de tailler, de percer, & de renuerfer jufques à tant que fur le poinct que le Soleil fe vouloit plonger dans l'Ocean,leurs cheuaux tomberent
morts fous eux, & les deux gentils Cheualiers fe treuuerent fi
las, & fi recreus, qu'ils furent contraints de leuer les yeux au
Ciel,& de choir à la renuerfe, priuez de fentiment. A l'heure
mille & mille Payens mirent pied à terre, pour leur aller coupper les teftes : & ils euffent accompli leur mauuais deffein, fi le
Paladin qui les auoit perdus parmy la foulle, n'euft efté conduit par quelque bon Ange, au lieu où ces deux jeunes Princes eftoient affaillis de tant de cruels Sarrafins. Roland arriua
fur le poinct que fes deux Neueus,tomberent à terre fi foibles,
qu'ils ne remuoient prefques ny pied, ny main. Ha ! chiens
maudits,& perfides (cria le Comte) laiffés ces Cheualiers, où
ie vous feray tous mourir. Quand les Infideles ouyrent cefte voix redoutable, & qu'ils virent foudre fur eux comme vn
efclat de tonnerre, le grand Comte d'Angers, chacun fe mit
à tourner le dos, & Roland fans f'amufer à mettre en pieces
cefte canaille, prit tout doucement de la main gauche fon
neueu Griffon, & de la droicte fon frere Aquilant, & les porta
jufques à l'entrée de la roche, où fon Bridedor luy faillit, &
tomba mort tout fanglant, & tout opprimé du trauail qu'il
auoit fupporté. Roland ofta le cafque à Griffon, & puis à fon
Frere,qui venoient de configner leurs ames bienheureufes entre les mains des Efprits Celeftes. Quand il les eut couchés
auprés de leur Pere, il commença à proferer de fi pitoyables
plaintes,qu'elles euffent arrefté de compaffion le Soleil,fi defia
il n'euft quitté noftre Hemifphere, pour efclairer de fes rayons
les Antipodes : *O Dieu du Ciel* (difoit le Comte) *puis je bien*
viure, & voir morte la chofe la plus chere que j'euffe au mon-

de ? Ha! mon Cher frere Oliuier de Vienne, fleur de proüeſſe & de courtoiſie, & vous Aquilant, & Griffon, les plus
hardis, & les plus vaillants Cheualiers qui ſortiront iamais
de la race du bon Regrier de Genes, qui euſt iamais creu que la
Fortune euſt eu le pouuoir de vous nuire, en ma compagnie ?
O fauſſe & traiſtre maiſon de Mayence, quelle ioye, & quelle
allegreſſe reçeuras tu de la perte de Clairmont ? O mon Oncle, que dirés vous, quand vous ſçaurés la triſte Auenture de
ceux qui maintenoient voſtre ſceptre, & aſſeuroient voſtre
Coronne ?

Roland paſſa vne partie de la nuit à plaindre, & à regretter
ſes chers amis, & puis tout las & tout trauaillé de la peine qu'il
auoit ſoufferte, en mettant à mort vn nombre infini de Sarraſins, & accablé de ſes ennuis, il ſ'endormoit ſans ſ'éueiller jufques à la poincte du iour. A meſure qu'il ouurit ſes yeux, ſa
bouche fut ouuerte aux regrets, & aux plaintes qu'il adreſſoit
au Ciel. Mais cependant le triſte ſpectacle qu'il voyoit reueil-
la ſa colere, de ſorte qu'il ſortit l'eſpée à la main, pour faire vne
nouuelle boucherie. Toutesfois auant que d'aſſaillir ces Infideles, il prit le Cor d'Almont, & le fit retentir ſi haut, que le
ſon paruint aux oreilles de Charlemagne, qui marchoit ſept
lieuës loin de là. L'Empereur ayant ouy le Cor, ſ'arreſta tout
eſtonné, & dit à Naymes, & aux autres qui le ſuiuoient. Ie viés
d'ouyr le Cor de mon Neueu. Ie crains qu'il ne ſoit en peine,
& qu'il n'ait beſoing de noſtre ſecours. Ie ſerois d'aduis de rebrouſſer chemin, & de retourner à Ronceuaux. Sire (repart
alors le traiſtre Ganelon) vous ne deuez pas eſtre en peine pour
le Comte. Eſtimez vous que Marſille oſaſt attaquer Roland,
& toute la fleur de la Cheualerie de France ? Voſtre neueu
ſans doute après auoir reçeu les preſens du Roy Marſille, reuient & en cheminant il chaſſe dans quelque foreſt prochaine.
Ces paroles firent que Charlemagne n'alla point au ſecours du
Comte. Toutesfois il fit faire alte à toute l'armée, & voulut
attendre le retour de ſon Neueu, qu'il croyoit de reuoir bien
toſt : mais le bon Roy ſe trompe en ſa creance. Il ne le reuer-

ra iamais en vie, ainſi que ie vous diray maintenant.

Le Comte d'Angers apres auoir fait retentir du ſon de ſon Cor les montagnes, les plaines, & les foreſts voiſines, ſe rua ſur les Sarraſins ainſi à pied qu'il eſtoit, & en tua encores vn ſi grãd nombre, que le fidele Turpin eſcrit en ſes Chroniques, que cinquante mille Sarraſins pour le moins, moururẽt de ſa main en ceſte malheureuſe journée. Rien n'arreſtoit deuãt luy non plus que fait l'eſtule ſeche au deuant du feu, qu'vn laboureur bien appris en ſon meſtier, fait courir de ſeillon en ſeillon. La Mort couroit d'vn coſté & d'autre par tout le camp, en diuerſes faces: mais elles eſtoient toutes hideuſes, & effroyables. Et l'air ne retentiſſoit pas ſeulement de plaintes & de gemiſſe-mens. L'on voyoit encores voler teſtes, bras & jambes. Les coups que le Comte Roland deſchargeoit, ſe ſuiuoient les vns & les autres auec plus de promptitude, que ne font les coups de marteau des Ciclopes, lors qu'ils forgent les foudres de Iu-piter dans l'Antre de Lipare. Quelque part que le Paladin tournaſt ſes pas, les Infideles fuyoient au deuant de ceſte fata-le Eſpée, qui leur a fait plus de dommage que ne fait la greſle aux Eſpics qui commencent à meurir. En fin tout ſ'eſcarte de luy, & il n'eſt aucun qui oſe plus approcher de la roche d'vn grand quart de lieuë. Mais encores que Roland ne puiſſe eſtre bleſſé de fer, il eſt neantmoins de nature mortélle & ſubject aux autres incommoditez, qui ſont des accidents inſeparables de la vie des humains. Il faut qu'il mange, & qu'il boiue, ſ'il veut conſeruer ſa vigueur: & qu'il ne ſe laiſſe point emporter, comme il fit, au torrent des ennuis. Aprés qu'il eut fait mou-rir vne cinquantaine de Regimens, le valeureux Guerrier re-prit le chemin de la roche: mais il ſe treuua ſi alteré, que ſes en-trailles eſtoient toutes bouillantes. Vn petit ruiſſeau couroit au trauers de ceſte maudite pleine, & le Comte ſ'y achemina pour y appaiſer la ſoif, qui le conſumoit. Le lieu où il ſe rendit eſtoit planté de cinq ou ſix grands Lieges, ſous l'vn deſquels le Comte ſ'aſſit, & puis ayant delacé le caſque d'Almont, il le prit, & ſ'eſtant leué debout, alla au bord de ceſte petite Riuiere, pour y puiſer de l'eau auec l'armet. Mais ô malheur! le ruiſ-ſeau eſtoit tout rouge de ſang, ſi bié que le Côte ſe retira d'hor-

reur,& s'assit encores sous l'vn de ces arbres. A l'heure pressé
d'vne soif estrange,& accablé de douleur, il esleua les yeux au
Ciel,& tint ce langage: *O Dieu, qui aués monstré aux hom-*
mes l'exemple de la Patience, lors que demandant à boire en
l'arbre de la Croix, on vous donna du fiel, & du Vinaigre,
veuilles assister de vostre Grace, vostre fidele Champion.
Renforcés son courage, & faites que les angoisses qu'il souf-
fre maintenant pour la querelle de vostre nom, soient autant
de festons, & de coronnes pour le faire triompher en vostre
gloire. Acheuant ces paroles, la soif le brusloit tousiours, & le
souuenir de son cher Oliuier, & de ses deux Neueus treuuoit
son ame si sensible, que petit à petit ceste grande vigueur, qui
n'eut & n'aura iamais d'esgale, defailloit. Comme le valeureux
Roland sentoit que ses forces diminuoient, il prit encores son
Cor,& le sonna d'vne telle violence, que ce Cor qui estoit cõ-
posé d'vn certain cristal que l'on treuue aux Indes, & qui est
aussi dur que diamãt, se mit en pieces,& rendit vn son si espouuantable, que tous les Sarrasins se ietterent le ventre à terre,
tous effrayez, comme s'il y eust eu vn grand tremblement. Cet
effort qui fut si violent, rompit encores vne veine de cet Inuincible Cheualier, de sorte qu'il iettoit le sang par le nés & par la
bouche, à longs filets. Si tost qu'il vid son sang qui ruisseloit
sans cesse, il iugea que ses iours estoient accomplis, & que le
Ciel le vouloit retirer du Monde, aprés tãt d'orages & de tem-
pestes. Il se mit à genoux,& quand il eut acheué la belle priere que le bon Turpin a inserée en ses Annales, il prit Durandal
sa bonne espée,& la tenant toute nuë à sa main, il s'adressa à elle, comme si elle eust eu de la raison, & luy dit ces paroles:
Ha! Durandal, que les Sarrasins maudits, & detestables
ont si souuent espreuuée à leurs despens, faut il que tu tombes
encores entre les mains de ces Chiens? Tu as fait autrefois trop
de dommage aux peuples baptizés, lors que tu estois en la pos-
session d'Almont. Quand le superbe Mandricard t'eut rauie
de l'arbre où le courtois Zorbin t'auoit penduë, tu fis mourir ce

gentil Cheualier, à qui i'estois extrémement obligé, & puis tu seruis d'instrument au cruel Gradasse, lors qu'il osta la vie à mon cher Brandimart. Et parauanture l'osterois tu encores à mon Oncle. Il vaut donc mieux, que ie te brise, puis que je ne te puis laisser à quelcun de mes amis. A peine eut il acheué ce discours, qu'il se leua promptement, & courut, ainsi sanglant qu'il estoit, vers la roche, où le Comte deschargea sa derniere fureur, croyant de mettre en pieces Durandal. Mais ceste Espée, qui couppoit les pierres dures, comme du bois mol & tendre, faisoit voler de gros morceaux de roche, iusques au nuës, sans qu'elle se breschast aucunement, tant s'en faut qu'elle se rompist. Le Comte qui perdoit son sang en plus grande abondáce, par les efforts qu'il faisoit, voyant qu'il employoit inutilement le temps à vouloir mettre en pieces vne si bonne Espée, retourna vers la source sanglante, & y ietta Durandal, & par ce moyen se deliura du regret qui l'eust accópagné en l'autre vie, si elle fust retombée aux mains des Infideles. Cependát la foiblesse de ses mébres se renforçát tousiours, il se coucha au pied de l'vn de ces Lieges, où il rendit bien tost l'Esprit, les bras en croix, & les yeux esleués au Ciel. Vne legion d'Anges qui attendoit que la Nature eust fait ses derniers efforts, reçeut en chantant melodieusement la belle ame de ce valeureux Comte, honneur des braues Guerriers, & la fleur des Paladins de France, & luy ayant fait percer les nuës, la presenta à l'Agneau sans macule, qui luy donna seance parmy ses plus dignes Martyrs. Lors que ceste ame plus glorieuse fut rauie des Anges, le bon Turpin apprit par vne vision tout ce que ie viens de vous reciter, de sorte que soudain il courut au Paladin Astolfe, & luy pria de luy prester son Rabican pour vne heure. Le courtois fils d'Othon le luy bailla incontinent, & le bon Archeuesque estant monté dessus, courut au pauillon de Charlemagne, & luy dit ces paroles : Grand Roy des François, tu ne verras iamais plus en vie ton valeureux Neueu. Ie viens d'apprendre son decés : & ie vais promptement au lieu où son corps est couché, pour empescher que les Sarrasins ne luy facent de l'outrage. C'est à toy à me venir promptement secourir, puis que tu

as plus

as plus d'intereſt en ceſte perte , & plus de ſubjeĉt de te venger qu'aucun autre. Ce diſant le bon Archeueſque laiſſe l'Empereur bien affligé, & pique le bon cheual, qui deuance la courſe des Vents. Il fut dans demie heure à Ronceuaux, & paſſa au trauers de ceſte armée, comme vn foudre : car Rabican renuerſoit tout ce qu'il rencontroit, & couroit meſme par deſſus la teſte des Payens, lors qu'ils n'auoient pas le loiſir de luy faire place,& de ſ'enfuïr : mais auant qu'il paruienne à la roche, je vous veux dire fidelemét, & vous apprendre la verité d'vne hiſtoire que les ennemis de la France ont fauſſement inuentée.

Ie vous diſois cy deſſus que Bernard de Carpi bouffon du Roy Marſille, accompagna Ganelon,& ſon neueu Hugues de Melun, juſques au camp de Charlemagne, qui pour lors n'eſtoit eſloigné que de quelque trois lieuës de Ronceuaux. Vous deuez maintenant ſçauoir que le Neueu du Traiſtre, fit tant boire Maiſtre Bernard , qui n'auoit pas accouſtumé le breuuage du vin, par ce que l'Alcoran le defend, que quand il fut arriué au camp de Marſille, il auoit encores la ceruelle eſchauffée de ce jus ſauoureux. Ceſte boiſſon qui augmentoit le trouble de ſa folie, luy fit franchir les remparts,& les trenchées que les Sarraſins auoient faites, croyants de repouſſer plus aiſement les efforts de la valeur incomparable du Comte, qui n'eſtoit enfermé que volontairement : puis que, ſ'il eut voulu , il pouuoit ſortir en paſſant au trauers , ſans mettre meſme la main à l'eſpée : car les Eſpagnols le redoutoient de telle ſorte, qu'à peine oſoient il ſ'approcher de luy de deux traiĉts d'arc. Bernard de la Carpe , qui pour les raiſons que nous venons d'eſcrire , n'auoit pas toutes ces apprehenſions, ſ'imagina que c'eſtoit luy qui eſtoit deſtiné pour faire mourir les douze Pairs de France , de meſme que Don Quichot ſon parent ſ'imaginoit qu'il eſtoit venu au monde pour remettre en honneur la Cheualerie errante. Il piqua donques ſon Cheual, & paruint en peu de temps au lieu où le glorieux champion de la Foy venoit de conſigner ſon ame entre les mains des Eſprits bienheureux. Quoy que la temerité de ce fol fut extreme : toutesfois les rayons qui ſortoient miraculeuſement de ce corps, l'eſblouyrent,& luy donnerent vne terreur pareille à celle que les ani-

Cc

maux irraisonnables ont sentie quelque fois, en n'osant toucher aux corps des Saints. Ce respect & ceste terreur le fit arrester, & puis à tourner la bride de son cheual, afin de s'enfuïr.
Neantmoins ayant descouuert sous vn arbre, vn peu escarté de
celuy où le Paladin Roland auoit rendu l'Esprit, l'Escu escartelé de blanc, & de rouge, & le casque d'Almont, il s'approcha
tout doucement de cet arbre, & les prit. Ayant ce riche bu-
tin, il delaça son casque, & le jetta à terre, auec son Escu, & arma son bras, & sa teste des armes du Comte. Mais comme il
s'en retournoit vers le Camp de Marsille, l'Archeuesque Turpin, qui venoit de trauerser l'armée des Payens, l'apperçeut de
loing. Il croyoit au commencement que ce fut le Comte Roland, si bien qu'il jetta vn cry d'alegresse, & piqua Rabican.
Toutesfois estant plus prés il recognut vne contenance bien
differente de la mine guerriere du grand Comte d'Angers,
qui faisoit trembler de peur le Dieu Mars. L'Archeuesque
luy demanda d'où il auoit recouuré ces bonnes armes. Ie les
ay (dit Carpi) valeureusement gaignées. Ie viens d'en desar-
mer tout maintenant Roland, que j'ay couché au pied de cet
arbre que tu vois, aprés luy auoir osté la vie. A ces mots le bon
Archeuesque perdit toute patience. Luy donner vn demen-
ty, & vn soufflet, ce fut vne mesme chose. Le coup fut si grand
qu'il mit à terre Bernard de Carpi. Aprés il sauta legerement
de Rabican, & ayant empoigné ce maistre fol, il luy osta le casque, & l'ayant lié estroittement auec le cheuestre de son propre cheual, il luy couppa le nez & les oreilles, & luy bailla cent
coups d'vne sangle qu'il arracha. Non content de ceste execution, il l'attacha encores à la queuë de Rabican, & puis le
traisna à la veuë du camp des Sarrasins, jusques à tant que son
corps fut tout brisé, & tout deschiré. C'est la verité de l'histoire que le fidele Turpin a inserée dans ses Annales. Il estoit Archeuesque, & par mesme moyen plus croyable qu'vn Poëte,
parent de Carpi. Il n'y a point de doute que la punition que
fit de ce bouffon le saint Archeuesque de Rheims n'ait induit
ce Rimeur à escrire des choses qui sont du tout contraires aux
bons & veritables Romans, qui se lisent par tout le Monde.
Mais comme les Estrangers ont tousiours enuié la gloire de la

France, il ne leur falloit, aprés tant de maux qu'ils luy ont fait
si souuent ressentir, qu'auoir vn Cheualier qui mist à mort le
Comte Roland. Ce grand Comte d'Angers, du Maine, & de
Blaye, qui tua Clariel, Almont, Agramant, Gradasse & Ferragus : & qui tout seul mit souuent en deroute de grosses armées. Ce grand Paladin qui marchoit pompeux de mille palmes depuis les lieux où l'on void leuer le Soleil jusques aux
contrées où il se couche, & qui a fourni à tant de beaux Esprits
la matiere de leurs dignes ouurages. Il est impossible à ceux
qui ont l'ame vrayment Françoise de souffrir ces Impostures.
C'est pourquoy j'ay voulu venger l'honneur de la France, &
apprendre à la posterité le succés de ceste memorable Auenture. Cependant si la plus grande Reyne du Monde me commande d'acheuer ceste histoire, je diray comme le traistre Ganelon fut tiré à quatre cheuaux. Ie reciteray pareillement la
fin malheureuse de Marsille, & la destruction de la Nauarre,
& de l'Arragon. Ie feray voir la vengeance que le valeureux
Renaud exerça sur les Sarrasins, lors qu'à son retour il se treuua priué de son cher Cousin, & de la fleur de ses amis. Ie n'ou-
blieray pas aussi l'affligée Bradamante, qui aprés auoir long
temps cherché son cher Espoux, arriuera en fin aux forests qui
ne sont gueres esloignées du Phrigien Ateste, & puis entre l'A-
dige, & la Brente, & aux pieds des costaux où le Troyen An-
thenor bastit sa demeure, elle enfantera vn Fils, qui portera le
nom de son Pere. Ie raconteray de mesme comme Roger luy
apparoistra en songe, & luy descouurira où les Traistres (que
ceste ame bienheureuse luy nommera) auront caché son corps.
Et alors malheur à ceux de Mayence, & de Poictiers. Tous
leurs artifices, toutes leurs ruzes, & leurs trahisons ne seront
pas capables d'empescher que la valeureuse Marfise ne face
des montagnes de corps, & des fleuues de sang : & que les Tours,
& les superbes edifices de ces deux villes ne soient changées
en des Montgibels. En fin ma plume qui a tant de belles choses à escrire, n'attend que le commandement de la grande, de
la magnanime, de la belle, & de la sage MARIE.

Fin de la suitte de Roland le Furieux.

TABLE·DES NOMS ET DES MA-TIERES PRINCIPALES CONTE-NVES EN LA SVITTE DE
ROLAND LE FVRIEVX.

Dd iij

TABLE.